長白山傳説（第一冊）

弘揚長白山文化
打響吉林特色地域文化品牌

王儒林

　　吉林有文化，而且吉林文化有底蘊、有潛力、有特色、有希望。從前郭縣王府屯距今約一百萬年的石製工具到距今十六萬年的樺甸仙人洞和距今三萬年的榆樹人，從燕趙文化東進到漢武帝設四郡，從扶餘、高句麗、渤海文明的興衰更替到遼金、清朝問鼎中原，從抗日烽火、解放硝煙到新中國老工業基地的紅色記憶，從二人轉、吉劇、長影到吉林期刊、吉林歌舞和吉林電視劇現象，勤勞智慧、淳樸善良、勇於開拓的吉林人民在白山松水間創造出絢麗多彩的地域文化，成為中國文化版圖上一道獨特風景。

　　文化與山素來結緣，正如泰山之於魯，嵩山之於豫，黃山之於皖，長白山是吉林的象徵、吉林的品牌。吉林文化始終與長白山難捨難分、血脈相連，集中體現於長白山文化之中。長白山文化發源和根植於吉林沃土，是包容吉林各民族文化、蘊含吉林發展歷史、反映吉林人性格特質、凸顯吉林氣派的「大文化」；是中華民族「多元一體」文化的重要組成部分，源遠流長、博大精深，構成了吉林文化的骨骼和脊梁。在地域文化越來越受到人們關注、文化軟實力越來越成為衡量一個地區核心競爭力的重要指標的當今時代，大力弘揚作為吉林文化標誌性符號的長白山文化，把這份寶貴的文化資源保護好、挖掘好、利用好、開發好，對於打響吉林特色地域文化品牌，鑄造極具時代內涵的吉林精神，提升吉林文化軟實力，凝聚吉林改革發展正能量，無疑具有十分重要的現實意義。

近年來，我省大力推進以優秀吉林地域文化為主要內容的長白山文化建設，出台了《長白山文化建設規劃綱要》，啟動實施了長白山文化建設工程，在長白山文化資源保護研究、挖掘整理、開發利用等方面做了大量工作，取得了顯著成績。我們要進一步加強長白山文化理論研究，豐富長白山文化內核和外延，進一步加強長白山文化遺產的發掘、保護和展示推介力度，擴大長白山文化的影響力，進一步加強對長白山文化內涵的拓展和提升，把長白山文化資源更好地轉化為文化產品、文化事業和文化產業，推動長白山文化建設躍上新台階，推動吉林文化大發展大繁榮，為實現富民強省目標、中華民族偉大復興、中國夢做出貢獻。深入挖掘、研究、整理長白山歷史文化，既是一項宏大浩繁的系統工程，又是一項功在當代、利在千秋的基礎工程。希望有更多有識、有志之士投身長白山文化建設事業，讓這份寶貴的文化資源更好地服務於當代，惠澤於未來。

由省委宣傳部組織編撰的《長白山文化書庫》系列叢書，是長白山文化建設工程的重要標誌性成果。叢書從基礎研究、地方特色、主要藝術門類三部分，對長白山文化的歷史資源進行了全面細緻的挖掘和整理，堪稱長白山文化研究與普及的鴻篇巨製，不僅對研究和宣傳長白山文化大有裨益，而且對培育吉林文化品牌、樹立吉林文化形象也將產生積極的促進作用。在叢書即將付梓之際，謹表祝賀並向全體工作人員致以問候。

主編寄語

莊嚴

　　長白山文化是吉林文化的代表性符號，是吉林文化的品牌和形象，是吉林人民的驕傲和自豪。

　　一直以來，省委、省政府高度重視長白山文化建設，制定出台《吉林省長白山文化建設規劃綱要》，並把實施長白山文化建設工程列入省委常委會工作要點，把吉林省歷史文化資源工程列入宣傳思想文化工作「六大工程」之一。二〇一三年十月三十日，省委書記王儒林在全省宣傳思想工作會議上，就長白山文化建設做出重要指示，指出要對長白山文化相關依據、內容和源頭性、交匯性、包容性、剛毅性等特點做深度的挖掘、做科學的闡釋，賦予時代精神，把長白山文化的魅力和精髓傳承好、發展好、宣傳好。

　　近年來，全省宣傳文化戰線共同推動長白山文化建設工程，眾多專家學者對長白山文化進行了大量的研究、論證，積累了蔚為大觀的成果，長白山主題文藝創作繁榮，長白山歷史文化資源保護進展顯著，長白山文化研究成果豐富，長白山文化傳播與宣傳影響漸升。我們編撰出版《長白山文化書庫》，其目的正在於全面總結歸納長白山文化建設成果，挖掘和梳理長白山文化資源，提煉當代長白山文化精髓和實質，為深入研究、豐富、提升和利用長白山文化，搭建可資借鑑的基礎資料寶庫。

　　《長白山文化書庫》是吉林歷史上首部全面系統論述長白山文化的大型叢書。全面論述了長白山文化的基本概念、基本體系和基本問題，闡發了長白山

文化的主要內涵和特徵，展現了長白山文化的形成與發展過程和豐厚的文化資源，揭示了長白山文化的屬性和特質，體現了吉林特色文化的悠久豐厚和異彩紛呈，展示了長白山文化的博大精深和獨特魅力，對長白山文化的未來進行了前瞻和戰略性思考。

文化如光，照亮前程；文化如水，潤物無聲。只有融合了時代精神的長白山文化，才能成為文化吉林日新月異的力量之源。因此，我們要堅持歷史傳承與現代創新相結合，傳統特色和時代特徵相融合，堅持保護與豐富並重，管理與開發並重，挖掘與提升並重，「物化」與「活化」並重，科學系統梳理文化資源，讓收藏在博物館的文物、陳列在廣闊大地上的遺產、書寫在古籍裡的文字都活起來，努力塑造「文化吉林」形象，展現「吉林文化」風采，深度挖掘和激活地域歷史文化資源的歷史價值、科學價值、經濟價值和社會價值，不斷推動長白山文化可持續發展，使其得到傳播弘揚。

希望《長白山文化書庫》的出版發行，使更多的人對長白山文化的整體面貌有所瞭解，進而讓更多的人關注長白山文化，熱愛長白山文化，投身到長白山文化建設中來，為長白山文化的發展繁榮和美好未來貢獻力量。

第二冊

植物・花草

植物・樹木

人　參

地　理

長白山的傳說（之一）

傳說咱這東北原來是一個大沙漠，零星有點兒草原，可又都是王爺、台吉的，奴隸、牧民都過著窮苦的日子。窮奴隸裡有個叫蒙根呼的年輕人，家裡只有一個老額吉。他家世世代代給王爺當奴隸。他雖然沒黑天沒白日的給王爺幹活，可還是吃不飽穿不暖。

有一年的三伏天，太陽像火球一樣把草原上的野花烤得耷拉著頭，綠草也乾了葉。蒙根呼覺得自己好像在蒸籠裡，渾身冒熱氣，嘴裡渴得直冒煙。他坐在地上，從腰間拿下水袋，只剩下幾滴水了。他剛要喝下這幾滴水，忽然發現一條小白蛇在他的腳下，熱得昏過去了。他一看，挺可憐的，就把水給小白蛇喝了。不一會兒，小白蛇就甦醒過來了，感激地向他點了點頭，就爬到草窠裡面去了。

蒙根呼回到家，發現老額吉病了，病情很危急，可他沒錢請額木其喇嘛（喇嘛大夫）。沒有辦法，他只得到草原上去尋找草藥。走呀走，也不知走了多久，又來到救小白蛇的地方了，那裡坐著一個穿白袍的小夥子，向他打招呼，還拿出一包藥給他，告訴他這藥能治額吉的病。蒙根呼愣住了。那個穿白袍的小夥子解釋說：「我就是被你救過的小白蛇，來報答你的救命之恩。以後遇到什麼困難到這裡來喊三聲『白蛇哥哥』，我就會來幫助你。」

蒙根呼高高興興地提著藥趕回蒙古包。他把小白蛇給的藥給額吉吃了，額吉的病很快就好了。

一眨眼，又過了好幾年。這一年草原上發生了可怕的旱災。牛渴得哞哞直叫喚，人渴得眼前直髮黑。蒙根呼想起了小白蛇的話，就趕著牛羊去找小白蛇。天熱得像下火，地乾得直冒煙，蒙根呼走著走著眼前一黑，昏倒在了地上。不知過了多久，蒙根呼覺得一股清涼的東西從嘴流到肚子裡，立刻覺得心裡特別舒服，腦袋也清亮了。他睜眼一看，原來是一個穿白袍的人正在餵他

水。蒙根呼一見小白蛇哥哥，高興地坐起來向他敘述草原上的災難，要小白蛇給想想辦法。小白蛇想了又想，最後說：「好吧，晚上你和夥伴們同來，帶著鍬鎬，看到哪塊兒草地上有兩點綠光，就到哪塊兒刨土，準能刨出水來。」

蒙根呼回去和窮苦牧民們說了這件事，大家都十分高興，當即準備了鍬鎬。到了夜裡，人們來到茫茫的草原上，果然望見草地上有兩點綠燈一樣的光亮。他們盯準那個地方，到那兒就刨，刨了不深，水就嘩嘩地流出來了。人們喝下這水，立即有了精神，有病的人馬上就好了。大家都說這是小白蛇送給窮苦牧民的寶水。

可是不久，這事兒傳到王爺的耳朵裡，陰險貪婪的王爺知道，這草原上的綠光是世間少有的珍寶——夜明珠，於是命令家丁四處捉拿小白蛇。可是家丁們的靴子都磨掉底兒了，也沒見到小白蛇的影子。於是，王爺命人把蒙根呼抓到王爺府。

王爺一見蒙根呼就笑了幾聲，說道：「我的蒙根呼呀，你從小就給我放羊，我很想提拔你，但是一直沒有機會，如果你能把小白蛇的眼睛弄來一隻獻給我的話，就不愁沒有好日子過了。」蒙根呼搖頭不幹，王爺便吩咐家丁毒刑拷打。沒想到蒙根呼是個軟骨頭，開始還能挺一會兒，後來再一打吃不住勁兒，竟答應了王爺。第二天，蒙根呼來到了救小白蛇的地方，連喊了三聲白蛇哥哥，小白蛇便來了，問他有什麼難處。他說王爺抓住他，限他三天之內找到夜明珠，要是找不到夜明珠，就砍了他的腦袋，讓小白蛇千萬救他一命。

小白蛇想了想說：「兄弟呀，夜明珠是我的眼睛，可你又救過我的命，今天你有大難，大哥沒說的，你就摳一隻去吧！」小白蛇說完閉上眼睛，蒙根呼走上去，伸手摳出一隻來，然後拿到王府裡獻給了王爺。

可是天長日久，王爺和福晉（王爺夫人）都爭著要這個夜明珠，因此還打起來了。王爺怕老婆，只得把夜明珠讓給了福晉。可他並不甘心，又命人把蒙根呼叫到王府來，笑吟吟地對他說道：「我的蒙根呼呀，你如果能把另一隻夜明珠獻給我，我就賜給你千頭牛羊，百兩黃金，而且還叫你騎上快馬跑七天七

夜，凡是你圈的地方全都給你，從此以後你就再用不著放羊，可以娶妻成家，享受榮華富貴了。」

一席話說得蒙根呼動了心。王爺一看馬上又說道：「草原是我的，草原上的一切財寶都歸我所有，如果別人弄到手獻給我，你後悔就晚了。」聽了這話，蒙根呼一想：是呵，草原上連一根草都是王爺的，如果真能跑馬圈地還愁沒好日子過嗎？於是又一口答應下來，並且想出一個惡毒的計策，去搶奪夜明珠。

第二天，蒙根呼帶上了王爺家的所有家丁，悄悄地埋伏在小白蛇出現的地方。蒙根呼又連喊三聲白蛇哥哥，小白蛇又來了。小白蛇剛一出現，蒙根呼和王爺的家丁一擁而上把小白蛇團團圍住，要剜掉他的另一隻眼睛，小白蛇一看，立刻大怒，把頭一搖，一瞬間，草原上狂風四起，黑云瀰漫，雷鳴電閃。只聽得驚天動地一聲巨響，頃刻之間，風也停了，雲也散了。小白蛇化成一座白色的山峰，把蒙根呼和王爺府的家丁全部都壓在山峰底下了。

雖然小白蛇化成了山峰，但還惦記著草原上窮苦的牧民和沒有治理的旱災，便把剩下的一隻眼睛化成一池清水，從清水中流出一條江水來，這條長長的江水一直流過草原。後來人們就把這山叫長白山，把山頂的一池清水叫天池，把從天池中流出的江水叫松花江。因為有了水，人越來越多。從此以後，肥沃的草原上水草豐美，牛羊肥壯，牧民們過著幸福的生活。

▌長白山的傳說（之二）

　　相傳在宇宙洪荒時，天地間出現了一條巨大的神龍，它興風作浪，把個清明日月、朗朗乾坤攪擾得混混濁濁，招惹得十二重靈霄都不得安寧。

　　玉皇大帝處理天機大事，面對天臣們厚厚的奏摺龍顏大怒，決心懲治神龍並造福於下界，於是下旨調動悉數神兵天將，親自督陣以助士氣軍威。

　　這場征戰歷時七七四十九天，歷經九九八十一戰。交戰雙方勢均力敵，殺氣騰騰，你來我往，你進我擋，你死我活，越戰越勇，盡逞其能。神龍騰飛吞雲吐霧、狂風驟雨，神龍騰挪電閃雷鳴勢如破竹無阻擋；眾神兵吶喊助威勇向前，諸天將爭亮法寶車輪戰術耗猛龍。這仗直打得昏天暗地、日月無光，翻江倒海空，地裂山崩潰，終於降服住了這條神龍。

　　玉帝忙命天神用一條大鐵索牢牢地鎖住了神龍。從此，完全剝奪了神龍的自由。

　　光陰似箭，日月如梭。滄桑歷史，幾多變遷，當年的那條神龍早已經改變模樣，形成了如今的長白山脈。

　　當年的龍首變成了長白山群峰，天池是龍口，瀑布是龍涎，逶迤起伏、綿延不斷的龍體便是龍崗大山了，龍鱗是千里森林，龍爪劃出了二十四條溝谷及渾江八支流和三江通海，長長的龍尾巴竟甩到了瀋陽城的東陵和北陵。據說在很多年前，還真有人在天池旁目睹了當年玉皇大帝鎖押神龍的那根大鐵鏈呢！

長白山的傳說（之三）

　　長白山原來是錐形的，名叫錐子山。為什麼變化成現在這個樣子呢？這還有段古老的故事呢。

　　相傳很久以前，在長白山老林子裡有一戶人家。哥倆一個叫大寶，一個叫二寶。大寶娶了媳婦後，媳婦對小叔子非打即罵。一年到頭，二寶身上沒好地方。一天，大寶和媳婦到倉裡看父母留下的糧食也吃不了幾年了，就合計要把二寶攆出去，讓他自己過，要不然糧食吃沒了，還得下地種田，大寶從小就養成了懶毛病，長大後又娶個懶婆娘，更學壞了。二寶知道哥嫂要攆他走，非常傷心，但又沒辦法。心想，出去也好，省著挨打受罵。分家那天，大寶只給二寶一把鋤頭、一把鐮刀和一口小鍋。從小就懂事的二寶含著眼淚，在離大寶很遠的一個山坡上搭了個馬架子住下了。二寶走後，自己開荒種地，頭一年打下的糧食雖然不多，但是夠自己吃的。

　　幾年後，二寶和一個逃荒的女人成了親，小兩口恩恩愛愛挺和睦，日子一天比一天紅火。這天，二寶上山打柴，打到天黑，累了，他尋思靠大樹歇一會兒，往那一坐，不知不覺就睡著了。等他醒過來睜眼一看，眼前站著一位白髮蒼蒼的老人，把他嚇了一跳。他剛要問老人是誰？話沒出口老人趕緊問道：「小夥子，有東西吃沒有？快給我點，我餓得不行了。」二寶看老人這一副慈祥的面孔，不像是個壞人，急忙從腰上解下布袋，伸手掏出一個窩頭遞給老人。老人接過窩頭，狼吞虎嚥地吃了下去，然後衝二寶點頭笑了笑。轉眼之間，老人變成了另一個人，鶴髮童顏，滿面紅光。這時老人又說：「你救了我一命，我沒有什麼東西可報答你的，就把這根拐棍送給你吧。」二寶忙說：「老人家，我年紀輕輕，腿腳利索，用不著，你年紀大了，還是自己留著用吧。」老人又說：「你別小看這根拐棍，你留下它會有用的。」說完扔下拐棍，接著，一道金光閃過，老人不見了。過一會兒，從遙遠的山谷裡傳來了老人的

聲音：「小夥子，你拿這根拐棍，翻過九十九座山，越過九十九道河，到最高那個山頂上用這拐棍往地上點三下，你要啥保證就來啥……」二寶背起柴火回到家把遇到老漢的事從頭到尾和媳婦學了一遍，媳婦聽完之後高興地拍大腿說：「你遇著仙人了。」然後小兩口合計到底要啥好呢？合計來合計去，媳婦說：「還是要一頭牛和一副犁杖吧。你這幾年在外邊種地也夠累的了。」二寶一聽，覺得也中，就這麼決定了。第二天一早，二寶背著乾糧，拿著老人送給的拐棍上路了。走了一個多月，真的翻了九十九座山，過了九十九條河，當來到老漢說的那座山上時，已累得筋疲力盡了。二寶坐在山頂，想到離家已經一個多月了，咬咬牙，又站了起來。拾起拐棍，衝地連捅三下，一邊捅一邊喊：「給我來一頭牛和一副犁杖。」話音剛落，眼前一道金光刺得他睜不開眼睛，過了一會兒，他睜眼一看，眼前真的有一頭大黃牛和一副犁杖，二寶高興得連蹦帶跳；扛起犁杖，沒費勁一步就跨到牛背上。於是只覺輕飄飄騰雲駕霧一般回到了家中。沒有不透風的牆，沒多久大寶兩口子聽到了這個消息後饞得直流口水，他們來到二寶家打探大黃牛的事來，二寶也不瞞哥哥，一五一十都對哥哥說了。大寶聽後，趕忙領著媳婦回了家，弟弟留卻留不住。

　　大寶回到家後，也學著二寶的樣子去打柴，他從來也沒有打過柴，所以只好揀點樹枝子放到背架子上，坐在一棵大樹下想好事，等到太陽落山，老人還真來了。沒等老人張口要東西吃，大寶忙搶先道：「老人家，你餓了吧，餓了我這有倆窩頭你吃吧。」說完把窩頭塞到老人手裡。老人吃完窩頭就走，大寶一看老人走了，著了急，剛要喊，老人回過頭來說：「謝謝你年輕人，我身上沒帶什麼好東西，把這個拐棍留給你吧。」然後一道金光不見了。大寶正在那愣神，心想，這老頭怎麼什麼也沒有告訴我就走了呢？突然，從雲層裡傳來老人的聲音。還是從前告訴二寶的那些話，只是不放心地囑咐了一句：「切記，不要貪多。」大寶拿著拐棍，柴火也不要了，進門就喊：「快快縫個大口袋，發大財的時候到了……」

　　晚上兩口子一邊縫口袋一邊合計要多少金子、多少銀子，折騰了一宿。第

二天一大早兩口子就上路了，走了不少日子，好不容易翻了九十九座山，越了九十九條河，最後費了九牛二虎之力爬上眼前最高的一座山，到了山頂，大寶用老漢給他的拐棍使勁地往地上捅了三下，然後大喊三聲：「給我金子、銀子吧。」老婆還嫌不夠勁兒，也喊了三聲，話音剛落，就覺得山搖地動，不一會兒一道金光閃過，山頂出了個大窟窿。大寶一看，裡邊滿滿一下子全是金子和銀子，光彩奪目。大寶和媳婦趕緊跳了進去往袋子裡裝，裝了一袋又一袋，口袋都裝滿了，又脫下衣服，衣服包不下了，還捨不得走。這時只聽轟隆一聲巨響，從窟窿裡噴出幾百丈高的火柱和濃煙，這火柱和濃煙噴了七七四十九天，錐子形的山頂落下數百丈深，變成了天池，落下去的金子變成了天池水，噴上來的白銀變成了天池周圍的十六峰，終年白雪，從此錐子山就叫長白山了。

長白山天池的傳說（之一）

　　小時候聽老人講，有些人到長白山天池邊，看見一條又粗又長的大鐵鏈子，一頭壓在大石砬子底下，一頭伸進天池裡。一些好奇的人拽著鐵鏈子往上拉，怎麼也拉不到頭，是天池水深呢，還是這條鐵鏈子長？誰也說不清楚。不過，民間卻流傳著一段這條鐵鏈子的故事。

　　那是很早很早以前的事了，東海龍王三太子獨角龍，從小就嬌生慣養，長大以後也不幹正事，整天遊手好閒。這一天，玉皇大帝下了一道御旨，讓獨角龍用一時三刻的工夫，給黎民百姓下一場透雨。獨角龍想，你叫我下透雨我就得下透雨啊？哼！我給你下場驟雨，一個時辰就完事，然後可以出去玩玩。

　　這場驟雨，可把老百姓坑苦了。房倒屋塌，地裡的莊稼全沖毀了，人也死了大半。這事被巡視的天神知道了，稟報給玉皇大帝。這可氣壞了玉皇大帝，立刻降下旨意，把獨角龍捆上御殿。玉皇大帝問：「好一個獨角龍，你竟敢違反天條，我讓你用一時三刻的時間下一場透雨，你竟敢膽大違旨，用一個時辰的工夫，下了一場驟雨，是何道理？」獨角龍奏道：「小臣不敢違命，玉帝不是叫我下一場驟雨嗎？」玉帝一聽，火冒三丈：「好一個大膽的獨角龍，還敢強辯，拉下去斬了！」這下獨角龍可嚇蒙了，急忙磕頭求饒：「請玉帝息怒，小臣實在把透雨聽成了驟雨，望玉帝開恩！」

　　由於獨角龍苦苦哀告和眾天神的求情，玉帝才把獨角龍貶到下方的長白山天池裡。孽龍來到天池，整天沒事，遊山玩水。他看到綠的樹、紅的花、黃的果、白的霧，太美了，比王母娘娘的瑤池要好看好多倍！於是，他盡情地玩，累了就大吃大喝。他這一鬧騰不要緊，可苦了山下的老百姓。因為孽龍一耍歡，天池水就往上「濺」，松花江、鴨綠江、圖們江一齊發大水，窮人的日子還能過嗎？

　　長白山下，松花江邊有個小屯堡，叫歡喜屯。屯裡有家姓趙的，老兩口守

著個兒子過日子。這孩子是農曆六月初六生人，按古語說，「六月六看谷秀」，所以老兩口就給這孩子起個名，叫秀柱。這年，秀柱十八了，又伶俐，又勤快，人緣又好，屯裡老老少少都很喜歡他。

秀柱尋思，天不下雨，江裡怎麼老發大水呢？他看到莊稼被大水沖走，鄉親們無家可歸，心裡很難過。一天，他對爹媽說：「等死不如找活路，我順著江往上找找，看看是啥緣故，為啥不下雨，老溉水？若是有東西興妖作怪，我豁上命也要制服他，好救這一帶鄉親！」爹媽雖然心疼兒子，但見秀柱很有誠意，也就答應了，給他收拾收拾，讓他上路了。

溝溝岔岔，平川大路，都被水灌滿了。秀柱只好順著松花江邊，爬山攀砬子。他不知走了多少天，這一天太陽剛落山的時候，秀柱爬到一個大砬子頂上的一個石洞邊，又累又餓，實在走不動了，就倚靠著石洞不知不覺打了個盹兒。這時，來了個白鬍子老頭，手裡拄著根枴杖，對秀柱說：「孩子呀，你要找的那個發水的禍害，就是天池裡的孽龍。這條龍又刁又滑又凶狠，很不好惹。你要真心想救鄉親，就得除掉這條孽龍，那可不容易！不然你就早點回去吧！」秀柱忙說：「好心的老爺爺，只要能降伏孽龍，能救鄉親們，我什麼都豁得上，還請您老人家多指教！」說著跪在老人的面前。老人急忙扶起秀柱說：「孩子，只要你心誠，什麼事都能辦成。為了搭救鄉親，除掉孽龍，我助你一臂之力。天池水又深又涼，我給你一個兜肚，戴上就不怕了。我這有根枴杖，你也帶上，它能幫你擒孽龍。還有，我給你個小棒槌（人參），你吃下去，立刻能增九牛二虎之力，降龍就有本錢了。」老人說完把三件寶物給了秀柱。秀柱接過三件寶物，感激地問：「老爺爺，你貴姓，住在哪裡？我日後好報答。」老人回答說：「我姓孫，別的你就不用問了。等你降住孽龍，把枴杖放在這裡還我就行啦。」秀柱一聽老人是老把頭，剛想對老人說幾句感激的話，一抬頭老人不見了，他也醒了。一看身邊真有三件寶物。於是，他把小棒槌放在嘴裡吞了下去，立刻渾身骨節響，個也高了，腰也粗了，手也大了，眼也亮了，一雙腳往石頭上一踩，就是兩個坑，接著，他戴上兜肚兒，拿上桃木

枴杖就奔天池去了。

長白山的天池，水是黑的，不知有多深，誰也沒進去過。可秀柱除孽龍心切，不管三七二十一，一頭就扎進了天池裡。說也怪，秀柱就好像走平道一樣，既沒覺著有水，也不覺著涼。都說這天池是東海的眼睛，它通東海，秀柱走啊，走啊，走了有兩個時辰，來到了一片銀樹銀花的地方，當中有條大道，他順著走了過去。走不多遠，來到了一個水晶宮前。還沒等秀柱看清楚，孽龍就發現了。它躥上來，照秀柱就是一爪子。秀柱沒有提防這一手。孽龍又是用角頂，又是用爪子抓，又是用尾巴掃，嘴裡還一個勁兒地往外噴水。秀柱雖說戴著紅兜肚兒，可還是睜不開眼睛，喘不過氣來！他想：老頭說這枴杖能降妖拿怪，可怎麼使呢？正想著，那枴杖就從秀柱手中飛了出去，變成一條金龍，向孽龍撲去。

這金龍可真厲害，它一上一下，一翻一滾，左攻右擊，沒幾個回合就把孽龍降伏了。金龍把孽龍帶到秀柱腳下，那意思是讓秀柱處理，這可把秀柱難住了，急得他抓耳撓腮。不知怎麼，一下摸著了兜肚鏈，他忽然想到，要有一條大鐵鏈子把孽龍鎖上有多好！這時，就見一道白光，飛了出去，果真出現一條大鐵鏈子，鎖住了孽龍。鐵鏈的一頭，還鎖在兜肚上，秀柱急忙把它解下來。變成金龍的枴杖也回來了，秀柱一手握著鐵鏈，一手拄著枴杖，走出天池上了岸。

這時他覺得身子有些乏，坐在一塊大石頭上歇息，心裡犯了難，我也不能老握著這個大鐵鏈子啊！唉，有了，他想到了個主意：用桃木枴杖，撬起塊大石頭，把鐵鏈子壓在了下邊。說也奇怪，這塊大石頭轉眼變成了個大石砬子，秀柱高興極了！

秀柱回到前幾天做夢的那個石洞裡，一看老把頭在，便恭恭敬敬地把枴杖、兜肚放在了大石板上。磕了三個頭，心裡還在禱告：老把頭啊，是你老人家幫我擒住了孽龍，救了鄉親們，我們老百姓永遠忘不了你。說完，站起來朝山下走去。

自從擒住孽龍，三江再也不漲大水了，老百姓又過上了像以前那樣的日子。獨角龍違犯了天條，又禍害了百姓，一直被鎖在天池裡。長白山區的人民，世世代代都祭祀老把頭，想念著秀柱。

徐永之（蒐集整理）

長白山天池的傳說（之二）

很早以前，長白山只是一座金光閃爍的孤峰，並不這麼高，也不這麼大，沒有天池，沒有瀑布，也沒有松花江、圖們江和鴨綠江三大水系。

當時在山下有一個居住著三百來戶人家的平安屯，屯民們終年靠種地打糧和上山採藥為生，人人勤勞節儉，家家安居樂業。每逢清明節，屯長老帶領全屯鄉親拿著香燭紙馬，到神廟裡取出開山鑰匙，來到山腳下焚香跪拜。屯長老在眾鄉親前面灑酒禱告：「天神地神五穀神，賜參賜穀保屯民，今朝又來求神主，拜謁啟動金山門。」屯長老禱告完了，眾人隨同屯長老三拜九叩之後，眼看著大山伴隨著「咔嚓嚓」巨響裂開了一道縫隙。大家跟隨屯長老走進去一看，金黃色的穀子，穗大粒飽；深綠色的人參，頂著豔頭紅籽兒；金銀寶石，光環耀眼，堆積如山；還有一眼清澈晶瑩的泉水，翻滾著浪花。雖然穀子、人參和金銀寶石很多，但屯民們每人只掐一穗穀子，挖一棵人參，沒有一個人貪婪地攝取金銀寶石。拿完之後，屯民們隨同屯長老出來拜合大山，繼續把山門鑰匙送到神廟裡。春雨降落，春暖花開，人們照例破土開犁，進山採藥，年年風調雨順，趟趟滿載而歸，男女老少喜氣洋洋，家家戶戶安樂太平。

可是好景不長，沒過幾年，這樁事兒被離平安屯二百來裡地的旬子街（撫松縣城的舊稱）頭號惡霸地主萬仁恨知道了。這個貪心不足的惡棍，便趁夜深人靜之機，裝扮成要飯的乞丐，潛入神廟，盜出開山鑰匙，拜開了大山，闖進了山門。一見滿地的金銀珠寶，樂得他眉開眼笑，手舞足蹈。正待伸手去拿，金子變成了黃鱗大蟒，銀子變成了五色長蛇，萬仁恨見狀大驚失色，急忙用鑰匙去打，結果被黃鱗大蟒吞進了肚子裡，山門伴隨著「咔嚓嚓」的巨響合攏了。從此，這座孤獨的山峰再也不金光閃爍了，蔥蘢的樹木變得枝枯葉凋，綠茵茵的芳草像遭了幾秋嚴霜似的，神谷不打糧，人參斷了源，平安屯人們的幸福生活被破壞了。全屯人無不惆悵滿懷，卻無計可施。正在眾鄉親焦急萬分的

時候，盛天、盛池這一對孿生兄弟挺身而出，提出了鑿穿山門，尋得鑰匙的設想與意願。在他們兄弟二人的感召下，數十名小夥子，齊聲贊同，並願做幫手，為父老鄉親和兄弟姐妹們造福。一切準備停當，幾十個人便興致勃勃地齊往山頂進發。到達山頂安排就緒之後，他們就齊心協力地開始鎬刨、鍬挖，用手搬、用肩挑，將一塊塊石頭運往異地。說起來神了！他們越是使勁兒地刨、挖、搬、挑，山越是往高裡長，一直長到舉鎬碰天，越挖越是往寬裡延伸，一直延伸到天邊。可是，他們不灰心、不氣餒，仍舊挖山不止、運石不停，逐漸把坑挖至十米、百米……他們的血汗滴落在山澗裡，山間慢慢地露出了綠色。就這樣日復一日，年復一年，持續了數十個春秋，終於挖到了山門。盛氏兄弟等一行人到山門裡一看，金銀變成了沙土，寶石變成了石頭，萬仁恨變成了一頭凶惡的猛獸，壓住了清澈晶瑩的泉水（此乃後人傳誦的佳話——龍眼）。盛氏兄弟對夥伴們說，咱們只有把猛獸除掉，放出泉水，鄉親們才能有好日子過。說罷，兄弟二人便舉起鍬鎬向猛獸砍砸，砍掉了獸須，砸爛了獸眼。但是，盛氏兄弟也在與猛獸搏鬥中不幸身亡。眾人見狀便一齊擁至猛獸前，鍬鎬相加，一舉將猛獸砸死。隨後將獸屍移開，泉水便噴湧而出，波浪翻滾，急遽上漲。水漲滿了坑，便順著運石時踩出的三趟窪溝滔滔不絕地流淌下去。這就是松花江、圖們江、鴨綠江三大水系的起源。它源遠流長，滋潤著上百萬頃良田。自此，山上的森林茂密，枯樹變綠，花兒綻開，鳥兒歌唱。鄉親們為了紀念盛天、盛池這一對孿生兄弟為屯民除害，為後代造福的英雄壯舉，把長白山頂這一汪碧水用盛氏兄弟的名字命名為「天池」。

長白山天池的傳說（之三）

傳說很久以前，長白山上有一個很深很深的大水潭，它上通天河，下連海底。每年四海龍王上天面見玉皇言說下方的事情時，都從這里路過，而且還得在這裡站站腳。因為這山上銀花玉樹，山下柳暗花紅；千里林海風煙滾滾，百年山參葉茂籽紅，那真是山中狼蟲虎豹，林間鳥語花香，美極了！

有年夏天，熱得特別厲害。山上的樹葉都打捲了，水裡的魚兒都打蔫了，就連長年不斷積雪的長白山頂，也一下子開滿了各種各樣的花，啥顏色的都有，啥樣子的都有，各種各樣的鳥兒在樹上又唱又跳，好像在開音樂會……

這天早晨，火紅火紅的太陽才露頭，就見南天門呼閃一亮，射出千道霞光，晃得人們都睜不開眼睛。山也青了，水也綠了，天地間全變了。這時，從天上飄下來一個穿紅掛綠的俊俏姑娘——她就是九仙女。

九仙女來到天池邊，剛要脫衣服洗澡，忽聽有個鳥兒在叫，她抬頭一看，在一棵很高很高的大樹上，落著一個紅腦門、綠羽毛的啄木鳥。這傢伙，尾巴長長的，歪著個小腦袋，小眼睛又黑又亮，頑皮地瞅著九仙女，叫著：「好害羞！好害羞！大姑娘脫衣裳，光溜溜！」九仙女一聽，臊得臉騰一下子紅了，輕輕地低下了頭。她偷偷地瞅了一下四周，慢慢地從懷裡掏出一個雪白的手絹，看了看，往天上一扔，一會兒，就見升起了一團團白紗似的細霧，把整個天池包圍了起來。這時，九仙女微微一笑，脫下衣裳，露出內襯的水紅小衫，走進水裡，舒舒服服地洗起來。

九仙女洗呀，玩呀，不知道過了多長時間，累了，乏了，覺得嘴裡有點渴。想喝口水，又嫌池水不淨，正在為難，就見那隻啄木鳥叼來一個小紅果子，扔在了水面上，還瞅著九仙女微微一笑。九仙女又飢又渴，見一個紅果子，就撿起來一咬，又甜又香，一包水，三下五除二，就把果子吃了。然後，她穿上衣服，收起手絹，回天上去了。

你說怪不，九仙女也萬沒想到，她吃了個果子竟然懷孕了。玉皇大帝和王母娘娘聽說後，勃然大怒，命手下人把九仙女攆到下界。她無處可歸，只好住在天池東北角的一個石洞裡。可真難熬啊！

說也真怪，別人懷胎都十個月，可她只有十天就養活了個胖小子。小孩又白又胖，生下來就會叫媽，可招人喜歡呢！他一天長一拳頭，一夜長一指頭，才十二天就長得像個大人樣，九仙女給他起名叫周順。

自從有了周順，九仙女就不覺得孤單了，一塊兒上山打柴，一塊兒回洞吃飯，悶了一塊兒踩青，熱了一塊兒游泳。

這天，天上像下火，熱得挺邪乎，九仙女又想和兒子一塊進天池洗澡，他倆來到天池邊，往下一看，山下旱得地都裂了。莊稼打了蔫，樹葉打了卷，狗熱得伸舌頭，人熱得東倒西歪。周順說：「人都快渴死了，莊稼也要乾死了，總不能不要這方土地吧，娘，你就救救山裡人吧。」

九仙女覺得孩子說得在理兒，就從懷裡掏出那個手絹往山下一扔，不一會兒，山下升起了漫天大霧，擋住了太陽，可是還是不能從根兒上解除乾旱，莊稼照樣長不好。周順說：「要能把天池水送下去就好了。」九仙女說：「是呀，那可就好啦！可怎麼送呢？」

第二天，周順做了一個木排，在天池上，坐著木排，用竿子蹬著玩。九仙女也上了排。她對兒子說：「要是坐在排上能把天池水引下去就好了。」周順聽了娘親的話，用力一蹬桿子，木排像箭一樣跑起來，把石碴子給捅了個豁子，水嘩嘩往下淌。周順一看這辦法行，便蹬著木排，又把碴子撞出兩個豁子，最後木排一甩，把九仙女甩到天池裡了。木排也讓天池水衝了下去。九仙女在池裡喊：「順兒，記住，把水帶給種地的人！」順兒眼淚汪汪地答應：「娘，你放心吧，我一定辦到！」說著，就順著水下了長白山。

水從三個豁口流啊，流啊，流遍了乾涸的土地。莊稼活了，人們都笑了。打那以後，長白山才出現了三條大江，就是現在的鴨綠江、圖們江、松花江。

周順成了第一個放木排的人。

梁　之（蒐集整理）

▎長白山天池的傳說（之四）

　　傳說很早以前，長白山裡住著一位日行千里、箭術超群的年輕獵人，名叫池勇。

　　池勇每天都在山上狩獵。一天，池勇背靠一株美人松坐下歇晌，突然從沒腰深的草叢中鑽出一隻小兔。這只小兔長得非同一般，它眼似琉璃，毛如白雪，身輕如燕，動作敏捷。池勇雖然在長白山上狩獵多年，可從來沒見過這麼好看的小兔。他想捉到手餵養起來，於是，便把彎弓斜背在身，撒開腳步，飛也似的追去。小兔越跑越快，池勇越追越急，一直追到山頂上湖岸邊。眨眼之間小兔不見了，池勇正驚疑地東張西望，忽然傳來「救命啊！救命啊！」的呼救聲。池勇循聲望去，只見一塊兀立的岩石旁邊，有只凶惡的斑斕大虎，向一個苗條的少女撲去。

　　池勇一見，火冒三丈，拿過弓箭，對準老虎，颼、颼、颼連發三箭，箭箭射中老虎的心窩。老虎發出一聲慘叫，滾倒在地，掙扎一會兒就嚥了氣。池勇趕忙跑到跟前，見少女的雙肩被虎爪撓得鮮血直流，臉色蒼白，已經昏倒在地上。池勇急忙捧起一捧湖水給少女洗傷口，說來也怪，剎那間，鮮血不流了，傷口癒合了。池勇又捧起湖水，慢慢滴進少女的嘴裡，少女蒼白的臉色漸漸地紅潤了，微微地睜開了秀氣的眼睛。少女甦醒過來，見面前站著一位身材魁偉、容貌英俊的年輕獵人，又看看身旁已經死去的老虎，霎時，流下兩行晶瑩的淚珠。池勇仔細地打量少女，只見她穿著一身雪白的衣裙，烏髮垂到腰間，花朵般的臉上，彎眉如柳葉，雙眸似明星，鼻子微翹起，嘴唇紅潤潤。池勇看罷，心裡納悶，在這人跡罕見的高山峻嶺中，哪裡來的這樣絕妙的美女呢？他問道：「你叫什麼名字？怎麼一個人來這兒呢？」少女靦腆地說：「我是天女，聽說長白山上山峰陡峭，湖水清澈，紫燕成群，花草迷人，就背著玉皇大帝，同七仙女一塊兒來到山上遊玩，又進湖裡洗澡。過後七仙女讓我變成一隻玉

兔，到山下去尋找不老草，剛下山就碰見⋯⋯」

兩個人嘮了一陣兒，天女知道池勇還沒有成親，又見他容貌英俊，心地善良，智勇雙全，便產生愛慕之情，主動提出要與池勇成親。池勇見天女是一片真心，便和天女結為夫妻。

天女與池勇結為夫妻這件事被巡天遊神知曉，急忙稟告玉皇大帝。玉皇大帝聽了，勃然大怒，對巡天遊神說：「天有天規天法，天女怎能與凡人結親？真乃大逆不道！你快趕往人間，命她速返天宮！她若違抗，必將按天規天法懲治！」巡天遊神奉命來到長白山上，在一座木棚前找到了天女，傳達了玉皇大帝的旨意。天女聽了毫無懼色，她對巡天遊神說：「池勇是我的救命恩人。為了報答他的恩情，我死也要死在池勇的身邊！」巡天遊神返回天宮向玉皇大帝回稟。玉皇大帝聽後氣得渾身顫抖，心想，如不除掉池勇，天女是不會返回天宮的。於是，他招來雪神，命他用大雪封山，凍死池勇。雪神領了御旨，施展了全部法術，下了七七四十九天大雪。大雪罩住了長白山，埋上了小木棚。天女和池勇冒著凜冽的寒風，扒開沒人深的積雪，帶著虎皮、獸肉，轉移到懸崖陡壁的岩洞裡隱蔽起來。

大雪剛住，池勇又到山上狩獵。玉皇大帝一見雪神沒能凍死池勇，又招來風神，讓風神趁池勇狩獵經過山口時，把他刮到山澗裡去。風神領旨，來到山上，當池勇狩獵從山口經過時，便張開大嘴拚命地颳起風來。可是刮了七七四十九次，也沒把池勇刮到山澗裡去，風神喪氣地溜回了天宮。

玉皇大帝聽了風神的回稟，更加惱火。於是，他又召來雷公、雷母，命他們必須殛死池勇。雷公、雷母不敢違命，立刻來到長白山。這時，天女正在湖邊挖菜，池勇正在山上追趕一隻梅花鹿。雷公、雷母跟在後面，一連打了四十八個炸雷，也沒傷著池勇一根毫毛。誰知，當池勇追到長白山頂峰時，正要拉弓搭箭，雷公、雷母照準池勇的頭部就是一雷。天女見池勇從峰頂滾落下來，便失聲痛哭起來。她抱著屍體哭了七七四十九天，又用湖水淋了七七四十九次，池勇終未能醒過來。天女想：恩愛夫妻共生死，池勇死了，我也不離開

他。想罷，抱起池勇的屍體，「咚」的一聲跳進了平如明鏡的湖水中。這不幸的消息傳到了天宮，仙女們淚水如注，淌進湖裡。湖水驟然上漲了七七四十九尺，湖裡盛不下了，便順著山口向北流淌，形成了一條瑰麗壯觀的瀑布。

　　人們為了紀念天女和池勇純真的愛情，就給這個湖起名為「天池」。

　　　　　　　　　　　　　　　　　　李三義（蒐集整理）

長白山天池的傳說（之五）

　　從前，長白山下有個屯子，人們過著五穀豐登的太平日子。這年，突然來了個會興風作浪的怪獸，這怪獸長著蛇身子，牛頭獨角，鴨子嘴。從此以後，這裡年年發大水，莊稼、房屋、山林全都淹沒了。年年它還向村裡要一對童男童女。

　　多少年過去了，也不知被它害死了多少童男童女。這一年，村裡有個小孩兒叫安民。父母被大水淹死了，他見怪獸年年害人，便決心除掉它。他跋山涉水，四處尋師學藝。十幾年後，安民長成了高大強壯的小夥子，武藝也學成了。

　　他來到怪獸經常出沒的地方，等待時機除掉怪獸。這怪獸聞到人的氣味，以為是村裡人給他送來童男童女了呢，便從水裡出來了。見面前是個強壯的小夥子，怔了一下。這時，安民高聲喝道：「你這該死的怪物，害得屯裡雞犬不寧，我今天要除掉你，為死去的鄉親們報仇雪恨！」

　　怪獸一聽，狂笑著說：「既然這樣，就速來送死吧。」安民不慌不忙地解下腰帶，向怪獸身上猛抽，怪獸先是狂笑幾聲，誰知這腰帶抽到怪獸身上，就如刀砍的一樣疼，怪獸狂嗥起來，扭轉身子逃走了。

　　原來，安民的腰帶，是一條長白山上的老藤皮擰成的。在他返回家鄉那天夜裡，他夢到一位白髮神仙，這條腰帶是白髮神仙送給他除掉怪獸用的。這腰帶經過千年的磨礪，已經成為戰無不勝的神帶。安民一見怪獸逃跑了，跟在後面緊追不捨。這樣，一個在前面逃，一個在後面追，一直跑了三天三夜，追到一座最高的山上，這獸精通水性，一看面前是個大深潭，撲通一聲跳進水中。安民便將神帶抻長，圍在潭的四周，等怪獸出來。多少年過去了，怪獸懼怕神帶的威力和安民的勇猛，一直沒敢出來。安民與神帶圍在潭邊，變成了石頭。

　　這個水潭就是長白山天池，傳說這怪物至今還被困在水底，不敢出來興風

作浪，這裡也就一直太平無事了。

王大伯（講述）

王長安　葛豔慧　溫　泉（蒐集整理）

長白山瀑布的傳說（之一）

《安圖縣誌》記載有「白河兩岸景清幽，碧水懸崖萬古留。疑是龍池噴瑞雪，如同天際掛飛流」的詩句，以描繪長白山瀑布的壯美景觀，而在民間則流傳著這麼一個悲壯的故事。

相傳在長白山深處，住著一個叫龍岩的名獵手，他家世代以狩獵為生，技藝超群。一天，他上山打獵，忽聽得林中傳來女人的呼救聲。他循聲趕去一看，見一個美貌的姑娘被老虎嚇得不知所措，癱倒在地。他迅速爬到一棵大樹上，大吼一聲。老虎扔下已昏過去的姑娘轉身齜牙咧嘴地撲到大樹下。龍岩抽出毒箭，張開弓朝老虎連連射去。老虎中箭，一縱幾丈高，咆哮數聲，撲倒在地死去。龍岩蹲在大樹下，打開隨身攜帶的藥罐，把藥水慢慢灌進姑娘嘴裡。姑娘甦醒後告訴龍岩，自己是白花公主，隻身進山踏青觀景，不想迷路遇上了老虎。龍岩聽罷，背起白花公主送回王宮。國王聽公主講了遇險被救的經過，當場封龍岩為無敵將軍，並把他招為駙馬。不久，敵寇來犯，龍岩率兵迎敵，把敵軍誘至長白山險境。相持數日之後，龍岩率領剩下為數不多的兵將與敵決戰，不幸被箭矢射中胸部。白花公主聞訊，急忙抄小道趕到戰場，撕破衣裙為龍岩裹傷，又咬破手指把鮮血一滴滴地滴進昏迷不醒的丈夫嘴裡。龍岩甦醒後，力氣倍增。他見箭矢已經射盡，就和白花公主一起退至只能容一人通過的險隘，用石頭砸向蜂擁而至的敵軍。石頭用盡後，他倆手牽手高喊著墜崖殉身。這雷鳴般的呼喊聲，震得懸崖顫慄崩裂，碎石像雨點般砸向敵軍。被激怒了的天池水也翻滾騰躍，咆哮如雷地從懸崖裂口沖刷而下，在龍岩和白花公主殉難處形成一粗一細兩股洶湧的瀑布。餘下的敵軍逃脫不及，全軍覆沒為水中陰魂。

至今，當你欣賞著這壯美無比的長白瀑布時，人們就會語重心長地告訴你：這兩股飛瀑，就是龍岩和白花公主的英魂千古猶存的象徵。

王恩龍（蒐集整理）

長白山瀑布的傳說（之二）

　　很早很早以前，有個叫平安屯的地方，屯裡有一對孿生兄弟，老大叫王林，老二叫王木，二人生得膀大腰圓，力氣超人。老大用箭，箭無虛發；老二使鏢，百發百中。他們以種地打獵維持生活。

　　這一年，平安屯方圓幾百里，一滴雨也沒下，土地旱得裂了縫，不少人畜也因缺水而死去。

　　眼見這般光景，兄弟倆決定找水源，解旱情。聽說長白山上有個天池，那裡有取之不盡的水，但是它被群山圍繞，流不出來，要想流下來，就得將天池劈出豁口。兄弟倆決定劈山，就打點打點，上路了。

　　一路上，兄弟二人曉行夜宿，飢餐渴飲，到了長白山下。這時紅日西沉，鳥兒歸林，二人準備找個住的地方，歇息一宿，明日登山，見山根有一茅屋，他們就走了進去。屋內有一老者，八十許，鶴髮童顏，二目炯炯有神。二人跟老者說要借住一宿，明日登山，老者很爽快地應允了，還用松仁餅、山野菜招待他們。老者問二人因何上山，哥倆說明來意，老者一聽，頭搖得像撥浪鼓似的說：「難嘍！難嘍！這山裡有個水怪，身高五丈有餘，頭上有兩個鋒利的犄角，眼賽銅鈴，一張血盆大口，一口可將人吞下去，兩隻大手好似簸箕，抓一個人如同抓一隻小雞。他白天在岸上，夜晚進水裡，天池由他獨霸，誰也甭想近前，你們倆去了也是送死。」老大王林說：「為了水，送死也情願。」老二王木說：「反正沒有水也是死，就去闖一闖，萬一真的鬥過水怪，不就可以劈山引水了。」老爺爺說：「為了不讓你哥倆丟了小命，我送給你們一個葫蘆，這葫蘆將蓋一打開，說聲『水來，水來』，水就出來了，它能澆五畝多地呢。有了它飲水做飯都可以了。」老二王木問：「老爺爺，這水再多點，把全村的地都澆了不行嗎？」老爺爺說：「這水只夠你們一家，別人家用就不夠了，到了這般光景別管那麼多了。」老大王林說：「那可不中，咱不能眼看別人受罪

不管呀？」老二王木說：「對，為了眾鄉親，哪怕劈山不成，死也甘心。」老者見二人執意要劈山，就說：「你倆是熱心腸的孩子，非要去的話，我給你們倆三支箭，三支鏢，你倆拿去，用箭射頭，用鏢打心，要膽大，心細，手狠。打死水怪後，先砍下他的左犄角，念道：『犄角犄角，快快變鎬。』用這鎬劈山；再砍下他的右犄角，再念：『犄角犄角，快快變鍬。』就用這鍬開溝引水。你倆切記在心，天色已晚，早早歇息去吧。」

第二天，二人醒來，房子和老者都不見了，倆人原來躺在樹底下。再看看老者給的箭和鏢，依然在身，明白了，這一定是仙人指點。據說這位老者正是太白金星。

兄弟二人，翻過九十九道嶺，爬了九十九座崖，到了天池邊。正想找水怪，只聽一聲喊叫：「何方人氏如此大膽！」隨著聲音，只見天池掀起大波，隨波鑽出來個蝦兵，照二人就打。王林拉弓射箭，將蝦兵射死。

這時水怪從池中騰起，張著血盆大口就向王木撲來，王林拿出箭向水怪射去，射進他的嘴裡。水怪連叫兩聲閉上了嘴。又伸出胳膊向王林抓來。王木「嘎」的一鏢，正中他的前胸。水怪咆哮著向二人撲來，哥倆不慌不忙，一個拈弓搭箭，一個手持飛鏢，待水怪撲向近前，一箭射中腦門，一鏢打在心窩，水怪倒在地上掙扎，哥倆又補了一箭一鏢，水怪不能動了，他倆趕緊剁下水怪的犄角。王林拿起一個犄角念：「犄角犄角，快快變鎬。」它就變成一把大鎬。王木拿起另一個犄角念：「犄角犄角，快快變鍬。」它就變作一把鋒利的尖鍬。老大王林「咔咔咔」三鎬，就把大山劈開，天池的水從豁口流了出來。老二王木用鍬挖溝，水順溝而下，鍬到哪，水到哪，就這樣，挖呀挖呀，一直把水引到山下，引到屯裡。旱情解除了，鄉親們得救了，當人們飲上這甘甜的天池水時，無不誇獎這對無私無畏的孿生兄弟。

王恩龍（蒐集整理）

長白山瀑布的傳說（之三）

相傳，很早以前，長白山區遭到一場嚴重的乾旱，一連三年沒下一滴雨，河見了底，樹林成片成片地枯死，百姓成群成群地渴死、餓死。

這時，有個叫王寶的年輕人，發誓要為鄉親們找到一條活路。他去問一位鶴髮童顏的老人，老人家告訴他：「在離這很遠很遠的長白山上，有一個天池，那裡有取不盡用不完的水。可是天池四面群峰，天池水無法流下高山。只有把山劈開一個豁口，水才能淌下來啊。人們有了天池水喝，就不怕乾旱，還可以種地，不被餓死了。」王寶聽了非常高興，就說：「我一定登上長白山，為鄉親們劈山引水。」

老人看他很有決心，便送給他一把開山斧。王寶非常感激，帶上開山斧就上路了。鄉親們聽說了，趕來為他送行，還送給他一把挖山鍬。王寶辭別眾鄉親，翻過九十九座高山，來到一個小村子，人們聽說他劈山引水，很受感動，就送給他一把刨山鎬。王寶又翻過九十九道嶺，越過九十九道深谷，登上九十九座懸崖，歷經千辛萬苦，終於來到長白山下。

長白山高入雲天，陡峭難攀。突然，一隻金鳳凰馱起王寶一直飛上長白山，把他放在天池邊，便飛走了。

王寶躺在天池邊，好半天才爬起來。他覺得又渴又餓，捧起天池水就喝。喝第一口，他覺得全身無比鬆快；喝第二口，全身的力氣一下子恢復了；喝第三口，彷彿聽到骨節「咯咯」作響，頓時氣力增加一倍多。王寶趕緊站起來，選好一處對著家鄉的山凹，開始劈山了。

王寶先用挖山鍬挖去山凹表面的浮沙石，露出一塊巨大的石頭。他又用刨山鎬，一鎬下去火星飛濺，石頭上只留下一點白印。王寶掄起開山斧，用盡平生氣力，向巨石劈去，可巨石卻紋絲未動。

這時，那隻美麗的金鳳凰又飛過來，王寶一看連忙感謝。金鳳凰說：「你

不怕辛苦為人們劈山引水，我幫助你不是應該的嗎？」王寶說：「這塊石頭真硬，正好擋路，怎麼辦呢？」金鳳凰告訴他說：「這塊巨石是當年女媧補天時剩的，被一位仙人帶到長白山，埋在這裡。你手中的開山斧，正是女媧補天時用的神斧，只是神力已沒了七分。要用血染養，才能劈開這塊補天石。」說著一頭向開山斧撞去，頓時鮮血四濺，對面山峰罩上一層雲霞。後來，人們就把這座山峰叫「紫霞峰」。再說那把開山斧立時銀光閃閃，斧刃生輝。王寶含著悲痛，掄起開山斧，運足氣力，狠狠地劈下來。只聽「咔」一聲巨響，山搖地動，火光衝天，補天石被劈掉一大半，整個山凹被震開一條長長的裂縫，直通懸崖。清澈的天池水，從裂縫衝下懸崖，飛瀉谷底，形成了雄偉壯觀的長白瀑布。

王寶雙手捧起金鳳凰的屍體，把金鳳凰埋在山坡上。這就是「落鳳坡」。

再說天池水繞過山樑，穿過亂石，向王寶家鄉流去。從此，人們喝到清甜的天池水，男耕女織，過上了幸福美好的生活，再也不受乾旱的威脅了。

王恩龍（蒐集整理）

圓池的傳說（之一）

在銀堆玉砌一般的長白山群峰之中，有一座紅色的布庫里山，把那雄偉壯觀的長白山，輝映得更加絢麗多彩。布庫裡山下有個圓形水池，叫天女浴躬池。為什麼叫這個名字呢？

據傳說，很久以前，有三個天女。大姐叫恩庫倫，二姐叫正庫倫，三妹叫佛庫倫。兩個姐姐生來就膽小怕事，不肯幫別人的忙，總說「多一事不如少一事」。佛庫倫卻是個熱心幫助別人、有見識、有膽量的姑娘。就是脾氣有點倔，又很好奇。這姐妹三個頂數佛庫倫長得漂亮。她還射一手好箭，所以弓箭總不離身。

天狼星看中了佛庫倫，就托媒求婚。佛庫倫很討厭仗勢欺人的天狼星，因此就拒絕了這門親事。天狼星惱羞成怒。想帶兵去搶，由於他懼怕佛庫倫的神箭，只好忍氣吞聲，等待有機會再下手。

在一個陽光明媚的日子裡，這三位天女抖開衣袖向長白山飄落下來。她們來到布庫里山下，見這圓池幽靜，池水清澈透底，便脫下衣服，在池中洗起澡來。天狼星一看，時機到了，就悄悄地溜到這裡，偷走了佛庫倫的衣服。他以為這樣一來，佛庫倫只得光著身子走到他的屋裡。

姐妹三個洗完澡一上岸，發覺佛庫倫的衣服丟了。大姐、二姐嚇壞了，趕忙飛回天宮。佛庫倫以為姐姐一定能來送衣服，就在水裡待著。不料，那兩個姐姐怕父母責怪，回到天宮根本沒提洗澡的事兒。佛庫倫蹲在水裡等呀等，等了好久，仍不見姐姐給她送衣服來。一天，果勒敏珊延阿林厄真變成一位白髮老人，左手舉著一個柳木紮成的小排筏，右手拎著個梯子，來到池邊，對佛庫倫說：「你想回天宮嗎？這很容易，不論什麼時候，只要把這梯子一立，立刻就能回去。天狼星守在南閆門等著和你結婚呢。他正在製造一場人間戰禍，打算叫你當他的助手。」說完把梯子放到池邊。佛庫倫聽了氣憤地說：「我寧可

永遠不回天宮，也不跟他結婚！我決心不惜一切去平息他給人間製造的戰亂，好讓百姓安居樂業。」白髮老人舉起小排筏說：「你這為民造福的心願，定會有人來幫你實現，這個小排筏，將來對你有用處。」佛庫倫剛接過小排筏，白髮老人就無影無蹤了。這時從林中飛來了一隻喜鵲，嘴裡叼著一顆紅果，給佛庫倫送來了。她一拿到手裡，一股從來未聞到過的清香味，直往鼻子裡鑽。她好奇地含在嘴裡，不料，這紅果一滾竟落到她的肚子裡，使她懷了孕。這一來，她更沒臉見父母了，於是她就打消了回天宮的念頭。

　　冬季一到，天氣一天比一天冷。當天宮降雪時，天狼星為了逼佛庫倫回天宮，就暗中吹起黑風，使寒風大雪一起撲向長白山。佛庫倫被凍得直打寒戰。可她寧肯凍僵也不回天宮。白山老祖燒了一盆熱水，對一個羅漢囑咐道：「你去把這盆熱水倒進圓池，圓池就會變成溫水池，好讓佛庫倫在那裡過冬。」可是這位羅漢走到山頂，老遠就看見了佛庫倫赤身裸體。他不好意思往前去，就轉回身用一隻手將水盆從身後遞出。為了叫佛庫倫前來取水盆，他就大聲喊著「嘎瑪遮」。由於他倒背著手端盆，盆歪了他也沒察覺。當佛庫倫悄悄走來，一看水全灑進了山石堆裡，盆已空了。她沒吱聲，又悄悄地走了。當她走到山後，見溫水從石頭縫裡流出來，匯成了暖流。她就靠這暖流度過了寒冷的冬天。那位羅漢還一直不知道，他仍然背著臉站在那裡等佛庫倫來取水盆呢。時間長了，他就變成一座高大的山峰。但是，他始終沒忘記白山老祖託付的事情。所以，每遇寒風驟起，這山峰還不時「遮──遮──」地喊佛庫倫來取水盆。

　　當長白山到了花紅草綠的時節，佛庫倫又回到了圓池。不久，她就生下了一個小男孩兒。她讓孩子坐在那柳木小排筏上，把弓箭放在他身邊，然後對孩子說：「用額娘金子一般明亮、純潔的心，作為姓，你就姓愛新覺羅吧。你生在布庫里山下，布庫里雍順就是你的名字。帶著額娘的弓箭，你自己尋找吉祥的地方去落腳吧。額娘在這裡盼望你早日長大，為人間除害、造福。」說完把小排筏向上一托，這柳木小排筏，在空中由五色祥雲圍繞著飄飄悠悠地向北飄

去。飄呀飄，飄到遙遠的一個大山下，輕輕地落在忽爾哈河水面上。順水流到鄂多里城。布庫里雍順被城主收留下，讓他和自己的獨生女兒都雅伯哩在一起習文練武。布庫里雍順到十八歲時，就長得十分威武英俊，成為出色的莫爾根。老城主讓他跟隨都雅伯哩成了親。就在他完婚這年，努雅拉克、祜什哈里、伊克勒三個家庭，著了天狼星的邪魔，為了爭當部族長，互相殘殺起來。戰爭已騷擾到俄漠惠與赫什赫，眼看逼近了鄂多里城。布庫里雍順向阿木哈討了一匹駿馬，去平息這場戰爭。他來到三個家庭廝殺的戰場，向高空射出三支果勒敏箭。聽到這響箭，三方都收起武器，停止了格鬥。這時一條惡狼從陣中跳出。這惡狼就是製造這場戰禍的天狼星。布庫裡雍順用額娘留給他的神箭，一箭射中了惡狼的脖子。一溜火光，惡狼不見了。

布庫里雍順調解了三個家庭的糾葛。人們推舉他為鄂多里城貝勒。他記得額娘囑咐他尋找個吉祥的地方落腳，於是他統一了各部族，號稱滿洲，他就成了滿洲的始祖。這時他想起了額娘佛庫倫，他就趕忙向長白山奔去。哪曾想，佛庫倫把孩子送走之後，因自己沒穿衣服，就躲進密林裡，終日伸著頭望著孩子的成長。時間太久了，她已變成一株雄美的長白松了。布庫里雍順對著這高聳筆直的長白松，磕了三個響頭，當場就封長白山為滿洲的發祥地；圓池為生龍聖地，在那立了「天女浴躬處」碑。因此這圓池就被稱作天女浴躬池了。由於長白松是美麗的天女變成的，後來人們就稱它為美人松了。這種樹也就一直沒有衣服穿。

伊化山　紀祥春（講述）

果　鈞　劉忠義（蒐集整理）

圓池的傳說（之二）

在長白山的布庫里山下，有個玉蓮池。這池原叫天女浴躬池。那麼它從何時改為玉蓮池的呢？說起來，時間並不太久，但是這裡卻流傳著一個不尋常的故事。

大清國一倒檯子，打獵的就都扛上了火槍、洋炮。可是神箭獵手老關德和他的女兒玉蓮，在抗日戰爭時期還背著弓箭打獵呢。這是因為他們的弓箭比別人的獵槍還管用。尤其是玉蓮，不光有百步穿楊的功夫，而且箭射得神速，頭支箭剛扎定，二支箭就到了。日本鬼子侵占東北後，他們爺倆就憑著這箭法，才搬到這長白山老林子裡，以打獵為生。頭兩三年雖然覺得有些寂寞，但比起被鬼子圈在鐵棘籬裡的那些「滿洲人」，要自由得多。後來抗聯陳翰章的隊伍來到這裡，不僅消除了關德爺倆的寂寞，而且給這爺倆的生活也增添了新的內容。更重要的是使他們認識了人生的真實意義。抗聯一進長白山，軍醫老何頭就成了關德家的常客。這倒不是因為他們都是滿族的原因，主要是這位抗聯的老軍醫，在他們父女倆眼裡，簡直是無所不知無所不曉的大學問家。第一次見面，他就對這爺倆講起了滿族發祥地——長白山。他從天女浴躬池說起，一直講到日寇扶植的傀儡滿洲國。

玉蓮這一年多，由於常和這位老軍醫接觸，不但懂得了抗日救國的道理，而且還聽了天女下凡等許多迷人的故事。這姑娘雖然終日穿山越嶺，迎風冒雨，可長得卻十分俊俏。趕到一過十八歲，更變得像一朵剛出水的蓮花了。林中的狩獵生活，使她成為大膽而果斷的女獵手。

「花香引蝶，人美招禍。」這話也許有點道理。一年秋天，日寇的大隊兵馬來掃蕩長白山。關德爺倆剛想去給抗聯報信兒，還沒等走出屋，一個穿鬼子裝束的官兒，領一個偽警衛，闖進屋來。一看玉蓮長得太漂亮了，就說：「這長白山不光山水秀麗，人長得也美。這姑娘多大了？」關德一看他們不懷好

意，就用話岔開，反問道：「你們這是上哪去？」穿鬼子裝束的這小子想——我要向他們一亮身分，不用費事，這漂亮的姑娘就到我手了。於是，他就說：「我叫肖亞雄，是日本關東軍軍官裡唯一的滿洲人。在關東軍裡任聯隊長，按滿軍編制就是團長。我們是進長白山來討伐抗聯的。」他說完對那個警衛使了個眼色，朝玉蓮努了努嘴兒。那個警衛一開口就吹捧起肖團長來了。說他曾是東洋留學生，會日本話，有權有勢。馬上就要從團長提升為將軍。先說了一大堆奉承的話，接著就提出想叫玉蓮給肖亞雄做偏房。老關德一搖頭，用「我們高攀不上！」這句話回絕了他。因為關德心裡急著給抗聯去送個信兒，所以就乘機說：「你們在這歇著吧，玉蓮的姑姑死了，還等著我們爺倆去出殯呢。」肖亞雄一聽他倆要躲開，就忙說：「這可不行，住在山裡的獵戶都有義務領皇軍討伐抗聯。按皇軍的指示，這密林裡的房子，本來是該燒掉的。我給了你們爺倆的面子，你們還跟我過不去。帶路是國事，死人是家事，得先國後家！」關德一聽同時走是走不了啦，他想打發玉蓮走，既能報信兒，又得以脫身。於是就對肖亞雄說：「這樣吧，我給你們去領路，叫玉蓮去給她姑姑哭個道兒吧。」肖亞雄把臉一扭，連聽都不聽。玉蓮一看知道自己躲不開了，他們不能讓她走了。她決定叫爸爸給抗聯去送信。於是她就對著爸爸說：「姑姑死了不去個人是不行的，我去了只能哭幾聲，也沒多大用處，爸爸你去幫著張羅張羅埋上就行了。我領討伐隊進山。」肖亞雄正嫌老頭子礙事呢，一聽玉蓮的話，他就高興地說：「還是姑娘聰明，這樣既能給皇軍帶了路，又不耽誤出殯。那你就趕快去吧。」肖亞雄越攛關德走，關德越不放心。玉蓮看爸爸擔心，就說：「爸爸你放心吧，我還按那條最『理想』的路走。你快走你的吧，人家還等著出殯呢。」關德明白女兒這話的意思，是叫他快去報信，抗聯好做準備，她領這幫鬼子還走天女浴躬池下邊的溝塘裡那條路。他們曾把鬼子討伐隊領進過那裡，叫抗聯打得一個沒剩。軍醫老何頭對他們父女說過，這條路是打埋伏最理想的路。關德看看女兒的臉色，二話沒說，轉身走了。

關德一走，肖亞雄心裡都樂開花了。他笑嘻嘻地望著玉蓮。玉蓮瞅了他一

眼，說道：「肖團長，咱們也走吧。」肖亞雄賤兮兮地說：「不忙，咱們玩一會兒嘛。」玉蓮一聽，裝出高興的樣子說：「肖團長也喜歡玩嗎？這可太好了！我最願意玩，這大森林好玩的地方可多了，等到那時刻保證領你玩個夠。」肖亞雄正在琢磨怎麼打發偽警尉和手下的隨從們走，他好下手呢。聽玉蓮這麼一說，他想，到大林子裡更方便，於是就下令出發。

　　玉蓮背起弓箭在前邊走，大兵在後邊跟著。往常進山，肖團長既不在前頭也不在後尾，而在軍隊中間。今天他非要跟玉蓮一起在前頭走不可。這一來他的警衛、副官都得陪著。走了一陣子，來到了天女浴躬池下邊的溝塘裡。一進溝塘，玉蓮就盼著槍響。她想，可能是爸爸沒找到抗聯。這可怎麼辦呢？我領著這大兵若在這林子裡突然碰上抗聯，抗聯又沒有準備，叫他們打個冷不防，一定得吃大虧。若碰不上抗聯，今天他一定逃不出姓肖的手。到那時候，再想跟他拼都來不及了。我何不趁著弓箭在手，先把肖亞雄弄死。我一跑，他們準能放一陣槍，抗聯聽到了，會有個準備。說不定能把他們包圍了呢。就是死了我一個，也值了。一想到這裡，主意就定了，她對身邊的肖亞雄說：「我累了，歇一歇，咱們好到前邊玩玩去。」肖亞雄一聽，美得了不得，立即命令軍隊就地休息，不准亂走。他和玉蓮向樺樹林裡走去。玉蓮看到警衛和副官也跟了上來，她不好下手。於是她就用眼瞅瞅肖亞雄，再瞅瞅他手下的人。肖亞雄一看就明白了玉蓮的意思，他對手下的人一揮手說：「你們都到別處玩去吧，我們到樺樹林裡溜躂溜躂。」手下的人都躲開了。

　　玉蓮這時已走進了樺樹林，肖亞雄興沖沖地來到玉蓮的身邊。玉蓮摘下弓箭對肖亞雄說：「你先看看我的箭法吧。」說著把匕首遞給肖亞雄，叫他到前邊樹上刻個印兒。肖亞雄為了使玉蓮高興，到十米開外的一棵小樺樹上去刻印兒。玉蓮將弓拉滿，一箭射出，正從肖亞雄的後心穿進去。肖亞雄大叫一聲，扔下匕首倒下去了。玉蓮走上前，見肖亞雄還睜著眼睛看她，還想掙桬著抬起頭。玉蓮撿起匕首，指著他說：「你這個披著人皮的禽獸！今天讓你知道知道山溝人的厲害！」肖亞雄聽完，頭往後一仰，一閉眼睛挺屍了。

這時鬼子也聞聲趕到了。玉蓮忙往前跑，鬼子在後面邊追邊開槍。追到天女浴躬池的邊上。鬼子的副官見玉蓮沒了去路，就下令活捉她。鬼子從兩面向她撲來。玉蓮站在池邊的一塊岩石上，左右開弓，箭不虛發，一箭射出，準有一個鬼子倒下。最後箭射光了，她轉過身，對著平靜秀麗的天女浴躬池，想起軍醫何大伯講的天女故事。她彷彿進入了仙境，自己也置身於仙女之中。這時鬼子副官來到了她的身邊。她拔出匕首，甩出去，摜在鬼子身上了。然後握著那張弓，一縱身跳進了這天女浴躬池。

鬼子們見玉蓮投水了，正在發愣，下邊溝塘裡的槍聲像爆豆似的響了起來。槍怎麼才響呢，是不是關德信送晚了呢？不是。他按時把信送到了，抗聯也埋伏好了。只因鬼子進山時隊伍拉開了距離，一團人馬還有一多半兒沒進到包圍圈，肖亞雄就下令就地休息了。直到前邊的鬼子開槍追趕玉蓮，後邊的鬼子聽到了槍聲才迅速往前趕。都走進了包圍圈，抗聯的槍才響。這一仗抗聯把肖亞雄這團鬼子和一個警察隊，全給消滅了，一點兒沒剩。在打掃戰場的時候，看到肖亞雄身上穿著的箭，軍醫老何頭帶著人忙著和關德一起找玉蓮。找到池邊，看到玉蓮射死的那些鬼子，又看到池面上飄著的弓，知道她投這天女浴躬池自盡了。老軍醫同關德一起流著淚。恰巧一隻仙鶴從池中飛起，一個小戰士安慰關大伯說：「關大爺別哭了，玉蓮變成仙鶴飛上天了！」關德望著飛起的仙鶴，問老軍醫：「難道她真能飛上天？」老軍醫像是在安慰他，又像是很認真地說：「玉蓮是個機靈、大膽、有志氣的姑娘，是能飛上天的。」老關德站在池邊上，用眼盯著那越飛越遠，越飛越高的仙鶴。抗聯老軍醫砍了一個樹樁，寫上了「玉蓮池」三個大字，立在池邊上。從此這天女浴躬池，就被稱作玉蓮池了。

關希祿（講述）

果　鈞（蒐集整理）

長白山溫泉的傳說

勇敢的阿渾德[1]

> 掛在樑上的銅鉤擺呀擺，
>
> 銅鉤下的燙金搖車飛呀飛，
>
> 小小阿哥，巴布哩，巴布哩，
>
> 哈哈濟、贊汗濟[2]，
>
> 老實兒坐著，別吵哩，別鬧哩，
>
> 阿哥睡嘞，
>
> 古曲講嘞……

　　先輩的祖爺剛剛下生的時候，山啊，河啊，溝啊，嶺啊，還都沒有個名字吶！遍地淨是白霧、湖沼、塔頭甸子。那時，沒有松阿里烏拉[3]，只有一條羊腸細水，都叫小河。在盤根古木裡東鑽西淌。兔子能跳過去，黃毛野豬能跨過來。水不足，成天飛沙走石。我們的祖爺們，只能靠山坡河口，挖地搭棚，生兒養女。幾代人過去了，像鵪鶉孵崽一樣，子孫很快多起來。

　　新出現的屯子，像天上的星星，地上的薺薺菜，數都數不清。俗話說：「一罐清水十個人喝個飽，百人喝搶破頭。」那時，部落之間，常常為了搶占水源，年年爭殺不息。山洞裡、樹杈上葬滿了屍骨。部落的人，像風吹枯草，今天逃到東，明天躲到西……

　　在難解難分的征殺中，有位女頭領叫西倫媽媽，聰明，靈巧，管家有方。

1　阿渾德：（滿語）兄弟。
2　哈哈濟、贊漢濟：（滿語）小小子、小姑娘。
3　松阿里烏拉：即松花江。

她的那個部落很快強大起來，附近不少部落都紛紛歸附。有了三百口哈哈、合合[4]，九十群牛馬，上百個魚泡子。西倫媽媽力大無窮，一頓飯能吃九隻鴨子，掄起石頭能拋過九個山頭。她勤勞、勇敢，部落裡人人敬服。大夥兒再不像瞎蟆一樣亂飛了，而像花鹿一樣聚群。他們每天磨箭放牧，打雁熟皮，生活安穩了，有歌有舞。

有一天，阿濟格畢拉突然颳起了暴風，攪得昏天黑地，天像裂開一樣呼隆隆響。在一片亮光中，打北方躥出來一條怪龍，張牙舞爪，龍嘴裡，龍鱗裡，龍爪上噴著烈火，把湖岸青草全給燒焦啦。遍地像個大蒸籠。牛、馬、豬、羊熱得邊跑邊叫喚。山岩、樹海烤得直冒煙，人被燙得像掉近大火坑。

西倫媽媽帶著男女老少，趕著牛群、馬群，往遠處逃呵，躲呵，怪龍不單噴火，還吞吃人畜，到處是火光、哭聲。逃難的人們跟著西倫媽媽逃呵，逃呵，逃到虎豹成群的珊延阿林。正愁在哪棵樹根下落腳吶，忽然聽到天上一對白鷺鷥朝著西倫媽媽嘎嘎叫著說：「東走喀！東走喀！」西倫媽媽高興了，說：「鷺鷥叫，水草鮮，走喀，走喀，順著鷺鷥飛去的方向走喀！」於是，大夥爬山過嶺，跟著鷺鷥走。

到了鷺鷥飛落的地方，大家一看，這裡環山一條小河，立陡的石崖中腰，露著黑森森的一個山洞。洞口蹲著一隻金色猛虎。這只猛虎瞧見了西倫媽媽點頭下拜，然後仰起頭，張開嘴，「諾——溫，諾——溫」一個勁兒地直叫喚，兩隻大梅花爪子刨得石頭亂飛。西倫媽媽覺得這虎的叫聲像在召喚她。西倫媽媽攀上石崖，來到洞前，忽然被一塊突起的大石塊擋住了。這塊石頭可真大，三個人也摟不過來。西倫媽媽用手搬呵，搬呵。兩隻手摳得石粉唰唰直落，石頭才搬掉了。她走到洞裡，老虎不見了，卻看見虎窩裡，坐著一個身裹黃色虎皮兜肚、紅臉膛的胖小子，見西倫媽媽來了，張張手，爬過來，西倫媽媽樂著抱起孩子，跑出洞口，給部落裡的人看，說：「阿布凱恩都裡賜給我們一位巴

4　哈哈、合合：（滿語）男女。

圖魯！」

逃難的人群，正想下山往松林裡走，忽然，東天邊飄來一朵蓮花雲。雲裡飛來一隻白雕，越飛越快，越飛越近。白亮亮的大翅膀，遮住了天。白雕慢悠悠，慢悠悠地落下來，身上馱著一個身裹白羽毛兜肚，紅臉膛的胖小子。大雕看見西倫媽媽，就「阿──哩，阿──哩」地叫了兩聲，翅膀一栽棱，把孩子輕輕放到山根草地上，一搧動大翅，騰空飛走了。

部落的人在這重重災難中，連得了兩個眉清目秀的哈哈濟，一個個心裡分外高興，都忘了憂愁。這時，西倫媽媽下馬來到草地上，把這個孩子也抱起來，騎上馬，一手抱一個，帶領大家繼續朝前走。

這兩個小孩，看上去只有六七個月的模樣，繫白羽毛兜肚的孩子大一點兒，按白雕的叫聲，起名叫「阿里」；繫黃虎皮兜肚的小孩，小一點兒，按老虎的叫聲，起名叫「諾溫」。

西倫媽媽叫人砍來黃菠蘿樹做板，水冬瓜樹做梁，三十根鹿筋搓成繩，豬血噴的漆花，野藤圍成雲字邊，放到火上煨，拿到石上磨，做了兩個花搖車，掛在樹丫巴上。西倫媽媽親手搖呵搖，一邊搖來一邊哼：

「悠呵，悠，巴布噢，貔呵蛇呵，邀啤逃畦──」

「悠呵，悠，巴布噢，雨來月照，長呵長噢──」

阿里和諾溫兄弟倆，日光曬，熱風吹，部落的人把打來的野獸挑最好的給西倫媽媽送去，西倫媽媽自己捨不得吃，全給小兄弟倆吃啦。自己渴了喝口水，餓了吃口野果。西倫媽媽瘦多了，可是小兄弟倆很快長大了。

有一天，兄弟倆忽然跳下搖車，來到西倫媽媽面前，西倫媽媽大吃一驚，只見面前站著的是兩個勇士，像矗立著兩棵大樹，膀大腰圓，聲音像打雷一般。兄弟倆一下地，吃了一頓飯，就吃了兩條馬鹿，五隻野豬，還得喝一槽子馬血。吃完了飯，小哥倆勁更足了，跪在西倫媽媽跟前說：

「額娘，我們不瞞您，我們哥倆都是天神的兒子。我阿瑪是北海的雕神，他阿瑪是東海的虎神，阿瑪派我們來治理江山，降服怪龍，我倆這就要走

了！」

西倫媽媽擔心地說：「怪龍十分凶猛，你們弟兄倆咋能行啊！」

「不，我阿瑪給我一根白羽翎，有它，我能力掄大山，飛騰萬里。」阿里拿出一根白羽翎，給西倫媽媽看。

諾溫也從兜肚裡拿出一根虎鬚說：「這是我阿瑪給我的，有了它，我就能扎死怪龍。」

西倫媽媽聽了非常感激兩兄弟，便忙叫人準備送行，部落的人都忙活開了。西倫媽媽到林子裡，用石塊親手打死一隻千斤大熊，倒了滿滿一木槽熊血。阿里和諾溫舀了一勺，灑向青天，敬給阿布凱恩都裡；又舀一勺潑灑大地，敬給山河土地；第三勺雙手捧給額娘，西倫媽媽一飲而盡；第四勺敬給災難的部落；第五勺兄弟倆咕嚕嚕一口氣乾了下去。這才告別了眾人，朝怪龍住的地方大步走去。

怪龍住在東面大山頂上的一個山洞裡，每天出來禍害人畜。勇敢的阿里和諾溫到了大山洞跟前，怪龍見有人來了，就噴火焰想燒死兄弟倆。阿里拿出白雕翎往身上一插，立刻生出兩個大翅，飛上了天空；諾溫把虎鬚一晃，立刻化朵彩雲，騎在彩雲上。怪龍發怒了，朝天空呼呼噴著焰火，頓時聚成了百丈高的大火柱，滾來滾去，可就是燒不著阿里和諾溫。怪龍越加暴跳地噴著火焰，整個大地灑著火雨，山石橫飛。阿里和諾溫瞧這情景，兩人一合計，要打敗惡龍，非得用水填平怪龍藏身的火洞不可！於是，阿里飛到很遠很遠的地方，拚命地搧動翅膀，背來九江八河的水，一來一去地灌著洞口，灌呵，灌呵，灌個不停。諾溫用虎鬚槍狠勁地撬下山石，不停地往洞裡填石土。大洞口很深，黑煙直衝天上，火焰翻飛。九江八河的水不夠用，阿里就飛回阿瑪居住的北海，到那裡背來北海的冰水，十趟，百趟，千趟……日夜不停。怪龍在洞裡可嚇壞啦，洞口眼看讓小哥倆塞滿了，它慌忙逃到天上，一下子把正在拚命奔忙運冰水的阿里用龍尾巴纏住了。諾溫見阿里被怪龍抓住了，忙把虎鬚一抖，馬上變成一桿光芒耀眼的扎槍，剛想揚手拋過去，一看哥哥被怪龍緊緊纏著，要是把

虎鬚槍拋出去，阿里也得讓槍扎死。正焦急時，阿里大聲喊：「諾溫，諾溫，快！快扎呀！」諾溫還是不肯拋出虎鬚槍。阿里又呼喊著諾溫，讓他快拋出虎鬚槍。諾溫這才把虎鬚槍投向怪龍。神槍非常厲害！穿透了怪龍的軀體，又從阿里胸膛鑽出來，只聽轟隆隆一聲響，阿里背上的冰塊被射得粉碎，散落在四野。阿里的鮮血。染紅了大地。諾溫撲上前去，從射掉下來的龍尾上抱下阿里，可是阿里早已不省人事了。

諾溫見哥哥死了，像萬箭穿心，憤怒地跳到受傷的龍身上。怪龍雖斷了下半截身子，疼得拖著兩隻大龍爪，一溜火光朝北猛逃。龍爪死摳進地裡，從山頂到山下，硬是豁開一條曲曲彎彎、又深又寬的大溝。諾溫不顧龍鱗噴火，緊卡住龍發，怪龍疼得蒙頭轉向，龍爪子東撓一條溝，西開一條壕，累死在肯特哈達。龍骨堆在平原上，變成了小興安嶺。諾溫為替哥哥報仇，同傷龍拚死廝鬥，雖征服了怪龍，但因自己燒傷過重，也閉上雙眼。

都說，長白山頂上的天池，就是阿里從迢迢萬里搬來的九江八河和北海的冰水匯成的。天池的飛瀑直瀉在怪龍豁開的寬溝裡，日久天長，成了今天滾滾流不盡的松阿里烏拉。諾溫騎著傷龍，在平原上掙扎，豁出條條細溝，後來就變成了諾溫江。怪龍受傷劇疼，龍爪在山頂劃出不少溝岔，變成了溪流。所以，松阿里烏拉源頭多，形成幾條白河；阿里的熱血濺在長白山上，至今山頂有不少紅土和紅石頭。

單說西倫媽媽還天天站在山頭上，盼望勇敢的阿里和諾溫早日回來。月亮圓了又缺，缺了又圓。可是，還不見阿渾德的蹤影。西倫媽媽告別部落的人，去找倆兄弟。她走呀走，沿途都讓她大吃一驚，原來的小河不見啦，變成一條又寬又清的大江。遍野黃沙都讓新長起來的綠林蓋上啦！西倫媽媽笑了，孽龍除掉啦！可是小兄弟倆在哪裡呢？她順著江往上游找呵找，傷心地呼叫著。她爬上山頂，洞口還噴著熱氣。西倫媽媽被一股股熱氣熏倒，死在石崖下。她仍在日夜想念部落和兄弟倆，心永遠是火熱火熱的。所以，她死的地方湧出泉水，這就是著名的長白山溫泉。

人們為紀念阿里和諾溫兄弟倆，從長白山頂流下的江叫阿里。滿族人為表示敬意，加一個「松」字，叫成松阿里烏拉，就是今天的松花江；諾溫追殺怪龍，廝鬥豁開的溝，變成了小一點的江，後人叫諾溫江，即今天的嫩江。打那以後，人們再不為水源爭殺啦。兩條大江滋潤著肥田沃土和茂密的林海。阿里和諾溫的名字，也世世代代流傳下來。

長白山王池的傳說（之一）

　　長白山西南坡距離天池二十五里的地方，有個不大的圓形水池，四周群山環抱，樹木參天，清澈見底的池水映著山峰林海的倒影，好像鑲嵌在綠色海洋中光彩奪目的寶石。自然風光瑰麗動人，吸引著無數的遊人，這就是有名的王池。王池這個名字還是老罕王起的呢。

　　傳說，老罕王的乳名叫小罕子，從小家裡很窮。為了活命，就到長白山老林子裡放山。他頭一次放山，沒見過棒槌長得什麼樣，又不知道山裡的路怎麼走，想搭個伴一起放山。可是老放山的看他是個初把，年紀又小，怕贅腳，誰也不肯帶著他。沒辦法，他就「單棍撮」。

　　小罕子白天滿山遍嶺地跑，晚上就在林子裡打小宿。林子裡潮乎乎的，睡在暗乎乎的樹葉上，第二天早晨起來身上水漬漬的。他這樣苦巴苦熬地幹了一年，沒挖著棒槌，還得了一身病。他全身骨頭節都疼，胳膊伸不直，兩條腿都站不起來，走路得跪在地上往前爬。病了，在深山老林裡找不著先生治，回家，腿又不能走路，急得抓耳撓腮。怎麼辦？想來想去，還是回家為好，萬一在路上遇著好心人，還能尋條活路。他朝家裡的方向爬去，餓了，摘點甸子果充飢；渴了，喝點泉水；爬累了，就停下來喘口氣。他爬了三九二十七天，爬過了七道大溝、八道梁，衣服刮破了，手和膝蓋磨破了，鮮血直流。可是他還堅持著爬。他爬呀，爬呀，累得精疲力竭，頭昏眼花，四肢無力，一屁股坐在地上，再也動彈不得。他倚著樹，不知不覺地就睡著了。不一會兒，只見一條十多丈長，碗口粗的大蛇從草窠裡鑽出來，身子一伸一屈地朝他爬來，他想跑，又跑不動，這時那條蛇「蹭」地一下子，躥到他身上，從腳底下一直纏繞到頭頂上。他看盤在身上的大蛇是扁扁的身子，背上有兩個小翅膀，肚子底下還有四個爪，身上還長有鱗片，閃光耀眼，這哪裡是什麼蛇，不是傳說中的金龍嗎！金龍用頭拱了拱小罕子，然後揚起頭，朝東南方向點了三下。他嚇得

「媽呀」一聲，渾身一哆嗦，醒過來，扶著樹跪著四下看了看，哪裡有什麼金龍，原來是一場夢啊！

小罕子心裡琢磨，這條金龍為啥不吃我，還向東南點了三下頭呢？噢，明白了，這是金龍讓我到福地去呀！於是，他朝東南爬去，爬過漫漫崗，來到草地邊上，只見響晴的天空飄來一朵白雲，剎那間，一條金龍擺著尾，騰雲駕霧來到了小罕子前邊的草地上。小罕子仔細一看金龍的長相，這不是夢中見過的金龍嗎？他呆呆地看著，不知怎麼辦好了。這時候，金龍往前一躥，一頭紮在草地裡，尾巴來回一擺動，不一會兒，就拱出個大坑，坑裡「咕咚，咕咚」往外冒水。金龍彎著身子，尾巴轉圈使勁兒一掃，掃出個溜圓的大坑，坑裡的水很快就滿了，成為大水池子。小罕子渴得難受，看前邊有水，就趕忙爬過去要喝水。他爬到水池邊一看金龍趴在那裡，猛地向前一縱，伸出兩隻手，捉住了金龍的尾巴，金龍往水裡一紮，就把小罕子拖到水裡了。你說怪不怪，小罕子落水的地方，水立時就向兩邊分開，出現一條溜光嶄亮的大道。小罕子順著大道往前爬。爬呀，爬呀，不知爬出多遠，連累帶餓渾身一點勁兒也沒有了，頭昏腦漲，兩眼直冒金星，身子一歪，昏倒在路上，什麼事也不知道了。不知待了多長時間，小罕子覺得有手指肚大光滑溜圓的東西塞到嘴裡，立時就有清涼爽口的感覺。他一咽吐沫，嘴裡含的那個小東西滑到肚裡，他很快甦醒過來了。他肚子不覺得餓了，也精神了，胳膊伸直了，骨頭節也不疼了，渾身有用不完的力氣。他一個鯉魚打挺，站起來一看金龍在身邊。噢，原來是金龍救了我呀！我得好好謝謝它。還沒等小罕子說聲謝謝，金龍就沒影了。看看自己，已經回到了水池邊上。回頭看看水池，水池子裡仍然是一汪水。

後來，小罕子當了皇帝以後，第一件事就是帶領文武大臣到長白山祭祖。因為長白山是他的發祥地。他祭完祖先以後，還特意到王池這個地方看看。他找了幾次沒找著，有位大臣勸他別去了，以後再找吧。他執意不肯，非要找到那個水池不可。他找啊找，找了好幾天，終於在一個四周群山環抱、古木參天的地方找到了。他面對水池自言自語地說：「金龍啊金龍，你救過朕的命，我

得好好地答謝你。我若能再見著你，那就算我的福分了。」說著，就聽水池子裡「轟隆」一聲，平靜的水面上現出個大水花，金龍探出頭來，朝老罕王點了三下頭，再就不見影了。老罕王對站在身邊的文武大臣說：「金龍救過朕的命，愛卿和黎民百姓不是稱我為罕王嗎？這個水池子就叫王池吧。」從此，王池這個名字就一代一代地傳下來，直到現在還這麼叫呢。

徐永之　籍　海（蒐集整理）

長白山王池的傳說（之二）

長白山天池的西南坡，有一個形如荷葉、略呈橢圓形的小天池，像一塊碧玉鑲嵌在長白群峰之中，這就是王池。王池北依長白山懸雪崖，南臨蒼茫林海。它和馳名遐邇的長白天池一樣，有許多動人的傳說。

很早很早以前，有一年的七月七，王母娘娘舉辦蟠桃盛會，各路女仙都趕來赴宴，連著熱鬧了七十七天。

王母娘娘高興無比，喝得醉眼朦朧，一甩長袖，栽倒在金椅上，只聽「噹啷」一聲響，把梳妝台上的八寶翡翠琉璃鏡打翻了。身邊的使女王媧，緊抓慢抓沒抓住，那梳妝台上的寶鏡，飛下瑤池天宮，穿過祥雲，落到了人間。

王母娘娘又氣又急，立即派天神下界去尋找。幾個天神不敢怠慢，來到人間，找了三天三夜也沒找到。王母一聽，氣得暴跳如雷，怒罵天神無用。當即令天仙侍女把王媧找來，手指著王媧的鼻尖教訓道：「你立即下界去尋找寶鏡，如找不回寶鏡，你休想見我！」

王媧哪敢怠慢，立即揮舞綵帶，落到了長白山。林海茫茫，乾坤浩大，到哪裡去尋找盤子大小的八寶翡翠琉璃鏡呢？她風餐露宿，走過龍女對鏡梳妝的芝盤峰，爬上仙子駕鶴的紫雪峰，攀上雲遮霧罩的白頭峰，路過直插蒼穹的臥虎峰。走了七十七道嶺，過了九十九座山。她閃動鳳眼，找啊找，找了一天又一天，找了一月又一月，找得人間大地一青一黃，找得長白山冬去春來，還是沒找到。

一天，王媧在長白山西南一座山峰下（今日懸雪崖），發現一個閃閃發亮的東西，像面寶鏡。她趕緊降到地面一看，果然是王母娘娘那八寶翡翠琉璃鏡。這下，可把王媧樂壞了，趕忙跑下山去，蹲下身子用雙手去捧那面寶鏡。說來也怪，那寶鏡竟「吱吱」地長大起來，不一會兒工夫，竟變成方圓幾里、形似荷葉、清澈如鏡的水池。池面四周，古樹蒼蒼，嵯峨蒼秀，恰好長虹當

空，山巒云影，景色萬千，勝似那蓬萊仙境。

王娲見此情，大失所望，悲痛欲絕地大哭起來。她越哭越難過，越想越流淚，最後，她默默地說：「找不回寶鏡，回到天宮也得死，不如投池一死，以表自身清白。」於是，王娲慢慢站了起來，整整宮裙和頭飾，一步一滴淚，一頭栽到池中，自盡了……

仙女王娲死後，瑤池天宮的眾仙女聽說了，都無比思念，每年到七月七這一天，眾仙女都偷偷下凡來祭奠她。這一天可以看見長白山上大放光華，眾仙女乘盛裝華輿、從彩雲中飄飄而下，前擁後擠地湧進池中，頃刻之間，從池中傳出絲竹之聲，迴蕩於玉樹仙山之中。約一刻鐘後，方寂靜無聲。

這個悲憤的傳說故事，就這樣在長白山一帶流傳開了，後來，人們便把這座水池稱作「王池。」

羅傳寶（講述）

張　平（蒐集整理）

三江之源的傳說（之一）

　　三江指我國東北地區的三條大江：松花江、鴨綠江、圖們江，三江水系以長白山天池為中心呈放射狀。這裡講一個動人的故事，算是對「三江之源」一說的一個佐證。

　　古時候，長白山天池煙波浩渺，碧波萬頃。每天，陽光一照，水面便波光瀲灩，一直反射到天庭。天上玉皇有三個女兒：松花、鴨綠、圖們。一個個長得窈窕嫵媚，似朝陽般豔麗，又如新月般文靜。她們一直長到十八歲，玉皇還不許她們跨出天庭半步，只准在御花園裡賞花戲耍。一天，小女兒圖們在賞花時聽見小鳥婉轉的叫聲，不禁出神地望著籠中的小鳥，心想，自己身為玉皇之女，與小鳥的處境又有何不同呢？她頓時心生惻隱，打開籠門放走了小鳥。誰知卻被父王狠狠訓斥了一頓，並不許她再到御花園裡去玩耍，整天深居閨閣。

　　有一天，圖們正坐在窗前舉目遠眺，忽見下界反射上來一道異光。她忙俯視下界，只見在崇山峻嶺間，層岩峭壁拱衛著一泓明鏡似的湖水。她多麼想去那湖水裡洗個澡呀！然而，想起自己的境遇，不禁傷心地號啕大哭起來。兩個姐姐聞聲趕來，詢問緣由。她倆順著圖們指的方向低首俯瞰，果然見雲霧散盡的晴空下，萬山叢中有一汪湖水正在熠熠生輝。她倆頓時也產生了去湖裡沐浴的慾望。玉皇拗不過她們一再懇求，只得應允她們姐妹三人下凡走一趟，洗完澡當天返回天庭。次日，姐妹三個打扮停當，駕起五色祥雲，緩緩落在天池岸邊。這天，天池顯得格外碧藍清澈。她們各自掬一捧池水喝下後，脫掉衣裙跳入水中，盡情沐浴。她們一直玩到傍晚時分才盡興。大姐松花見夕陽西沉，急忙招呼兩個妹妹穿戴好立即返回天庭。誰知卻忙中出錯，圖們的一隻繡花鞋不慎掉到懸崖下面去了。等圖們拾回鞋穿好，已是暮色蒼茫。

　　顯然，姐妹三人違反了玉皇旨意，難返天庭。圖們不同於兩個姐姐，毫不著急，若無其事，反而勸兩個姐姐前往東海一遊，玩它個痛快。兩個姐姐知

道，返回天庭也不會得到父王的寬恕，乾脆依小妹所言，去東海龍宮逛逛。到底怎麼個走法呢？三姐妹各自亮出了想法。大姐松花說，有苦同受有難同當，一起走；三妹圖們卻主張分道揚鑣，各走各的；二姐鴨綠認為姐姐和妹妹說的都有理，都可行。

正當她們各執己見爭執不下的時候，玉皇在天庭大發雷霆，怒不可遏。他下旨把導致三個女兒不願返回天庭的禍根──天池摧毀。於是，天空降下巨雷，劈擊天地，池水分三路奔瀉而去。三姐妹見狀，顧不得相互招呼，分別隨著奔騰而去的天池水前往東海。松花朝北，鴨綠朝南，圖們往東。松花隨著漂流而下的天池水北去，被後人稱為松花江。鴨綠隨天池水穿越綠蔭濃密的樹林南行，經由萬浦折向西，被後人叫作鴨綠江。小妹圖們是個極有心計的姑娘，她先在地底下隱身走了一段路以後，才順著往東去的天池水漂流而下，後人把這股天池水稱作圖們江。三姐妹殊途同歸，抵達東海後，在龍女引導下相會了，她們高興得相互擁抱，翩翩起舞。

三江之源的傳說（之二）

天上王母娘娘生了八個女兒，人稱八仙女。以後為什麼只提七仙女了呢？這與長白山天池的三江源頭，還有著一段傳說。原來，長白山天池被山峰環抱，是死水一潭，天池水是供八女沐浴的地方。

那時，天池邊上住著一個聰明伶俐、勇敢勤勞的小夥子——李柱。李柱年方二十，上無雙親，又無兄妹，單獨一人在長白上居住，靠挖參、採藥、打獵為生。一個人實在寂寞了，就到土地廟裡，找土地佬玩玩。

一天，李柱又來到土地廟，找土地佬聊天兒。土地佬扳著指頭算了一陣子，說：「今天是天上八位仙女下凡來天池洗澡的日子。柱兒啊，你過來。」李柱走到土地佬身邊，土地佬貼著李柱的耳朵，囑咐了他幾句。李柱聽了很高興，就按照土地佬告訴他的話，在長白山天池邊石縫裡藏起身子。

不多時，看見天邊飄來一朵彩雲，上面站著八位仙女，衣裙綵帶飄搖，落在天池岸邊。一個個脫去衣衫，放在岸上，嘻嘻哈哈跳入水中，她們在天池裡盡情地游啊，洗啊，玩得非常痛快。

李柱探頭望著八個仙女，認準了第八仙女脫下的衣裙，按土地佬說的，跑了過去，抱起她的衣裙，一溜小跑，躲到他藏身的地方，等候著。

再說八位仙女洗完澡後，由大姐帶領，依次走出天池，七位仙女穿上各自的衣裙，騰雲駕霧奔向天宮而去。

唯獨最小的八仙女，在岸上東一頭，西一頭，急得團團轉。也找不到自己的衣裙。這時，藏在石縫裡的李柱，再也沉不住氣了，便捧著她的衣裙，走了出來。

八仙女見有一個小夥子，捧著她的衣裙，朝她走來，又急又羞，不知如何是好。

李柱走到八仙女跟前，說：「大姐，這是你的衣裙，快穿上吧。」

八仙女接過衣裙，急忙穿好。她偷眼看看眼前站著的李柱，還真是一位英俊的小夥子，心裡也喜歡上這個小夥子了。

　　這時，天上突然傳來一陣天鼓響。原來是王母娘娘未見小女兒回來，放心不下，一面吩咐天兵天將，緊擂天鼓，催小女兒速回天宮，一面吩咐七個女兒趕緊帶上七色絹綢，下凡找回八仙女。

　　天鼓緊擂，七位仙女即將駕臨，若稍遲疑，就走不脫了，八仙女趕忙從頭上拔下金簪，朝東南、東北、西北各指一簪，接著就聽見環繞天池的山峰轟隆轟隆一陣巨響，接著天搖地動，出現了三道豁口，池水順著豁口流了出來。土地佬急忙推來事先準備好的木排，對李柱和八仙女說：「快上木排，離開這裡吧！」李柱和八仙女上了木排，土地佬問：「八仙女，你開闢了這三江源頭，請給它取個名字吧，有人要問，我也好答覆。」

　　八仙女說：「這三條江，就叫鴨綠江、圖們江、松花江吧。我們在松花江源頭拔錨，由瀑布直下，順江而走。」李柱和八仙女便從松花江源頭順流而下，尋找人間樂園去了。

　　七位仙女來到長白山天池，拋出七色綵帶，變成了七色長虹，等待著八仙女踏虹回天，可是，一等也不來，二等也不來，再等就過了時辰，回不了天宮，七仙女只好走了。八仙女未歸，彩虹也留在人間。

　　從此，王母娘娘因沒有找回小女兒，又怕聲張出去丟面子，只好說她只生了七個女兒。也就是現在人們常說的七仙女了。

劉長泰（講述）

盧盛蓮（搜錄整理）

三江之源的傳說（之三）

相傳，女媧補天用的是五色神石，不小心落在地上，變成了一座石峰，漸漸地升高長大，成了遠近聞名的關東大山——長白山。

這一天，王母娘娘的七個女兒，腳踩祥雲來到了人間，落在長白山上。她們遊山逛景，天快黑了才走。姐妹七人回到天宮，向王母稟報了人間情景。第二天，王母擺駕來到南天門，往下一看，果然美景如畫，她笑著對女兒們說：「你們看，那群峰環抱，形狀像銀盆的地方，倒是個洗澡淨身的好地方。」大女兒說：「可惜沒有水啊！」王母一笑說：「這山谷是個寶地，要能引來天上的水，這池水就能與天同壽，與地同存了。」說完，她拔下金簪，只輕輕地一撥，天河的水便滾滾流下來，不一會兒，就灌滿了深谷，出現了天池。從這，天池成了仙女們淨身戲耍的地方。

有一天，七位仙女又來到天池洗澡。正好，行雲布雨的黑龍和白龍路過這裡，它們看見仙女們在天池裡洗澡，看入了迷，竟忘了按時返回天宮交旨。玉皇大帝怪罪下來，派降龍大將，來抓黑白二龍問罪。黑白二龍只好如實招認。玉帝一聽，喚回女兒，再也不准女兒們去天池洗澡，又把黑白二龍貶下凡間，鎖在天池裡，讓它們苦度飢寒。不知過了多少年，一天，棒槌仙子手捧金缽，缽裡裝著人參籽，來到長白山播籽種參。她把參粒撒在長白山上，一群棒槌鳥含著參籽飛向四面八方。

從這兒，長白山有了棒槌鳥，人參也在山上紮了根。棒槌仙子撒完參籽路過天池，就聽黑白二龍連聲嘆息，她急忙落下彩雲，問二龍為何長嘆。二龍告訴她，它倆是因違犯天條被貶下凡，「好心的仙子，你替我們在玉帝面前說個情，放我們回天宮吧。」

棒槌仙子回到天宮，奏請玉帝。玉帝掐指一算，已過八千個年頭，照一萬年還少兩千年。太白金星在一旁奏道：「長白山上種下寶參，何不讓黑白二龍

去侍弄。」玉皇大帝聽太白金星說得有理，就立刻命令黑白二龍，在長白山下各豁出一條大江，以養育山上的人參。

黑白二龍領命，就在長白山下噴雲吐霧，開山掘嶺。它們整整幹了三年，黑龍豁出兩條江，一條圖們江，一條鴨綠江；白龍豁出一條彎彎曲曲，溝汊縱橫的松花江。這松花江兩岸全是黃色石頭，江底是一色的黑石鋪底，結結實實，老百姓都說它是「銅幫鐵底」松花江。

王富山（講述）

王　禎（蒐集整理）

三江之源的傳說（之四）

在那渺遠的太古，我國的東北邊陲便聳峙著一座高可摩天的名山。它的峰頂，積雪皚皚，終年不化，後被稱作長白山。在長白山的眾峰叢中，有一深不可測的大湖，人們稱之為天池。天池的水，流向四方，久而久之都溢為大江。長白山歷盡風刀雨劍閱盡人世滄桑，古老的傳說不勝枚舉，而關於天池水乃是四條大江之源泉的傳說，則一直傳誦到了現在。

在呆呆的陽光之下，四海五洋浩浩渺渺。其中，僅滔滔的東海就真可謂海水不可斗量。而在匯成東海的諸細流中，有一股水閃閃發光而且最為潔淨，宛如滲出岩中的清泉。東海龍王愛其淨如青玉，又似蚌中之明珠，便指令龜丞相探明其出處。

龜丞相領得旨意，隨即出動文武百官前往四海龍宮稽查，又至陸地各地密訪，費盡千辛萬苦才終於解開了東海龍王的這一疑團，弄清楚了它來自長白山，長白山坐落於世界的東方，以其雄偉壯觀馳名寰宇，而它的清澈的天池的池水向下奔流，殊途而同歸於東海。

長白山天池的水甲天下的美聞傳開後，不僅是四海龍宮的龍王和蝦公蟹將想一睹其風采，就連天庭的神仙也莫不想領略其豐韻。一天，眾仙獲得玉皇恩准，或騎麒麟，或乘青鶴，或駕蘭鳥紛紛降落於天池之畔，仙女們則或乘鶩，或駕虹，也一一飛臨池側，長白山上一時五彩繽紛，祥雲繚繞，盛況亙古罕見。這些仙長仙姑們騁目四望，但見長白林海茫茫無垠，長白山氣勢雄偉，天池碧波萬頃，真乃天連水，水映天，水碧似天，天淨如水，水天一色，氣象萬千，再加上天池周圍的奇峰異嶺倒映於水面，其旖旎的景色真可謂甲絕於世，珍奇於天，天地無兩。

仙長仙姑正在盡情飽賞四周景色，寰宇間的飛禽也聞風盡至，只可憐那些走獸，苦於路遙山高只能望山興嘆。眾飛禽飛至天池畔各顯神通，鳳凰成雙翱

翔，青鳥白鳥戲子池上，孔雀頻頻開屏，黃鶯鳴囀不止，其他奇鳥也揚長避短不肯示弱。

　　仙女們玩得高興，見天池水一碧如洗、清澈無瑕，便爭著用瓢舀之，開懷痛飲。喝足之後，舀一瓢，潑之於東側眾岩，水瞬即滲透於地下。又舀一瓢，潑之於北側，水通過達門落至幾十丈深的峽谷，再出松林彎彎曲曲流下山去。當時正是陽春三月，蒼鬆開放的松花，朵朵墜於水面，直流往北方，輾轉匯入東海。那潑在東面眾岩下的水，滲入地下後，流了幾十里，復湧上地面，載著陽光奔向東海。仙女們面向西廂的峽谷也潑了一瓢水，此水被山擋住便折向西流，直奔西海。於是，這三支洪流分別向西向東向北流瀉，互不干擾。後人見向東流的水曾躲藏於地下三十里，似是逃亡，便稱之為逃亡江，後諧音為圖們江。向西流的水曾受阻於前山，後人稱之為壓路江，後諧音為鴨綠江。向北流的水載有松花，後人直稱為松花江。

　　就這樣，高山出乎湖，山奇池亦異，歷來為國人引以為傲，世世代代不斷歌之吟之仍難盡情盡意。

韓秉律（講述）

古　云（蒐集整理）

梯子河的傳說

　　長白山腹部的梯子河是松花江的支流，咆哮的河水日夜奔騰不息，流經高山峽谷，緩緩地注入松花江的支流錦江。錦江河谷深邃，望不見底；上游河谷兩岸距離窄，一步就能跨過去。兩岸的蒿草遮掩河面，只能聽見淙淙的流水聲，卻看不見河在哪兒。關於這條河的來歷，有這樣一個傳說：

　　早些年，萬松嶺下有個長勝屯，屯子裡住著個叫李洪柱的小夥子，從小沒媽，靠爹爹給財主家扛活掙錢餬口。爹爹上了年紀，身體又不好，他十四五歲就開始支撐門戶，靠打獵維持生活，日子過得還不錯。這年秋天，洪柱爹不知得了什麼病，身體消瘦，四肢無力，找了很多大夫看病，吃了不少藥，病情不見好轉，還越來越厲害了。一個鄰居給他個偏方，讓試試。他到藥店買藥，缺幾味草藥，他只好扛著鎬頭到深山裡去挖藥。在回來的路上，看見有個白鬍子老頭躺在道旁的草窠裡直哼哼，他便走過去悄聲地問：「大伯，你怎麼在這兒躺著呢？」

　　「我腿摔傷了。」白髮老人哼哼呀呀地說，「上坎兒時冷不丁覺得眼前發黑，身子一晃悠就跌倒了，兩腿站不起來。」

　　洪柱打聽明白了白髮老人的住處，就背著他走了十幾里地，一直送到家，並遵照白髮老人的吩咐到後山採了點草藥，搗成糊糊塗在摔傷的腿上。這藥真管用，不一會兒，白髮老人站起來走路了。洪柱看老人的腿好了，就要往家走，老人連拉帶拽，說啥也不讓走。這時，洪柱就把上山採藥給爹爹治病的事說了一遍。老人繃著臉對洪柱說：「你爹的病不好治，得吃靈芝草才能治好。」洪柱急切地問：「哪裡有靈芝草？我去整點給爹治病。」

　　「天庭王母娘娘的御花園裡有靈芝草。」老人對洪柱說，「道路難走，弄不好就把命搭上了。」

　　「我一定得去！」洪柱果斷地說，「只要能找到給爹治病的藥，就是上刀

山下火海我也去！」

　　白髮老人看洪柱的態度很堅決，便對他說：「順著漫江往東南走，到梯雲峰一直往上爬，爬到峰頂，進去天門就是天庭了。」老人送給他一雙鞋底上帶有鐵釘的布鞋，讓他登山時好穿。洪柱回到家裡，備好了乾糧，帶著弓箭和快當刀子，連夜向梯雲峰的方向走去。

　　仲秋時節，大林子裡一點兒風也沒有，悶熱悶熱的林間小路暗乎乎的，不好走，洪柱累得滿身是汗，可是他還是不停地走。餓了，摘點野果充飢，渴了，喝點山泉水。走了五天五夜，終於來到了梯雲峰下。梯雲峰高聳入雲，岩石裸露，陡得如刀削一般，向上爬又沒有什麼抓手，真難哪！兩腳上去蹬不住，不知滑下來多少次。他穿上了白髮老人送給他的那雙鞋，腳踩上去能夠蹬住了，兩隻手死死地扣住突起的石包，一點一點地往上爬，手指和膝蓋都磨破了，鮮血直流。他忍受著疼痛，咬著牙繼續往上爬。他爬著爬著，就聽頭上的風颳得呼呼直響，抬頭看去，只見頭頂的石壁上有一條碗口粗，五六丈長的大蛇，吐著幾尺長的紅芯子，向他撲來。他心不慌，手不顫，從身上取下弓，搭上箭，拉滿弓弦，對準大蛇的七寸，「嗖」的一聲，一箭就把大蛇射死了，屍體順著石壁滾落下去。

　　洪柱惦記著爹爹的病，渴望早日弄到靈芝草，啥也不顧地爬呀，爬呀，到底爬到了峰頂的平台上。看見天門旁邊有隻老虎把門，他心裡尋思：不除掉老虎就別想進入天庭，得想辦法幹掉它。他手持快當刀子，直奔老虎去了。趴在門口的老虎聽到腳步聲，呼地一下跳起來，朝他撲來，他身子往旁邊一閃，老虎撲個空。老虎轉過身來，瞪著兩個大眼珠子，張開血盆大口，向洪柱撲來，洪柱就地一蹲，老虎從他頭頂上跳過去，造個嘴啃泥。老虎兩縱沒撲著洪柱，氣得嗷嗷直叫喚，洪柱趁此機會手拿快當刀子，對準老虎的大嘴，使勁把刀甩過去，不偏也不斜，飛刀從老虎嘴裡進去，從虎背出來，老虎當時就死了。

　　李洪柱來到了王母娘娘的花園，正趕上侍花仙女鋤草呢。他走上前去，把來意和路上遭到的磨難對侍花仙女說了。侍花仙女很同情他，就偷偷地挖了一

棵靈芝草送給他。事不湊巧，托塔李天王巡視天庭時看見了，不問青紅皂白，上來就給李洪柱一腳，把他踢出多老遠。臨走時還囑咐侍花仙女把洪柱的屍體拖出天庭，扔到凡界去。侍花仙女來到洪柱身邊，摸摸心口窩，已經沒氣了，她趕忙挖了一棵還陽草塞到洪柱的嘴裡，不一會兒，他就醒過來了。

托塔李天王怕凡界有人順著梯雲峰進入天庭，就甩出飛刀把梯雲峰削去半截，沙石滿天飛，散落在天池周圍，形成的座座山峰，這就是長白山的十六峰。

侍花仙女把洪柱送出天門，一看梯雲峰剩半截了，洪柱回不去，再說天兵天將巡視天庭也快來了，怎麼辦？她想了想，有辦法了。她從御花園裡找出個半尺長的小梯子，對著削去半截的梯雲峰放下去，嘴裡叨咕著：「梯子閃全光，馬上往上長，一直頂到天門上。」小梯子立刻閃出一道金光，「嚕嚕」地長，剎那間，梯子就頂到天門上了。侍花仙女送給洪柱一個裝有神水的小葫蘆，路上渴了好喝，莊稼旱了可以用來澆水。他踏上了梯子，剛下到底兒，卻被巡視天庭的天將看見了，上來就照梯子蹬了一腳，「咕咚」一聲，梯子倒在長白山上，把山砸出一條又深又長的大溝；小葫蘆也摔碎了，神水咕咚咕咚地往外冒，水流成河，順著大溝往下淌，終年不斷，形成了河。從此，人們管這條河叫梯子河。

再說李洪柱回到家裡，把從天庭裡帶回來的靈芝草掰下來一小塊熬水給爹爹喝，爹爹的病很快就好了。他把靈芝草的根埋在梯子河岸上，很快就生根發芽了，長出了殷紅鮮嫩的靈芝草。現在梯子河兩岸的靈芝草可多了，採回來泡酒喝，包治百病。

文　欣（蒐集整理）

▌二道白河的傳說

松花江源出天池，江的上游，進入長白山的一段，叫二道白河，再上游叫乘槎河。這段河道怎麼形成的呢？傳說是一條蛟龍豁山劈嶺開出來的。

古時候，天池沒有豁口，也沒有瀑布，水滿時漫出來，八方橫流。年深日久，才先有了瀑布，又有了豁口，有了乘槎河。那時候，河身又細又淺，天池漲大水的時候，還是擋不了淹山沒嶺。

天池為什麼總漲大水呢？因為天池和東海相通，每七日一潮，所以又管天池叫海眼。

有一回天池又漲大水，由天池裡飛出五條金翅金鱗的蛟龍來，在華蓋、玉柱、梯雲、臥虎、芝盤等長白山十六個高峰上往來盤旋飛舞。過午之後，四條蛟龍飛回天池，在池水中翻騰一會兒就不見了，只有一條，仍然盤旋飛舞不停，到申時，突然蛟龍飛上九霄，又倒絰下來，由南向北，直奔天豁峰和龍門峰之間的石壁，劈山砍石，推波鼓浪，狂奔而去，蛟龍在前開道，池水緊隨其後，波浪滔天，急流直下。

從此，乘槎河的河道開深了，開闊了。開出了二道白河，也開出了松花江。

二道白河和其他河道不同，陡峭險峻，怪石林立，老人們說，那就是蛟龍開口時留下的龍爪印子。

胡老太太（講述）

▌蒲春河的傳說

　　長白山裡有數不清的江河，都是清明節前後才開化，唯有蒲春河格怪，立春就解凍。冰塊跟一塊塊的「補襪」似的。蒲春河兩岸是陡峭的石砬子，河水清澈透底，連魚兒蝲蛄都看得清清楚楚，河上游有一個屯子叫蒲春河屯。其實，這條河原來叫「補襪河」，為啥叫這麼個名呢？

　　傳說，現在的小蒲春河屯那拉溜兒，有一處大桶子房。裡邊住著三個跑腿子。他們仨都給甸子街頭號大財主周財迷家蒔弄人參。老家都在山東青州府。一個叫趙為善，一個叫張五，一個叫劉四，都是逃荒要飯來到這兒的。乍來的時候都是拖兒帶女的，人口不少，來這兒不到一年，碰上鬧瘟疫，家裡的老婆孩子都病死了，一家就剩下一個男人。由於家裡的親人都病死了，心裡又難受又孤單。三家合計合計就搬到了一起住，相依為命，過著貧寒的苦日子。

　　這一年，春節剛過，天氣還挺冷，河裡的冰層還挺厚，正是拉爬犁的好時候，三個跑腿子從正月初二開始給周財迷家拉木頭。從蒲春河上游順著河走，一直拉到甸子街。為了餬口，三個跑腿子天不亮就走，天黑才回家。一天一趟拉著個大爬犁累得腰痠腿痛，這一天，他們拉著木頭順河而下。正走著，就聽嘩啦一聲，只見頭前拉爬犁的趙為善連人帶爬犁掉進了冰窟窿裡，這下可把後面的張五、劉四嚇壞了，他倆趕緊跑過去救人。可是到跟前一看，水深冰厚，人和爬犁都不見了。他倆急得出了一身冷汗，摸起大斧子乒乒乓乓地順河莊下就砍起冰塊來，砍了一片又一片，砍了一段又一段，累得滿頭大汗，只找到爬犁，沒找著人。張五和劉四已經是一天沒吃飯了，連累帶餓，覺得頭暈眼花，一頭栽進冰窟裡淹死了。

　　說起蒲春河來，也真怪，自打淹死趙為善他們以後，就和附近其他江河大不一樣了，其他江河，每年都是在清明節前後才化凍開河，可是唯獨蒲春河不一樣，河水雖然從深山老林裡流出來，少見日光，但是在剛剛立春後的寒冷天

就解凍了，傳說是因為趙為善他們淹死的那天正是立春，他們為了以後叫窮人別像他們那樣再掉進河裡淹死，所以，每到立春後就冰破水流，無人敢進，因為當地人都管破布叫「補襪」，河面上的冰塊，就像一塊塊的破布補在河面上，所以，就給這條河起名叫「補襪河」。新中國成立後，當地人民迎來了春天，窮人翻了身，過上了好日子。這條河兩岸長了很多菖蒲，茂盛的菖蒲也像人們一樣喜迎春天的到來。後來，識字的人就把「補襪河」改成了「蒲春河」。

古洞河的傳說

在雪山飛湖下游，有條古洞河流入松花江。這條河為什麼叫「古洞河」呢？說起來這裡面還有一個美麗的傳說呢！

在很久以前，長白山下葫蘆系子屯有個小夥子，名叫福至，他善良、勤勞、勇敢，年復一年靠春種秋收，冬天上山狩獵、打柴維持生活。

單說這年的冬天，天氣特別冷，他為了讓年邁的老母親過個好年，頂風冒雪又出門狩獵去了。跑了幾天的山，卻一無所獲，他又冷又餓，躺在河邊睡著了。夢裡他看到了一位身著白衣、白髮過胸的老者手拿拂塵，笑著說：「孩子，你睡在這冰天雪地裡可別凍壞了。」話音未落，手中的拂塵連甩了幾道弧光。福至頓覺渾身上下暖盈盈的，連日來的疲勞一掃而光。他連忙起身叩拜老者，老者用拂塵指了指前方說：

「順著河往下走有個一線泉，喝點泉水，再走一段河道就是好運灣。它會給你財富和好運的。」福至又連忙拜謝老者。一道白光閃過，老者不見了，福至非常著急，一翻身醒了，才知道剛才的情景是在夢中。但自己真的睡在山洞裡，他走出山洞，驚奇地發現幾個山洞相連。順著老者指的方向走下去，他看見了一隻巨龜睡在河邊，便走過去摸了摸它的頭，拜了拜。到了一線泉，雖然是寒冬臘月，泉水還在不停地往外噴，流下來的泉水在山下結成了一座巨大的冰雕，十分壯觀，他過去喝了幾口泉水，頓覺精力充沛，渾身是勁，他加快腳步往前走，又看見了一隻金色的巨蟾，臥在潔白如玉的冰面上，福至走過去拍了拍它的頭，金蟾的嘴裡吐了幾個泡泡，落在冰面上，變成了幾枚金幣，福至撿起兩枚揣在懷裡，謝過了金蟾，又走了一會兒，前面真的有一個轉彎處，他急忙跑了過去，只覺眼前萬道金光閃爍，渾身上下頓覺精力無窮。回到家後，他把所遇到的事全向老母親說了，老母親驚訝地說：「你是遇到仙人指路了，快把你得到的寶貝拿出來。」從那以後，福至看啥會啥，看過的文章過目不

忘。果然，轉年的冬天科考，他金榜題名，中了狀元，娶妻生子。老母親一百多歲了耳不聾眼不花、身板硬朗。福至一家過上了幸福美滿的生活。

後來，很多人知道了福至的故事，紛紛都來住古洞，喝泉水、拜巨龜、摸金蟾、走好運灣，這條河從此也就有了名字「古洞河」。

唐曉偉（蒐集整理）

九蝶瀑的傳說

相傳，王母娘娘在蟠桃會後，乘著酒興駕雲遊玩，在路過長白山時，見下面清山如黛，綠樹成蔭，遊興大發，止住雲端放眼觀望，不小心把別在頭上的一把玉梳碰掉了。這是王母娘娘心愛之物，不忍心就這麼沒了，便派身邊的一個叫彩蝶的侍女下到凡間尋找。彩蝶放下雲朵在山下發現一道山谷，兩旁怪石林立，縱橫交錯，排列整齊，彩蝶沒工夫細想，又去找玉梳，找了半天也沒找到，又怕王母娘娘著急，就回去稟告王母說玉梳沒找到。王母娘娘大怒，罰彩蝶到人間去找，什麼時候找到什麼時候回來。

彩蝶覺得很委屈，一邊哭一邊找。這一天，她走到山谷旁，見兩邊的石柱很整齊地排列在一起，覺得很新奇，就停下腳步觀看，越看越覺得兩旁的石柱像一排排的梳齒，而且越看越像，心想，是不是玉梳掉下來時落在山間，劃開了道山谷，玉梳也就鑲到了山裡。於是，彩蝶回到天上對王母娘娘說了玉梳劃開山谷鑲到山裡的事，王母娘娘不信，讓彩蝶把石柱拿到天上來，才能證明說的話是真的。

就這樣彩蝶又回到山谷裡，可這一來一去的，石柱早和大山融為了一體，彩蝶用了九九八十一天的時間挖出一塊石柱，可石柱太沉，彩蝶無法帶著上天。這可愁壞了彩蝶，怎麼辦呢？彩蝶想了又想，決定用這些石柱架一道梯子上天。彩蝶想到就做，整整用了九九八十一年的時間，終於架起了一道天梯，而她自己也付出了最後的心血，累得站也站不穩了。

王母娘娘看到這奇怪的天梯，才想起讓彩蝶到凡間找玉梳的事，王母娘娘看到彩蝶站在天梯上的羸弱身軀，又聽說了這八十一年來為了回到自己身邊付出的艱辛，很是感動，就准許彩蝶回到自己身邊。彩蝶聽了，向王母娘娘盈盈一拜，猝然倒下，天梯也隨著一節節地落下。王母娘娘就將彩蝶侍女化作一隻蝴蝶，世世代代生活在山谷裡。在彩蝶架天梯的地方冒出一眼清泉，順著天梯

滾滾流下。

　　當你走近九蝶瀑布，聆聽著她用身體吟唱的那曲充滿活力的、具有生命力的生命之歌，對那個架天梯的侍女會生出怎樣的欽佩之情呢？

王恩龍（蒐集整理）

奶頭河魔界的傳說

　　在奶頭河有一段神祕的水域叫魔界，位於二道白河鎮北側四公里處，那裡水面寬闊，鱗浪層層，煙波浩渺。幽深處奇木樹根兀立，千奇百怪，貌似猙獰的各種水怪。晴天，鴛鴦、野鴨等水鳥游弋覓食，陰雨天，霧氣氤氳，波浪翻滾，如同水怪在興風作浪，讓人不寒而慄，彷彿置身絕境，故稱魔界。

　　傳說在三百多年前，長白山火山最後一次噴發，熾熱的岩漿噴湧而出，燃燒的大火吞噬了森林和來不及逃跑的動物，昔日生機勃勃的長白山陷入一片沉寂，荒無人煙。

　　斗轉星移，過了不久，長白山又被海水淹沒。幾萬年後，海水退去，長白山慢慢地恢復了生機。由於長白山盛產野山參，挖到一苗大貨就可衣食無憂了，山東的一個小夥子母親病重，聽說野山參是百草之王，藥效神奇，為給母親治好病，他便獨自來到長白山尋寶。可是一個月過去了，他一無所獲，飢渴加上勞累，坐在兩塊滾圓的大石頭中間便睡著了。

　　恍惚中，一個美貌姑娘飄然來到他身邊，解開紅兜衣襟，擠出甘甜的乳汁滴在小夥子乾裂的雙唇上。看到小夥子恢復神志，姑娘飄然而去，小夥子驚詫地發現，身上依著的兩塊石頭變成了酷似高聳雙乳的山峰，雙腳正浸泡在清澈見底，汨汨流淌的河水中。他定睛一瞧，夢中的那個姑娘，幻化成一株亭亭玉立，風情萬種的野山參，正在搖曳多姿，滿面羞紅地向他招手致意。

　　小夥子滿心歡喜，頓時精神為之一振，挖完野山參後，回頭看看奶頭山，又趴在奶頭河裡飽飽地喝足水，循著河邊往回走。這時，河裡突然聚集著一群體重幾十斤的大黑魚，猛然從深水底躍出，變成面目有些猙獰的水怪，攔住了小夥子。

　　原來，救起小夥子的姑娘是水怪頭頭的女兒，那天姑娘在水裡悶得慌，出來散心，看到昏迷的小夥子，內心頓生愛慕之情，並決意要脫離魔界，與小夥

子相愛。可是，之前父親已經把她許配給一個水怪，姑娘執意不肯，見到小夥子後決定以身相許，如若不然，以死相逼。做父親的沒辦法，答應了女兒。這時奶頭河波光一閃，姑娘躍出，向父親道謝後告別，然後與小夥子相擁而吻，乘坐木筏，飄向遠方。

以後，放山打獵的山民在奶頭河還經常能見到大黑魚變成的水怪，它們從不傷人，偶爾還上岸幫助受困的窮人，為魔界這個地方增添了神祕的色彩。

邰　春（蒐集整理）

七星湖的傳說

世上的人都知道長白山頂上有個天池，盛夏季節，不少中外遊人都去領略天池的風光。殊不知在離天池不遠的葡萄山之間，還藏著七個湖，像天上的北斗星那樣排列著，當地稱這七個湖為「七星湖」。

七星湖大小不一，最大的湖方圓十來里，最小的湖也有一里多。遠看各個湖的形狀，有的像荷葉，有的像菱角，還有的像桃葉。走至近前，湖水淺的地方都生有水紅花。湖的四周，長滿了亭亭玉立的紅杉樹，這兒山水相映，論風光並不比天池差多少。

七星湖是怎樣形成的呢？這也有個美麗的傳說。

不知多少年以前，山東諸城縣有個叫賈喜的小夥子，人挺聰明，粗通文墨。一天，他閒暇無事到縣城裡溜躂，碰見一個相面先生，那人瞅了他一眼便笑著問：「小夥子，貴姓啊？」

賈喜告訴了他姓名，反問他：「你問我的姓名，想是有什麼事情？」

相面先生點點頭：「我見你天庭飽滿，地閣方圓，以後必然大富大貴。」賈喜本來遊手好閒，年年受窮，自嘆命運不濟，聽相面先生這麼一說，不覺心裡一動，呀！我自覺也該是大富大貴的命，可是，東鄰西舍沒有不煩我的，就連親娘老子也罵我不務正業，是個討飯的貨。今天看來是遇上知音了，忙掏出幾個錢給了相面先生，求富貴之法。

相面先生眯上眼睛，尋思半晌才說：「你老待在家鄉，恐無出頭之日，若能活動活動，不愁不得富貴。」

賈喜回到家，跟爹娘說了遇上相面先生的事兒，他爹說：「你呀，不改你那個好吃懶做的毛病，到哪兒也是受窮的命。」

賈喜只信相面先生的話，他聽人說關東山滿山金銀遍地寶，就帶了幾個錢下了關東。

到了長白山裡，他才知道這來錢之道也不容易，不淌汗珠子，錢也不往衣兜裡滾，只好跟人狩獵、挖參，得幾個錢，就死吃死喝，轉眼過去一年多，兜裡沒存下幾文錢。

這天是端陽節，賈喜把僅有的幾個錢買酒喝了，他尋思，像我這富貴之命，走到山裡，一定會遇上寶參或是虎骨的，他趁著酒興，來到葡萄山上。因為他喝酒太多了，只覺天旋地轉，撲騰跌在山路旁，呼呼睡去了。

不知過了多長時間，山上來了七八個人，抬著一頂大轎，來到賈喜面前停下了。

賈喜忙上前問：「莫非是來抬我的？」

抬轎的說：「是呀，我們奉了八大王的旨意，來請你進宮。」

賈喜樂了，怪不得相面先生說我久後必然大富大貴，原來應在今日，一定是八大王請我進宮做大官呢。他裝出一副大官的模樣兒，美滋滋坐進轎裡，忽悠忽悠進了京都。

賈喜下了轎，四外一撒摸，眼前盡是樓台亭閣。在一座金碧輝煌的宮殿裡，坐著一個王子，抬轎的人說：「賈喜，這就是八大王。」

賈喜忙跪爬了幾步，給八大王叩了幾個響頭：「祝八大王千歲，千千歲。」

八大王忙把他拉起來，吩咐左右設宴款待他，酒喝到斗酣，八大王說：「賈喜呀，我聽人說，你是世間的才子，我有一個妹子，年方二十歲，許配給你為妻如何？」

賈喜忙叩頭謝恩。當天，賈喜與八大王的妹子成了親。他與公主入了洞房，賈喜樂得手舞足蹈，啊呀，與公主成了親，不就是當朝的駙馬爺了嗎？聽書看戲，駙馬爺是要做大官的。

賈喜剛要上龍床，有人來報，天池聖母壽誕，請八大王及駙馬赴宴。

賈喜忙換了衣裳，與公主同乘一頂大轎，跟著來人到了天池聖母的住處。

來給天池聖母祝壽的人可多了，有黑水大王、土門郡王、錦江將軍、南海

大士、白水真人，都是些神人。

天池聖母居坐中間，左有松花神女，右有圓池神女相伴，賈喜和公主給天池聖母祝了壽，天池聖母賜座喝酒。賈喜入了座，端起杯子就喝。他早就聽人說，天池聖母的酒是仙酒，喝了仙酒，就能與天地齊壽，得道成仙了。賈喜不是凡人了。

幾杯酒喝完後，賈喜見身前身後擺滿了仙花。有荷花、菱角花、水桃花一閃一閃地放著寶光。賈喜暗想，這些仙花是罕見的寶貝，若是採幾支回去，準能換幾萬兩金銀，足夠今生享用的了。他剛想採花，見天池聖母正拿眼瞪著他呢。他嚇得一激靈，忙又端杯喝酒。過了一會兒，他趁人不注意，偷偷摘下七片荷葉、桃葉、菱角藏在身上。

這時，聖母說道：「賈喜，我聽人說你才華出眾，我有一聯對子，說與許多人都對不上，你若能對上了，我就把圓池神女配你為妻，如何？」

賈喜更樂了，對個對子有什麼難的？今兒個顯顯身手，再娶個神女做妻子，那是再美不過的事兒了。他忙說：「啟稟聖母，請您出對子吧！」

天池聖母吩咐人拿來文房四寶，揮筆寫下了幾個大字。賈喜雙手接過一看，是「三皇五帝」四字。乍一看，倒也不難，細一琢磨，真不好對呢，想了半响也沒想起來，急得他渾身冒汗。

赴壽宴的神人都瞪著賈喜，有的交頭接耳議論起來：「什麼才子，不過是個草莽！」「看他那外形，像個文人，其實呀，哼！」

賈喜仗著有點小聰明，他想，「三」和「五」都是數字，也該對上個數目字呀，又憋了一會兒，有了，他提筆在手，寫下了「亂七八糟」四字，雙手交給了天池聖母。天池聖母閱罷大怒，喝道：「原來你是個假才子，竟敢如此無禮，快斬了他！」

幾個武士上來，就把賈喜拖走了。賈喜忙喊：「聖母饒命，我再也不敢冒充才子了。」

八大王見賈喜快沒命了，也跪下求情。公主也跪在一旁，苦苦哀求。

黑水大王起身說：「聖母，今天是你壽誕之日，若殺了賈喜，太不吉利，萬望看在八大王及公主的面上，饒他不死，將他攆走吧。」

天池聖母一想，也對，吩咐武士把賈喜驅逐出宮。幾個武士答應一聲，把賈喜扔出宮廷。

賈喜只聽得耳邊風呼呼響，藏在身上的荷葉、桃葉、菱角葉都飄落下來，落到地上都化成了湖水。從此，這才有了七星湖。

那個賈喜呢，不知怎麼就醒過來了，他只覺得渾身疼痛，睜眼看看，自己還躺在老地方，不知是做了一夢，還是真的喝了天池聖母的酒，一瘸一拐地下山去了。

王恩龍（蒐集整理）

白龍灣的傳說

　　白龍灣位於松花湖上游的撫松縣境內，兩岸奇峰聳立，山高林密，水域寬闊，江波浩渺，風光如畫，令人心曠神怡。尤其在金秋時節，漫山紅葉，倒映水中，是沒受到污染的淨地。在松花湖還沒有形成之前，白龍灣是一道寬廣的江灣，風平浪靜，聽當地人說，關於白龍灣的由來，還有一個故事呢。

　　傳說，很早以前，有一條白龍因行雨不利，被貶下界，關在松花江石崖下的一個水洞裡。有一天，白龍實在無法忍受寂寞，悄悄溜出水洞，變成個小夥子，走上崖。他漫無目的地來到一座小村子前，竟看見村口前扔著幾具屍體。他急忙走上前，只見屍體已經開始腐爛，臭氣熏天。他跑入村中。家家戶戶無炊煙，十室九空，死了很多人。他問一位奄奄一息的老奶奶道：「老人家，發生了什麼事？」老奶奶吃力地說：「孩子，快逃命吧，有個黑蛇精在前山放毒，鄉親們喝了有毒的泉水，都、都……」話沒有說完就死去了。白龍怒氣衝衝跑出村子，直奔前山。沿途上看見山溪往日清清的浪花都已變黃、變黑，兩岸花草乾枯而死。他在半山腰的懸崖下發現一條黑蛇正在用泉水洗一顆寶珠，珠子在它嘴中來回亂轉，將泉水浸黑了。白龍大喝一聲：「黑蛇精，你這樣做害死了許多人，還不住手！」黑蛇精嚇了一跳，忙收起寶珠，賠笑道：「白龍大哥不必多管閒事，我修練寶珠為的是早日成仙，你戴罪之身，還是趕緊回松花江吧，免得天庭發現，大禍臨頭。」「告訴你，這閒事我管定了！你趕快離開此地！」黑蛇精把眼一瞪：「我就不走，你能怎樣？」白龍飛身撲過去，兩人頓時打作一團。

　　黑蛇精依仗寶珠在乎，猛然放出一團烈火，白龍因不帶水氣，抵擋不住，只得敗走，逃回松花江裡。他在水洞中越想越窩火，再溜上岸一看，更多的鄉親們都中毒死去，情景無比悲慘，他前思後想，將心一橫，飛向半空，現出龍形，呼風喚雨，直撲前山。黑蛇精正在修練寶珠，忽見烏密佈，布電閃雷鳴，

知道大事不妙，不由驚慌失措。白龍殺氣騰騰從半空而落，一揮手，「咔嚓」一個閃電，把黑蛇精劈作兩截，那顆寶珠也被燒成灰燼。瓢潑大雨沖走了蛇毒，鄉親們得救了。

　　白龍自知無令行雨，觸犯了天規，不等天兵來抓，就化作一道石崗，靠在松花江畔。老百姓為紀念捨己為人的白龍，就把這裡稱作「白龍灣」。白龍灣風光優美，漁產豐富，是長白山著名的旅遊景點之一，被人稱作「水上仙境」。

黑魚泡的傳說

長白山裡有架老嶺，老嶺山下有個大泡子，老深老大啦。泡子沿邊有塊牛一樣大的青石頭，趴在那裡，像條大魚。老人說，這是早些年的一條黑魚精的化身。直到現在，這裡還講著黑魚精的故事。

那時候泡子邊上有個叫「魚花子」的小屯子，都指望泡子養活一家人。打魚的多，編席的少。雖然都不富裕，鄰里間相幫著度日，還湊合著挺舒心。可是過著過著，來了一夥人，領頭的是嶺南的惡霸趙二黑心。趙二黑心花了銀子買了跑馬的執照占地來啦，三圈兩圈把泡子圈裡去啦，誰也不讓進去打魚。要進去打魚也行，打來的魚，趙二黑心要九份，打魚的留一分。魚花子屯的打魚人眼巴巴地瞅著柵欄裡大魚互相追逐，急得直跺腳。日子還得過呀，只好起早貪黑地從外圈子的水潭裡，撈點小魚來換米，日子是越過越緊巴了。

屯裡有個年輕的打魚人叫李水，自個兒過日子，很會打魚，只要望一望水紋，就知道那疙瘩有啥魚在聚堆，網網不空，專拿大個的。李水這人心還挺好，平時打了魚，自個留下點夠吃的就中，餘下的分一分，東家一堆西家一份。打從趙二黑心把泡子深水窩子一夾，有本領也施展不開了。李水有骨氣，不給趙二黑心打魚，也只好撈小魚對付著度日。這天一早，泡子起了大霧，伸手不見指，天黑才散。他心裡悶悶的，天很晚了，不去撈點吧，明天就沒吃的。看大月亮地挺亮堂的，就提上家什去了。

李水把絲掛子下到魚道上，知道沒有大魚，也沒心去看網，坐在沿邊石頭上喝起悶酒來。喝著喝著，聽到有腳步聲，他琢磨是屯裡人也來弄魚，就沒有抬頭看。後來覺得到自個跟前了，這才抬起眼皮一瞅，一個黑大漢穿著一身黑衣服閃著亮光，站在面前。像個有錢人，心裡挺膈應，沒吱聲，自管自地端著酒盅喝酒。大漢見李水沒搭理他，就先開口了：「好香的酒，好酒！」邊說邊在李水的對面坐下來。李水一見再不搭理不行了，就勉強說了一句：「喝盅

吧！」黑大漢也不推辭，端起酒盅就乾了。

黑大漢抹弄抹弄嘴對李水說：「兄弟，跟我來。」李水站起身跟著黑大漢朝泡子邊走近幾步，見黑大漢抬手指了指木障子，「嘩」的一聲響，木障子開了兩扇大門，朝左右分開了。又見黑大漢跳進水裡，一晃就不見影了。不一會兒工夫，水波直竄，乾乎乎的魚，脊靠脊，像排隊似的。李水看呆了，正愣著不知如何是好呢，就聽身後有人說：「發什麼呆呢兄弟，撈呀！」李水知道說話的是大漢，一看這情形，撈！很快沿上就堆成了魚山。黑大漢拍拍李水的肩，說：「兄弟明晚還來，別忘了帶酒來。」邊說用手一指敞開的障子，就聽「嘩」的一聲響，障子就合上了，和原先一模一樣。黑大漢輕身跳進水裡，眨眼不見影了。李水心裡嘀咕：「這人心眼真好使，水量也這麼好。不管咋地，明晚多帶點酒來。」

李水回屯喊了左鄰右舍，男女老少齊動手，傍天亮魚也都運回去了。

打這以後，一到晚上李水就和黑大漢喝酒，喝完酒黑大漢就下水趕魚。全屯的男女老少就往回運。日子一下子就活泛了。李水和屯鄰都同黑大漢熟悉了，知道他是一個千年的黑魚精，在黑龍江裡同一條作惡多端的小龍爭鬥敗了陣，被趕到這泡子裡棲身。屯裡人都明白了，怨不得那天霧那麼大呢。

打魚，賣魚，魚花子屯的日子又過好了，消息一傳傳到趙二黑心的耳朵裡，氣得他哇哇直叫。他找來了管家、莊院合計了一宿。

這天晚上李水和屯鄰還照常把魚弄回屯子，看黑大漢回泡子裡去了，都放心地各自回家睡覺去了。天一放亮，屯裡人都起來了，想早早地把魚弄出去賣了換糧。推開門朝泡子一瞅，都愣了，就見泡子咕嘟嘟直冒泡，一股嗆嗓子的辣味。李水和屯鄰們慌忙朝泡子沿跑去。到泡子邊一看，壞了，見一條老大的黑魚在沿邊上直蹦。等李水到了眼前，黑魚有氣無力地說話了：「兄弟，怨我貪杯喝多了，沒想到趙二黑心使了壞招，用硝灰嗆了泡子！我閉眼睛以後，你們可千萬別挪動我……」越說聲越小，一會兒就閉上了眼睛。

李水和屯鄰們難過地落下淚來。哭了一氣，有人回屯裡拿了蓆子把黑魚苫

上，天天都有人來守著祭奠。慢慢地黑魚變成一塊大青石。

從那以後，屯裡人到泡子打魚，只要說上句：「黑魚大哥幫幫忙，賞幾條大魚換米糧。」泡子裡的魚就飛快地聚堆。你就下網吧，管保滿載而回。

劉新運（講述）

王希傑（蒐集整理）

兩龍鬥出松花江

　　白龍被禿尾巴老李——大黑龍戰敗，逃出黑龍江，向西南方向的一條小溪衝去，只聽「呼隆」一聲，山崩地裂，這條小溪竟成了白浪滾滾的大江，白龍只顧逃命，順江西奔，來到大興安嶺腳下的五個蓮花池避暑。可巧，幾年後禿尾巴老李回山東祭母路經此地，白龍舊恨未消，騰空躍起，直取禿尾巴老李性命，二龍空中交手，電閃雷鳴，好不熱鬧，一會兒從空中打到水中，一會兒又從水裡鬥到空中，一會兒在這個蓮花池打，一會兒來到那個蓮花池鬥，轉眼間五個池子水相連，因此人們直到現在都把這裡叫五大連池。

　　兩龍酣戰了許久，漸漸地白龍招架不住了，且戰且退，想溜出五大連池，通過三江口，奔向東海。大黑龍也擔心白龍溜掉，就搶先來到三江口，堵住了通路，注意觀察白龍的動向，一發現江裡翻起白浪，就奔去找白龍廝打一番，白龍忍氣吞聲，潛到水底，琢磨對策。它還真行，想出了個餿主意，把長白山、興安嶺和完達山上的松樹花都弄了來，撒在這幾座山下的江河裡。第二天清早，大黑龍從三江口看到各條江河的滾滾浪濤都是白茫茫的一片，浪峰是白的，波濤是白的，水面是白的，再也找不到白龍的影蹤。這時，白龍乘機悄悄地從江底向東遊，來到三江口，自以為得意，卻不慎被大黑龍發現。於是，黑白二龍，又是一場惡戰，連打了幾個月，鱗飛甲舞，血染江河，幾座高山峻嶺都被踏平了，遂出現了如今的三江平原。最後，白龍敗下陣來，未能逃向東海，匆匆忙忙找到一條水路，向南逃去，大黑龍看看已跑遠，前面水面又窄，就放過了白龍，退守黑龍江。白龍驚不擇路，一頭紮在一個大水池裡，甩了幾下尾巴，開闊了水面，這就是現在的興凱湖，方圓八百里。

　　被白龍撒上松樹花的江，被人們稱為松花江，就是現在的松花江。多少年來松花江白浪滔滔，不盡江水滾滾流。可松樹呢，再也不開花了，人們只見松塔不見花，那松子是哪裡來的呢？俗語云「柳絮楊花」，沒聽說哪種草木不開

花就結果成子的，可是，松樹確實不開花，如果松樹開花，那怎麼還會有今天的松花江呢？

小花鹿引來鴨綠江

這是一個古老而又美妙的故事，那時候東北還沒有這條鴨綠江，長白山也沒有留下人類的腳印，這裡是花草樹木，狼蟲虎豹的天地。

有一次，這一帶遇到了自打開天闢地以來也沒有過的大旱，旱得大山張了嘴，石頭著了火，那些山澗小河早就乾得底朝了天。長白山裡的動物渴死了一大半，剩下的也都要大難臨頭了。百獸大王東北虎整天耷拉著腦袋，想不出解救的辦法。這一天，灰狐狸趴在虎大王的耳朵邊，低聲而又神祕地說：「尊敬的大王，我向你報告，過路的大雁告訴我一條可靠的消息，東邊最高最高的山尖上，有一個天池，可大可大呢！要是把天池水引到這兒來，就夠咱們喝的了。」虎大王一聽，立時把眼睛瞪大了。他想了想，說：「老弟，我看你的心眼兒多，嘴巴又靈巧，數你去最合適。」灰狐狸一聽，嚇得把長尾巴夾了起來，小腦袋搖得像個撥浪鼓，連連說：「不，不！大王，你瞧，我這樣子，個兒小，腿兒短，尾巴又長，走起路來笨腿笨腳，多難看，不如叫小花鹿去，她身條好，臉兒俊，腿又長。」

於是，虎大王便把小花鹿找了進來。小花鹿平時叫那些野蠻的鄰居欺侮怕了，見到虎大王，心怦怦直跳。虎大王說：「可憐的小花鹿啊，你平常日子對山裡沒有半點功勞，所以總是低別人一等。這回我派你去幹件事情，到長白山頂，想法子把天池水引下來，解救咱們的危難，事情辦好了，我就提高你的身分，怎麼樣？」其實，小花鹿也聽大雁說過這件事，她知道，那個天池是玉皇大帝封給仙女們洗澡的地方，還專門派了獨眼龜看守，要取一滴水比上天還難。可恨的灰狐狸沒有把這些告訴虎大王。但是，小花鹿不敢搖頭也不敢分辯。她知道，只要自己說出一個「不」字，馬上就會招來殺身大禍。再說，這兒確實缺水，大家都這麼坐著，最後一齊渴死，不如就去試一下，也許能找條活路。想罷，便毫不遲疑地接了令箭。

小花鹿要去天池引水的消息，像長了翅膀，立時在山裡的溝溝嶺嶺傳開了。那些豺狼虎豹一個個擠眉弄眼，要等著看她的笑話。小花鹿的好朋友小松鼠、小白兔、畫眉鳥等都含著眼淚來給她送行。小松鼠拿出一個小紅果遞給小花鹿說：「花鹿姐姐，這粒棒槌籽兒是我在斷壁崖上採下來的，你帶上，渴了舔一口，身上就會涼爽些；餓了舔一口，肚子裡就會踏實些。」畫眉鳥拔一根羽毛，插在小花鹿身上，說：「花鹿妹妹，你走到爬不上去的斷壁懸崖，吹它一口氣，就會上去了。」小花鹿從頭上掰下一截角來，雙手捧給他們，說：「姐妹們，兄弟們，我這一走難知吉凶。你們想念我時，就拿出它來看看，這裡面有我的血啊！」

　　小花鹿告別了朋友們，撒開雪白的四蹄，抖起美麗的身體，朝高山飛奔起來。滿山的參天大樹朝她招手致敬，遍野的山花野草朝她點頭微笑，小花鹿顧不得停下來，只是眨巴幾下會說話的眼睛，擺動幾下長長的尾巴；口渴了，肚子餓了，她就舔兩下小松鼠送給它的棒槌籽，頓時覺得不渴了，不餓了，渾身有使不完的力氣；遇到了爬不上去的山崖，下不去的峽谷，她就拿出畫眉羽毛吹一口，果然像坐上了會飛的小船，忽悠忽悠過去了。天上的太陽像一團大火球，烤得她美麗的花絨毛打了捲兒，她不肯躲在背陰地方歇一會兒。晚上，月亮出來了，她在明亮的月光下跑得更歡了。她爬過數不清的高山，越過數不清的峽谷，一直跑了三天三夜，終於爬上了群山的最高峰。山頂上，漫天的大雪像無數隻飛舞著的白蝴蝶，歡迎這個遠方的來客。

　　小花鹿覺得自己像到了仙境一樣，她顧不得觀看長白山十六座奇峰和天池仙境的景色，拿出畫眉羽毛吹了一口，便像仙女下凡似的飄飄悠悠從山尖上落到了天池湖邊。好大一個天池啊，平穩穩的水像一面明鏡，亮晶晶地閃金閃銀。她想，這麼多的水，怎麼不快點流出去，解救山裡夥伴們的生命啊！她顧不得多想，揚起四蹄，使勁地扒起土來。小花鹿的頭腦太簡單了，一時竟忘了玉皇大帝、眾仙女和獨眼龜了。

　　小花鹿剛剛扒了幾下，就聽到遠處傳來了一陣厲聲的呵斥：「喂！那是哪

一個大膽的傢伙，竟敢到仙境來動土！」小花鹿抬頭一看，哎喲！這是個什麼怪物，樣子像個大黑傘，從水面上飛快地游過來了。他的面目真可怕，巨大的身子，又尖又小的腦袋上只長了一隻像毒蛇一樣的眼睛。「是獨眼龜？一定是它！」小花鹿頓時渾身起了一層雞皮疙瘩，四條腿也不由自主地顫抖起來。獨眼龜來到小花鹿面前，見是一個非常漂亮的梅花鹿，滿肚子的火氣頓時消去了一半。他圍著小花鹿轉了一圈，把她前後左右看了個遍，歪著頭，小眼珠飛快地轉了一陣，笑嘻嘻地說：「哎喲！我當是哪路惡神來了，要不是你鹿小妹，我早就一口把它咬成三截了。我說鹿妹妹，你不在家玩，跑到這來幹啥啊？」獨眼龜流著口水，賊眉鼠眼的下流樣子，叫小花鹿又噁心，又害怕。她倒退了幾步，穩了穩神，強裝著笑臉說：「烏龜大叔，救救我們吧！把天池水放一點下山，救救長白山裡的夥伴們吧！烏龜大叔，我給你跪下。」小花鹿說著，前腿一軟，跪在了獨眼龜面前，美麗的眼睛裡流出了兩行亮晶晶的淚珠。獨眼龜歪著頭，又把那一個小眼珠飛快地轉了幾圈，笑著說：「鹿小妹，看在你的面子上，我就替你在玉皇大帝面前求求情。你跟我來。」小花鹿一聽，頓時樂得跳了起來。她想，別看獨眼龜模樣長得怪醜，心眼兒還不賴呢！便說：「謝謝！謝謝你啦，尊敬的烏龜大叔。」

小花鹿跟著獨眼龜來到了天池湖中的一座房子裡，獨眼龜把門關起來，張開出奇的大嘴巴笑開了：「哈哈哈哈，哈哈哈哈！小花鹿呀小花鹿，你可真是個名副其實的小傻瓜，玉皇大帝在天宮裡，怎麼會到這湖水裡來呢！告訴你吧，這裡是我睡覺的地方，鹿小妹，一看到你，我的骨頭架都酥了。快來吧，陪我睡一覺。」獨眼龜一邊說著，一邊爬著靠近小花鹿。這時，小花鹿才知道上了當，但是後悔已經晚了。別看小花鹿平時膽子那麼小，這時候她什麼都不顧了，豎起頭上的鋼叉，揚起鐵錘似的後蹄，朝獨眼龜身上就是頓亂撞亂踢。可是獨眼龜個頭大，蓋子硬，小花鹿根本就不是它的對手。小花鹿終於被逼到了洞旯旮裡，嚇得她閉上了眼睛。獨眼龜那像蛇皮一樣發癩的爪子已經抓住小花鹿的脖子了。

正在這個時候，外面砰砰地敲起門來，一個聲音傳進來：「報告！守池大將軍，仙女們下境洗澡，已經到了，還不快去迎接！」獨眼龜聽了，只好鬆開小花鹿，把她反鎖在洞中去迎接仙女了。

獨眼龜走了，小花鹿的神志慢慢地清醒過來。她想：聽說仙女們心地善良，我應該求救於她們。可是，自己被兩扇大鐵門關在洞裡，怎麼辦呢？她急得團團轉，也想出了一個辦法。小花鹿把松鼠哥哥送給她的棒槌籽從門縫塞到了外邊，清清的湖水把它浮到了水面上。仙女們在明亮的月光下正洗得高興，玩得正痛快。見有個紅光閃閃的豆粒兒漂來，便撿起來互相傳著看。獨眼龜怕露出馬腳，急忙上前說：「噢！仙女們，這是一粒長白山上的寶參籽，我把它泡在湖水裡，你們洗了澡會更漂亮，皮膚更白嫩。」小花鹿又把畫眉鳥送的羽毛從門縫塞到了外面，清清的湖水把它浮到了水面，仙女們抬起這根美麗的羽毛，感到驚奇。獨眼龜急忙說：「噢！仙女們，我打算照著這根羽毛的樣子做只美麗的小船，好讓你們坐在上邊遊玩。」

小花鹿送出了兩個信號，不見回音，怎麼辦呢？想來想去，最後決定咬破血管，用自己的鮮血給仙女報信。她回過頭來，一口咬住了自己的尾巴。小花鹿的尾巴，原來是細細長長的，是它自衛的武器，是驅趕蚊蠅的工具，它把自己點綴得更美麗。小花鹿含著眼淚，猛地一口，把尾巴咬斷了大半截，鮮血像噴泉一樣射了出來。她痛地大哭起來，在地上不住地打滾。小花鹿的血染紅了清清的天池水，小花鹿的痛哭聲驚動了仙女們。大姐說：「是誰的血流得那麼多？是誰哭得這麼傷心？姐妹們，看看去。」於是使命令獨眼龜帶路，下到湖中去。獨眼龜嚇得心怦怦直跳，又不敢違抗命令，只好把她們領到小花鹿面前。

仙女們用棒槌籽治好了小花鹿的傷口。小花鹿撲在仙女們的懷裡哭著訴說了事情的經過。仙女們對獨眼龜的行為非常氣憤。大姐說：「獨眼龜！你本是東海龍宮裡的罪犯，卻不想痛改前非，還繼續作惡，先把你壓在長白山下，回去稟報玉皇大帝，另派大將看守天池。」

眾仙女聽著小花鹿講述了長白山裡遇到大旱的情形，又細細地商量了一番，為了瞞過玉皇大帝，解救山裡的生靈，當下就在天池底下暗暗地通了一條洞，池水經過兩座山才流出地面，這條水流出來，在山崖峽谷中穿來穿去，所以起名叫崖江。後來人們看這條江水碧綠清亮，像公鴨絨似的那麼好看，就改名叫「鴨綠江」了。

鴨綠江的水解救了長白山裡的所有生靈，可是，等小花鹿回來，灰狐狸卻又串通那些壞蛋們硬說小花鹿嫁給過獨眼龜，又掉了半截尾巴，是個不乾淨的罪孽，敗壞了山裡的風化，還是照樣欺侮她，東北虎早把自己要提高小花鹿地位的諾言忘在腦後了。只有小松鼠、小白兔和畫眉鳥這些小夥伴們才到處宣傳說：「小花鹿為長白山立下了大功，小花鹿是最乾淨的！」

姜運超（蒐集整理）

二道江的傳說

　　很久很久以前，在長白山下的一個村子裡，住著一個名叫成水的農民。他非常純樸老實，幹活兒非常勤快，經常是天還沒亮就下地，一直幹到天黑以後才回家。

　　然而，連年大旱，連餬口的糧食都收不回來，而租糧卻年年見漲。

　　一天，官府把他抓走了。

　　「混蛋，你這麼長時間不向國家交納一斗糧谷。你知不知罪？」

　　「我知罪，我犯下了彌天大罪。可並不是我故意拖欠不交，實在是因為連年大旱顆粒無收哇。」

　　「混蛋，今天你是死到臨頭了，還敢強辯？」

　　「是，我沒什麼可說了。」

　　「給，這裡是五兩銀子，你拿去想吃什麼就買了吃個痛快，花完了錢立即回來受死，聽明白了嗎？」

　　這可真是無路可走啦！

　　成水含著眼淚，接過銀子走出了官府。他只覺得淚水模糊了雙眼，痛苦萬分。

　　老天作梗，年年大旱，交不起租糧，而今只有死路一條。死就死了吧，可失去了依靠的弱妻和幼兒可怎麼活呢？但這又是沒法子的事情。

　　他任憑兩條腿毫無目標地帶著他朝前走。走著走著，他突然聽見有孩子們的喧嘩聲。他抬頭一看，不知不覺已來到南山腳下。一幫孩子圍著一隻大大的鳳凰鳥，互相爭吵著要占為己有。

　　「不行，這隻鳥是我先看到的，應該歸我。」

　　「不對，是我抓住的，應該是我的。」

　　「不對不對，是我擋住了它的去路。」

再看鳳凰鳥默默無言地流著眼淚。雖說它不能說話，但瞧著它傷心落淚的樣子，成水感到一陣心酸。鳳凰鳥落在這幫孩子們手中，肯定是活不成了。真是同病相憐！

「既然我已經活不多久了，吃不吃都一樣。還不如用這錢救這可憐的鳥一命吧。」

成水思忖定妥之後，對孩子們說：

「孩子們，鳳凰鳥只有一隻，可你們還都想要，這怎麼行呢？所以，你們就別吵了，還不如把鳥賣給我，把錢拿去分了不更好嗎？」

「您出多少錢？」

「我手裡有五兩銀子，你們一人分一兩，不正好嗎？」

孩子們高興地接過錢，把鳥交給成水後跑散了。成水把鳳凰鳥捧在手裡，閃著淚花說：「差點兒你就死在孩子們的手裡啦，生命是短暫的，以後你要千萬小心，別再讓人給抓住啦。」

成水鬆開手，鳳凰鳥像是表示謝意似的在他頭頂上空繞了三圈，嘎嘎叫著筆直地飛上藍天。

成水放了鳳凰鳥以後，坐在那裡胡思亂想了一會兒，不知不覺地睡著了。

不知過了多久，似夢非夢中，他只覺得有什麼東西推著他的身子。驚醒一看，只見是剛才飛走的鳳凰鳥。它口齒分明地說：「好人，請快起來。」

成水越發驚訝，呆呆地瞧著鳳凰鳥說不出話來。鳳凰鳥行了個禮，又說：「實話告訴您，我是天上玉皇大帝的二兒子。我奉父王旨意，到下界巡視，不慎被南山牧童們抓住，差點兒送命。多虧好人相救，才使我得以活命。我把這件事稟告了父王，父王令我接您上天。我才急匆匆返回此地。」

成水聽了這番話，更是驚恐不安。

「高貴的王子，請快別說了。我是個罪人，這就要去官府服罪。請回去吧。」

「不。這件事情我也略有所知。這不是您的罪，是官府這幫貪官污吏強加

給您的莫須有罪名。您完全不用理睬。來，快坐到我的背上來吧。」

成水不得不騎在鳳凰鳥背上，一眨眼的工夫來到了天上。玉皇大帝盛宴款待，整整三天不斷；又讓他在天國裡遊覽，真是大飽了眼福。最後，成水要求回家，玉皇大帝對他說：「既然您要回家，我一定滿足您的任何要求，請您照實說吧。」

成水思考了再三。如要金銀財寶，自己就能成為富翁。不過，這說到底只是個人的富貴，一家的榮華，應該提讓百姓們年年糧食得豐收的要求才是。對，讓玉皇大帝給開一條大江。成水想到這裡，對玉皇大帝說：「尊敬的玉皇大帝，我斗膽懇請您能在我家鄉開一條新的大江，那就讓我感激不盡了。我的家鄉原是個過日子的好地方，只是年年大旱，連餬口的糧食也收不上來，更不用說給朝廷交納租糧了。為此，官府把許多百姓抓去，活活打死了。」

玉皇大帝聽了，點著頭說：「哦，這個情況和您善良的心地我都知道了。好吧，我一定滿足百姓們的願望。從某日某時開始，三天內沿著長白山天池流下來的水流，會給你們開出一條新的大江。你就放心回家吧，回去告訴百姓們，見到白霜下降的地方，一定要遠遠避開。」

成水安全返回家鄉，等著那個日子的到來。一天，他出門一看，只見炎熱的夏天裡，寬約三十尺遠的地方，竟然蜿蜒著一條霜流，上下幾百里。

「哦，這就是那條江的位置了。」

成水連忙到附近各處告訴老百姓，暫時離開霜流的兩側地帶。幾天以後，也就是玉皇大帝說的那個日子到了，突然間，天空中電閃雷鳴，大雨傾盆，連續三天暴雨不斷。三天過後，雨過天晴……

從那之後，就有了如今的二道江。江水滔滔，宛如生命之水。長白山下的農民們再不怕乾旱，連年獲得豐收。

全龍彬（講述）

李龍得（蒐集整理）

海蘭江（之一）

從龍得勒村（現在的龍井鎮）沿著碧清透澈的江水北上，走不多遠，就可以看見坐落在江岸的兩座大山，隔江相對。右岸的叫飛岩山；左岸的叫珠岩山。

傳說在很久以前，在這兩座山腳下，有兩個村落，村裡住的都是農人和漁夫，他們把江水看得跟自己的命根子一般貴重。

在飛岩山腳下的村裡，有個姑娘叫「蘭」，不但能織一手好網，長得也非常漂亮；在珠岩山的村裡，有個青年叫「海」，他力大過人，是個種莊稼的能手。海和蘭常常一起出去打魚，一塊在田裡勞動。在共同勞動中，他們建立了深厚的感情。

有一年，晚秋季節，江兩岸的人把糧食堆得像山一樣高，把江裡打來的魚成串地晾起來風乾，準備過冬。

突然，有一天烏雲翻滾，雷電交加，暴風雨裡闖來了一個惡魔。惡魔頭生兩角，全身亂毛蓬蓬，騎著馬，手裡揮著一把千斤大刀，大聲喝叫：「天下的土地都是我的！」於是，惡魔搶走了所有的糧食，拉走了所有的魚乾，又掠走了兩村的美女。惡魔力大無窮，村裡人一時想不出對付它的辦法，只好眼睜睜地望著它像一陣旋風似的跑掉了。

冬天，村裡人沒有糧食吃，只好在江裡砸個窟窿，撈魚活命。但是一條魚也撈不上來。漁夫們朝水裡仔細一看，原來清澈如鏡的江水，竟變成了渾濁的泥漿，鮮魚怎麼能在這樣的渾水裡游呢？早跑得不知去向了。

第二年，秋天剛到，凶狠的惡魔又來了，照例掠走糧食，劫走美女。從此，人們心裡更蒙上了一層烏雲，生活裡流進一股渾濁的江水。他們盼了一年又一年，可是年年都被劫掠一空。不能再忍耐了，村裡人決心和惡魔大戰一場，拚個你死我活。於是，農民拿起鋤頭，漁夫擎起搖櫓。大力士的海也拿著

銳利的長刀，走在人們的最前頭。

一天，惡魔又揮舞著千斤大刀來了。勇猛的海敏捷地跳出來，大聲吆喝，要跟惡魔決鬥。

惡魔獰笑著直奔過來，海也閃電般地躍身迎上去。海和惡魔在江邊廝殺起來。海飛快地揮舞著長刀，人影刀光攪成一團。但是，每當海的長刀逼近惡魔的脖子時，都被惡魔的千斤大刀擋了回來。從太陽冒紅一直廝殺到太陽落山，不分勝負，難解難分。村裡人舉著鋤頭、搖櫓給海吶喊助威，叫喊著要在太陽落山前砍死惡魔。說時遲，那時快，海的長刀一閃，惡魔的腦袋便滾落在江邊了。

海擦了擦汗，喘了喘氣，人們把海圍住，歡呼聲驚天動地。這時，不曾想到惡魔的腦袋又在江邊蹦來蹦去，竟一躍貼上了脖腔。惡魔復活了，翻著觔斗向海衝了過來。

海已經廝殺了一整天，力氣越來越弱。人群中又響起了驚天動地的吶喊，海立刻精神抖擻，像一隻勇猛的獅子，躍上去就是一刀，又砍掉了惡魔的腦袋。可是惡魔的腦袋很快地又貼在脖子上了。搏鬥又開始了，而且越來越激烈。群眾一邊大聲吶喊著給海助威，一邊把繩套向惡魔的脖子上扔過去。惡魔正要躲閃繩套，海的長刀一閃，又把惡魔的腦袋砍掉了。惡魔的腦袋眼看又要貼上脖腔，就在這千鈞一髮的時候，蘭飛奔上去，把一裙子鹼灰全倒在惡魔的脖腔上了。這一來，腦袋再也貼不上了，跳呀跳的，最後被人踢到了江裡。

這時候，兩個村裡的男人把勇敢的海抬起來，女人們把聰明的蘭圍起來，歡呼著勝利，直到很久很久。

從此，江水又像從前一樣，清澈見底，魚兒又成群地游來游去。肥沃的田野上，人們又過起平靜的生活。

兩個村裡的人，就在戰勝惡魔的江邊，向英勇的海和智慧的蘭慶祝婚禮。人們把鮮花和松枝插在龍船上，在花和松枝中間，坐著新郎、新娘，村裡人暢飲著美酒，表示慶賀。

從這以後，這條江便叫海蘭江了。

梁在苔（講述）

吉　云（蒐集整理）

海蘭江（之二）

　　平崗平原和細田平原素有延邊糧倉之稱。蜿蜒在這兩個平原上的海蘭江，是延邊的母親河和驕傲。若要問從何時為什麼稱之為海蘭江的呢，那就流傳著許許多多不同的故事了。吉云先生曾收集整理了不少有關海蘭江的傳說，都和我們朝鮮族人民開發延邊有著密切的聯繫。

　　長白山天池是天下名勝。天池中的鯉魚子年成龍，而後升天的傳說，流傳已久，延邊有名的平崗平原和細田平原是由我們的祖先開發的。我們的祖先給後代造福，願我們的後代在這塊土地上子孫繁衍，願我們的後代英雄輩出，願我們的後代把延邊建設成美麗富饒的地方。自古以來就把龍升天的地方稱為「小河溝裡出蛟龍」。為此，為了讓平崗和細田兩個平原多出英雄，村村寨寨都以「龍」字命名。

　　各處的龍匯集在一起，游向巨浪滔天的大海，形成一條大江。稱之為「海浪江」。直至上世紀二十年代，見於文字的還是「海浪江」。鑒於發音便利起見，後來被喚作「海蘭江」。直到近代，才在文字上亦被寫成「海蘭江」了。

金大萬（講述）

金明漢（蒐集整理）

天河取水

　　一進老爺嶺溝口，給人的第一印象就是，老爺嶺不但山高、林密、石奇、樹怪，而且水源充足，嘩啦啦的山間流水聲，讓人頓感神清氣爽。山下灌溉著大面積良田，連年五穀豐登，一片祥和的氣象。

　　豈不知，很久之前，老爺嶺是極缺水的，僅有稀稀拉拉的困山水，天要稍旱一點兒，水就斷了溜，上山的人想找點水喝都不容易。

　　那時，山下有個苗家屯，一個叫苗義的人，為人仗義，媳婦何氏，心極通情達理。三十多歲才生了個小男孩，取名天和，這孩子生性善良，特別討人喜歡。老苗以打獵種地為生，箭法純熟，達到百步穿楊的地步。小天和長到七八歲時，就跟著爹爹上山打獵，十一二歲時，就練就了一手好箭法，成了他爹的好幫手。到十五歲那年，天和的箭法比他爹還厲害了，射雁專射喉嚨，百發百中。

　　轉過年五月節後，莊稼剛出土不高，正需要雨水的時候，老天爺偏偏有兩個來月沒下雨，老爺子（太陽）那個毒哇，曬得人沒處躲沒處藏，山溝裡的小河乾巴巴的，大河底的淤泥，都七裂八瓣的，莊稼都一片片地旱死，眼瞅著牲口一頭頭地也都渴死。這還不算，井裡也打不出水來，有的年輕人下到井裡淘水，淘出一小盆水也得大半天。實在沒辦法了，他們順著大河往下走出十多里，找到一個深汀，裡面還存了鍋底坑那麼大一汪水。附近村屯的村民都排著隊到那打水，坑裡的水越來越少了，怎麼辦？大家眼巴巴地向河神祈禱、向龍王祈禱、向老天爺祈禱，可這雨就是下不來，人們絕望了，只能等著渴死了。

　　就在人們無計可施之時，不知從哪來了一個老道士，生得鶴髮童顏，舉止端莊，談吐非凡，一看就不像凡人。大夥就像見了救星一樣，把他團團圍住，請求道士指點，想法拯救這裡的百姓。老道士單手打揖，慢條斯理地說：「無量天尊！老天會保佑眾生的，請大家不要著急，只要你們有誠意，我會儘力

的。」

村裡設了祭壇，做法三日後，道士對眾人說：「看來雨是不能輕易下來的，現在唯一的希望，就是取天河裡的水了。」大家一聽，心都涼了半截，這不是瞪著眼說瞎話嗎？有誰能夠著天哪？道士掃了大家一眼，說：「辦法是有，但不知有沒有人敢去？」

小天和聽了，湊上前來，問：「請問老先生，怎麼能取來？」

道士打量了這小夥一眼，說：「到西北天去，那可要付出很大的代價，你敢去嗎？」

「只要能取下水來，救了大傢伙兒，什麼我都能豁出去。」

「去取水的人必須具備三個條件：第一，今年十六歲，三月十六出生；第二，在廟裡許過願，與上天有緣的；第三，最重要的一條，必須是武藝超群，膽大心細，勇於獻身之人，這三條缺一不可。」

「我今年正好十六歲，是三月十六生，刀槍棍棒樣樣皆通，射箭敢說百發百中，只要能取來水，能救萬千百姓，搭上我一條命也值得，但是有沒有神緣我不知道。」

天和娘聽了道士說的三個條件，兒子條條符合，心裡一震，但看到兒子為救父老鄉親有一片赤誠之心，也是由衷地佩服，把心一橫，上前說道：「我們三十歲還沒有孩子，我和他爹上廟去許過願，只要生了小子就去還願，可至今也沒還。」

「這就對了，你兒子這三條都具備，你們能捨得讓他去嗎？」苗義沉思了一會兒，說：「既然我兒有勇氣，如果真能取下水來，大家就能得救，總比等著死強。」

當娘的聽了，如挖心肝，流著淚說：「娘真捨不得你，要是去了，還不知道能碰上什麼妖魔鬼怪，要萬一有個好歹……」說著，便淚如雨下。天和說：「爹說得對，咱不能在家等死，只要有一線希望，咱也得去闖闖。娘，為了鄉親們，為了你和我爹，我一定得去，您就讓我去吧。」娘一把把兒子摟在懷

裡，泣不成聲地說：「兒呀，你是娘的心頭肉，一定要多加小心，娘等著你回來。」天和抬起頭來，給娘擦了擦眼淚，說：「娘，不要怕，兒子一定會回來的。」爹爹拉著兒子的手說：「好孩子，為了救大家的命，爹同意讓你去，不管遇到什麼困難都不要害怕，要沉著，多動腦筋，想盡一切辦法把難關破了。你已經長大了，爹讓你做一個頂天立地的男子漢，爹等著你回來，記住了嗎？」

「爹，我記住了，取不來水，絕不回來！」鄉親們聽了，都感動得給天和跪下了，齊喊：「謝謝天和！」

道士把天和叫到壇前，問：「苗天和，你有這個膽量嗎？」天和斬釘截鐵地說：「有！」

「此去一定會碰上想不到的艱難險阻和各種各樣的妖魔鬼怪，你不害怕嗎？」

「不怕！」

「那好，我送你一把寶劍、一把斧子、一張弓、三支響箭。一路上，你要過五關斬六將才能把水引下來。千萬要記住。進了山門，只能往前走，不准回頭看，更不能後退一步，不然就沒命了。不管遇上多麼厲害的妖精，都要下定決心和它拼到底，決不能退縮。另外，你必須在子時趕到西北天，過了時辰就取不下水來了。你聽明白了嗎？」

「聽明白了。」道士把四件武器交給天和，又從袖中掏出一個小勺，遞給他，說：「只要從天河裡舀出一勺水來，咱這就夠用了。」

娘上前拽住兒子說：「等等，帶些煎餅路上吃。」道士說：「不必了，去晚了就來不及了。」說著，照著天和頭頂拍了三下，天和頓時覺得渾身是膽，滿身是勁。告別了道士、爹娘和鄉親們，頭也不回地向西北方向大山走去。

走到山門前，眼前是一片大森林，進了樹林，天就黑了，山門前有兩棵大倒木橫在面前，天和剛想抬腿邁過去。忽然，兩根倒木變成兩條大蟒蛇，張著大嘴就衝過來，他毫無懼色，奮起一劍，將前面的一條大蛇攔腰砍斷。後面的

那隻尾巴猛勁向他掃過來，天和噌一下，就地拔起五六尺高，回手一劍又結果了後邊大蛇的性命。經過這一回合，他心裡踏實了許多，膽子也壯了起來。

天黑得伸手不見五指，不知從哪發出的光來，他仔細一撤摸，原來是一條大蛇的眼睛發出來的光，他用寶劍把那顆眼珠摳了出來，小心翼翼地包起來裝進袋子裡。

天和闖過了第一關，瞅著北斗星奔西北方向走。走著走著，到了一個山洞前，只見一個黑乎乎、毛茸茸的東西晃晃悠悠地從裡面出來，定睛一瞧，原來是一頭大黑熊擋住了去路，天和根本沒把它放在眼裡，因為，這東西的眼睛被長長的毛遮著，只要往旁邊一躲，它就看不見你，等它轉過笨重的身體來時，你再蹦到另一邊，它要追你的時候，只要拐彎抹角跑，它就沒轍了。沒想到，今天碰到的情況就不同了，天和一步跳到黑瞎子身後，還沒等站穩腳，黑瞎子唰地一下就轉過身來，把他嚇了一跳，接著往旁邊一蹦，那熊應聲又回過頭來，天和向前一躍的工夫，黑熊就撲了上來，他一縱身攀上一根大樹丫。別看黑熊那麼笨，可爬樹的本領並不差，它也噌噌地往樹上爬，天和想下也下不來了，順手拽著一根樹枝就往旁邊那棵樹上悠，只聽「咔嚓」一聲，樹杈劈了，天和落到地上，緊接著就聽「呼　」一聲，黑熊也從樹上摔到天和面前，兩隻大掌揮動著就來劃拉天和，天和伸手抓住兩隻熊爪，那熊還沒來得及張嘴，他就用頭猛勁頂了過去，也不知哪來的那麼大一股勁兒，一頭把大黑熊頂了個四仰八叉，拔出劍對準黑熊長白毛的胸口用力刺去，大黑瞎子連吭都沒吭一聲就倒在地上不動了。這時，天和抽出寶劍，深深地呼出一口氣，抬頭看了看北斗星，繼續往前走。

他深一腳淺一腳地向前走，不知走了多久，隱約看見前邊有一個石門，關得緊緊的。他想從旁邊繞過去，可兩邊都是高高的石牆，怎麼也過不去。天和心想，這些地方我常來，怎麼沒看見過大門呢？藉著星光，影影綽綽看見大門上有兩個大門環，一把大鎖鎖在中間。天和著急，怕耽誤時間，拔出一支箭，搭上弓，「咔」一聲，石鎖落地，大門開了。一股猛烈的旋風捲著磨盤大的石

頭飛了起來，不住地從天上砸下來。天和無處藏身，拔出寶劍往空中一拋，聽到半空中發出一聲怪叫，一道白光衝天而去，他隨即閃進門內。霎時，大石頭紛紛落地，砸出了長長的一條大溝。天和從門裡跳出來，寶劍也找不到了，拎著斧子，瞅著北斗星，接著往西北方向攀登。走出老遠，天和忽然覺得眼前一片漆黑，連天上的星星都不見了，就像被扣在鍋底下似的。他心想，要是能有個亮該多好，這才想起剛才挖出那顆大蟒的眼睛來，忙從包裡摸出夜明珠，頓時如同白晝。

原來是一塊大石板擋在前面，天和使出全身的力氣，掄起斧子就朝石板猛砍，一斧下去，「轟隆」一聲巨響，石板被砍成碎片砸在地上，神斧也被埋到碎石堆裡了，這可能就是人們常說的在夜間碰到的「擋」吧。

天和仰頭看到，銀河已經傾斜過來，快要搭到山頂上了，可能西北天就在那裡。心裡一陣高興，一口氣就爬到四方碴子頂上。白花花的天河水，上下翻滾著，眼看就要落在山尖上了。小天和心裡樂開了花，恨不能一個高蹦到天河邊，扒開河堤把水放出來。他拚命地往前跑，河水就不住往後退，他兩腳如飛，可水如潮落，怎麼也追不上，一直追到山尖上，他停住腳，河水也停下不退了。他正在納悶，在星光下看出河堤在不斷地活動。他拿出夜明珠一照，才看出是兩條龍在那守著。天和大喊：「二位神龍，行行好吧，下邊的人都要乾死了，送給我們點水吧！」二龍抬起頭來大吼一聲，一條龍尾巴掃過來，天和手疾眼快，一閃身躲了過去，另一條龍張牙舞爪來撲天和，天和彎弓搭箭，一箭射中龍爪，前一條龍又回過身來，天和當頭又是一箭，還是射在龍爪上。那龍尾重新掃來，天和縱身跳上龍背，兩腿緊緊夾住，從皮囊中掏出小勺，舀水就往外潑，起伏四次，舀了四勺，潑在四面山上。之後，天和被捲入浪濤中沉入水底。

午夜過後，老爺嶺一帶下了一場瓢潑大雨，就是天和與龍搏鬥時迸出來的水。廣大百姓得救了，天和卻獻出了年輕的生命。

天河的水撒下去以後，山頂上露出了許多呈現各種姿態的怪石，其中有一

塊像一位威武不屈的英雄，屹立在山峰上，人們都說，那就是苗天和。現在，一到晚上，山上經常出現一閃一閃的亮光，有人說是天和的那顆夜明珠還在山上。

　　從此，老爺嶺上流下來四條河，西北天河、通天河、石虎河、連天河，就是天和潑出的四勺水形成的。從那時起，老爺嶺周圍旱澇保收，百姓安居樂業。

▍二道神泉的傳說

　　二道神泉，在長白山下二道鎮，名揚四方。很久以前的一年，二道白河一帶疫病蔓延，雞打蔫，豬喘息，牛馬發抖淌鼻涕，癱巴半天嚥了氣。誰捨得扔掉啊，沒死的宰了，死的拾掇拾掇，煮煮燉燉吃了。這下子可邪了，男女老少全病了，頭暈目眩，上吐下瀉。有的捂著肚子直打滾，不一會兒就不動了。唉！總不能等死啊，人們祈求天池怪獸保佑，消除瘟災，走上好運，大夥託付山石頭上天池求拜天池怪獸。

　　山石頭剛從關裡回來，是唯一沒病的小夥子。他帶上乾糧挎起長刀，肩挑兩隻木桶直奔長白山天池。

　　山石頭翻過一座大山，眼看出現三條羊腸小道，走哪條好呢？他正琢磨著，來了一位慈眉善目的老者，他往左一指說：「莫怕艱險要記真，虎骨熊膽老山參，泡在崗下泉子裡，鄉親喝了除病根。」說罷，輕輕推了山石頭一把。山石頭頓覺氣力大增，他回頭睜大眼睛再想看老人，哪還有影。只見遠處有個怪物一閃即逝。山石頭明白了，準是天池怪獸顯靈啊！他磕了三個頭，大步登上前邊的山崗。

　　山崗古木參天，陰森可怕，進去非麻達（迷路）不可，還弄什麼虎骨、熊膽、山人參啊！山石頭東張西望，遲疑不前，耳邊又響起老人的話：「莫怕艱險要記真……」舉目環視，哪有老人。他又鼓足勇氣，疾步鑽進密林。走啊走啊，越來越暗，腳下一滑摔倒了，木桶、扁擔甩了出去。山石頭爬起來趕緊去撿，看見一副虎骨架子就趴在木桶旁。他高興地上前拿，手一碰，只聽「嘩」一聲，虎骨架子散了。他撿了兩桶虎骨，挑起趕路。突然，前邊躥出一隻大母熊，站立著向山石頭連拍熊掌。山裡人都懂，遇到山牲口劫道，只有扔東西再見機行事了。山石頭把帽子扔過去，母熊撿起來搖晃著轉身便走，走幾步一回頭。山石頭跟著來到一棵枯樹下，樹旁躺著一隻死了的大公熊，還有一隻小熊

喘著粗氣，脖子開了個大口子直淌血。不遠處趴著一頭死野豬，獠牙已折斷。不用說，這是熊豬大戰的現場。母熊把帽子還給山石頭，抱起小熊放到他面前，直往小熊脖子上比畫，疼得小熊直叫。山石頭怯意全消，拿出針線，仔細給小熊縫脖子上的傷口，母熊坐在旁邊一個勁拍掌。縫完後，山石頭拿出一塊乾糧，小熊捧著啃起來。山石頭說：「好了，沒事啦！」母熊抱起小熊向山石頭鞠躬，又向大公熊點點頭，之後便隱入林中。山石頭拔刀取出公熊的膽，放到桶裡，又擇徑前行。

走了一段路，他覺得嘴乾舌燥，想找點水喝。說也怪，出樹林下了山岡就碰上一眼清澈的泉水。他連喝幾口，甜爽清涼，突然見泉水閃動著一朵紅豔豔的棒槌花。抬頭看，左前方大砬子正立著那朵棒槌花。山石頭飛快地爬上石砬子，刀掘手摳，挖出一棵千年老山參。

山石頭回到泉邊，把老山參放到桶裡。誰知，一陣旋風颳來。掀翻木桶，虎骨、熊膽、老山參全被捲進泉水裡，頓時溶化。他明白了，忙磕頭道：「謝謝天池怪獸！」挑起兩桶水，直奔村子。

山石頭回來後，急著挨家挨戶送水。嘿，鄉親們喝了，立刻好啦。剩點泉水分給畜禽，也都精神了。山石頭把經過一說，大夥齊聲頌揚天池怪獸。因為泉水在第二道山岡下，就叫「二道神泉」。從此，二道神泉熱鬧起來。喝水的、挑水的絡繹不絕，民謠道：「二道神泉，涼爽甘甜，祛除百病，名不虛傳。」從此，這一帶再無疫病，家家人丁興旺，戶戶生活富裕。

鄉親為感謝天池怪獸的恩德，在二道神泉邊蓋了座寺廟，叫「好運寺」，可口頭都稱「怪獸寺」，裡面供著慈眉善目、大嘴寬扁的老人。據說，寺門上有副對聯，左邊是「長白山莽莽寶地生萬物」，右邊是「天池水悠悠福源長千年」，橫批是「好運常在」。不知什麼時候寺廟塌了，只留下遺址，令人遐想。不過，二道神泉卻依然叮咚作響，長流不息。

王恩龍（蒐集整理）

神泉的傳說

很早以前，有一個青年農民住在北山溝裡。他一年到頭拚死拚活地幹，家裡仍是吃不飽穿不暖，即使是豐收年，家裡也剩不下幾粒糧食。這是因為他種的是地主的地，可惡的地主不管農民的死活，一到秋收，就把糧食全部搶走。

一天，青年農民帶著家裡僅有的兩隻母雞到甕聲砬子去賣，他在市上用雞換了些糧食，還剩了一點兒錢。他背起糧袋，到酒店站著喝了一碗酒。他想借酒解愁，忘掉一切不順心的事。

他空著肚子喝酒，往家走時酒勁兒一點兒一點兒往上湧，漸漸地搖搖晃晃，加上夜深漆黑，最後被一塊石頭絆了一跤，跌倒在路上，糧袋甩到一邊。不知過了多久，他在睡夢中凍得直打寒噤，醒過來一看，北斗星早已偏西了。他突然意識到自己的手腳已凍僵麻木，想動也動不了了。他又急又怕，正在發愁的時候，眼前出現了一位銀鬚白髮，和藹可親的老人。

「年輕人，為什麼躺在這裡呀？」

「老人家，我到集鎮賣雞換糧食，用剩下的一點兒錢買酒喝了。可能是醉了，剛才被冷風吹醒，才知道自己變成這副樣子。」

「嗯，窮人無處發洩怨恨，只有借酒解愁，結果又傷了身子。不過不要緊，我替你出個主意。」老人慈祥地說，「前邊不遠的山腳下有一眼泉水，有神奇的藥效，你想方設法去試一試。」

青年農民很受感動，說：「謝謝你的指點，請您告訴我尊姓大名。」

老人說：「我是住在神仙洞的神仙。」老人說完轉身便不見了。

青年農民向神仙老人指點的方向望去，發現不遠的地方有一眼泉水，閃閃發亮。青年農民鼓足力氣，一點兒一點兒地往前爬。開始，凍僵的四肢不聽使喚，每爬一下都痛得鑽心，豆大的汗珠從臉上直往下淌。他還是咬緊牙關往前爬，實在爬不動了，就側身滾。就這樣爬一會兒，滾一會兒，千辛萬苦，天快

亮時終於到了泉水旁。

　　泉水格外潔淨，叮咚作響，清澈見底。他趴在泉邊喝水，一口又一口，直喝得個十分飽。這時，他頓覺渾身有勁兒，精神爽快，胸中湧起一股不可名狀的快感。接著，他又把凍僵的手和腳伸進泉水裡。過了一會兒，麻木的手腳開始有疼痛的感覺，他忍著疼痛，繼續用泉水洗搓手腳。本來冰涼的手腳，開始漸漸溫暖，並有了觸感。最後一切疼痛全然消失，渾身輕鬆。從此，他恢復了健康，幹起活兒來有使不完的勁兒，而且從來沒得過病。

　　每當村裡的窮苦人得病時，慈祥的神仙老人總是顯身指點，讓病人喝泉水，用泉水沐浴身體，人人都恢復了健康。所以，人們把這眼泉水叫作「神泉」。

金線泉的傳說（之一）

在玉柱峰東邊距天池五里遠的地方，有個挺大的水泉，泉水從豁口漾出，流入天池。潺潺的流水斜垂如線，近看水露金星，秋冬雪掩無痕，夏日淙淙有聲，誰來到這裡都會流連忘返。關於這個水泉，還流傳一個美麗的故事呢。

從前，玉柱峰東邊的水泉附近有個大屯落，有一百多戶人家，靠種地、打獵和捕魚為生。屯子裡有個既會織網，又會捕魚的姑娘，名叫金線。她長得漂亮，心腸也好，鄉親們都誇她是個好姑娘。金線每天天濛濛亮，就背著漁網，手拎著魚簍，到漫江去捕魚。每次去打魚都是滿滿的一簍子，全屯子的人都吃過她捉的魚。有一天早晨，金線到漫江撒網捕魚，她仔細地看看水面，只見網裡湧起了浪花，像魚群扣在網裡，她用力提起網一抖落，哪裡有什麼魚，網底只有一條尺把長的白蛇。金線把白蛇放進魚簍裡，帶回家去。當她回去路過水泉時，剛蹲下想捧點泉水喝，就聽身後傳來急促的叫嚷聲：「金線，金線，放了我吧。」

金線回頭看看沒有人，心裡犯合計：是從什麼地方傳來的聲音呢？是不是林子裡有人？過去看看沒有，那麼是有人掉到泉水裡淹著了，看看也沒有。再豎起耳朵仔細聽聽，噢，原來聲音是從魚簍裡傳出來的！金線趕忙把魚簍的蓋兒打開，往裡一看，啊！白蛇沒有了，不知從哪裡鑽進來個怪物：闊嘴巴，窄窄的身體上邊有兩個翅膀，渾身長滿了鱗片，肚皮下還長了像雞爪一樣的腳。這不是傳說中的飛龍嗎？金線感到驚奇萬分。便問飛龍：「你是從哪裡來的？」原來飛龍是東海龍王的小兒子，後娘看不上他，整天打罵他，還不給飯吃，他被折磨得皮包骨。他不甘心受虐待，就變成白蛇逃出龍宮。

金線聽了飛龍的話，很同情，安慰他說：「你別愁，不嫌棄俺家窮，跟我回家吧。」飛龍說：「謝謝你！可我離不開水，你放了我，就讓我在這個水泉子裡住下吧。」金線一聽可也是，就滿口答應了，把他放在水泉裡。

飛龍躥出魚簍，朝水泉撲通一跳，霎時水花四濺，嘩啦啦地像下了一場陣雨，濺得金線臉上、身上水淋淋的。金線剛想往回走，突然間，水泉裡的飛龍叫住她：「金線、金線，你慢慢走，我還有話要說呢。」

金線回過頭來，只見飛龍把頭探出水面，張開嘴巴，「噗」一聲，吐出一顆明珠，對金線說：「你把珠子帶回去吧，以後有什麼難處，只要你捧著珠子到這兒來喊我，我就會幫助你。」說完，飛龍往泉水裡一鑽，就沒影了。金線捧著寶珠回到家。一到晚上，珠子閃閃發光，把屋子照得通亮，是顆夜明珠啊！

有一年，長白山八九七十二天沒下一滴雨，井乾了，河也乾得底朝天。禾苗枯死了，山草和樹也蔫巴了。餓死的人、牲畜和獐麅野鹿不知有多少。金線出去找水，發現水泉裡的水一點也沒少，就告訴屯子裡的人都到水泉裡去擔水。可是，水泉小，擔水的人太多，把水泉圍得水洩不通，這也不行啊！金線看在眼裡，急在心上。夜深人靜的時候，金線跑到水泉邊，雙手捧著夜明珠朝泉水裡晃了幾下，然後說：「飛龍飛龍，長白山乾旱，快出來搭救鄉親們吧。」只聽泉水裡「嘩啦」一聲巨響，泛起了一個個大水花，躥出來一條飛龍，張開了嘴巴，金線把那顆珠子朝飛龍嘴裡拋去。飛龍吞下寶珠，慢慢地沉下泉水裡。不一會兒，水泉裡騰起幾丈高的水柱，浪花四濺，雨柱紛飛，水泉附近下了一場透雨。距離水泉遠的地方仍然是乾旱。金線又來找飛龍問怎麼辦，飛龍說：「乾旱的地方太寬了，光靠我自個兒不行，再有個助手和我一起行雨就好了。」

金線說：「我行不行？」

飛龍說：「行是行，得吞個寶珠變成飛龍，可是再也變不成人了。」

金線聽了心裡很犯愁，可一想能救眾鄉親，就說：「只要能解除旱災，我甘心情願了。」

飛龍看金線的態度很堅決，「噗」的一聲，吐出一顆閃閃發光的寶珠。金線拿起寶珠放進嘴裡，一口吞進去。這時，只聽肚子裡咕嚕咕嚕直響，不一會

兒，金線就覺得身子變長，各骨頭節嘎巴嘎巴直晌。她朝自己身上一看，已經變成了飛龍。也不知怎麼，這時就喜歡水了，一頭紮進泉水裡。到裡邊一看到處都是金碧輝煌的宮殿，飛龍正等在門前。飛龍說：「這回好了，你跟我去行雲播雨。」說完了，他倆鑽出水面，翅膀一扇乎，帶起水柱上了天。他倆飛到哪裡，剎那間，水點子就嘩嘩落下去。翅膀扇乎得越快，雨下得就越大。只一會兒的工夫，山裡山外下了透雨，山也綠了，河裡也有水了，人和萬物都得救了。

天亮了，大夥知道這是金線姑娘捨身救人辦的好事，都跑到水泉呼喚金線。哪裡有金線了，只見泉水「咕咚咕咚」往外冒，泉水漾出泉眼，流入天池。不過從此一遇天旱人們就看見從這個泉眼裡飛出兩條白雲，響晴天很快就變陰下雨，所以直到現在還流傳著「雙蛇出，天必雨」的諺語。從此，人們就管這個泉叫金線泉了。

徐永之　聞守才（蒐集整理）

▌金線泉的傳說（之二）

前面說了，白龍被封為長白山水源保護神後，它忠於職守，盡職盡責，長白山太平了，到處都是鶯歌燕舞，和平安康的喜訊一次次呈報給天宮，玉帝念白龍有功，就下旨讓東海龍王給白龍在天池建一座水晶宮。

原來，東海龍王想讓白龍到「獸府」裡去住，怪獸被壓在補天石下，怪獸府一直空著。但是白龍說什麼也不去，寧可住露天，也不住那裡，他說那地方齷齪。

白龍原本就是東海龍王三太子的副將，三太子很器重白龍，到什麼時候都替白龍說好話。此次，三太子又獻策，說白龍不住怪獸府也在情理之中。說不如把八太子瀑爵禿頭龍在東海的水晶宮搬到天池裡，收白龍為九太子。東海龍王採納了三太子的建議，並將自己親外甥女許配給了白龍為龍妃。白龍更加盡心儘力了，不敢有半點疏忽，生怕出什麼是非，對不起義父和義兄。

這天，喜訊傳來，龍妃有身孕了，白龍萬分高興，盼望妻子能給自己生出一個龍子來。誰知卻生了一個漂亮的女兒。白龍雖然心中有些不高興，但畢竟是自己的親骨肉，就把不悅藏進了心中。龍女是一條銀光閃閃的小白龍，龍妃十分喜歡自己的女兒，整天笑得合不攏嘴，她把女兒看成是自己的掌上明珠。誰知，沒過多久，小龍女背上生出兩個小翅膀來，龍妃感到奇怪，立即告訴了白龍。

「龍天生就是四肢龍爪，怎麼會長出翅膀呢？」白龍心裡很納悶，皺起了眉頭，一臉不高興的樣子。白龍喚來龍巫，龍巫說是妖怪脫胎轉世，說水晶宮以前住過禿頭龍，陰氣太重，龍妃怕是沾了陰風邪氣，才生此怪胎。白龍一聽，如大禍臨頭一般。他不希望自己的親生骨肉是妖，但事實又明擺著，龍女長出了翅膀，他相信了龍巫的話。

其實，白龍雖然忠誠，勤勞，勇敢，但也有不足道的地方，那就是非常守

舊，對龍宮和天庭的一切清規戒律不敢越雷池一步。天庭規定「不得養妖、縱妖」，他害怕起來，馬上讓龍妃把龍女扔掉。龍妃可不忍心扔掉自己的美麗女兒，她緊抱住龍女，任白龍怎麼勸，她就是不聽。白龍大怒，命令宮女把龍女搶過來，扔到玉珠峰上，讓天鷹吃了她。

龍女被搶走了，哭成淚人的龍妃昏了過去。龍女被拋在玉珠峰上。

白龍一見他心愛的龍妃那個樣子，心中也十分難受，他安慰妻子說：

「咱生了妖女，如不除掉，就違反了天條。如果讓義父和玉帝知道也會派天神來除妖的。我們背著天庭把她扔了就看她的造化了，如果喂了天鷹，她就會進天庭，成天神了。咱以後還可以再生出許多許多龍子龍女來，咱們會兒女滿宮，子孫滿殿，你就別傷心了，好嗎？」

「夫君，你快聽，這是什麼聲音？好像是在叫我。」龍妃站起來，一邊靜聽一邊問。

白龍一聽龍妃說，也靜下來聽，只聽水晶宮外面，傳來了「訥訥」（滿語：母親）、「訥訥」的一聲聲呼叫。

「啊，是龍女，我的小龍女，是她在叫我呀。龍女，我的龍女——」

龍妃什麼也不顧了，丟下白龍，就奔出了水晶宮。白龍緊跟出來。一出宮，就見龍女搧動著銀白的雙翼飛撲進龍妃的懷裡，龍妃哭著叫著女兒，把龍女抱得緊緊的。龍女收起雙羽，把美麗的金翅貼在了潔白的小龍背上。

「為什麼不截住她？怎麼讓她又飛回了水晶宮？你們這群廢物！」白龍對著追趕而來的宮女和龍兵龍將大聲質問。

「龍爺，不行呀，我們見她從玉柱峰上飛下來，就去阻攔。誰知她哇哇哇哇地哭起來，本來是晴朗朗的天，可她一哭立刻烏雲密佈呀，大雨嘩嘩地往下落，天像漏了一般，砸得我們不敢露出水面，她就趁機鑽進來。她一進水裡，天立刻又晴了，真是奇怪呀。龍爺，不是我們不阻攔，請龍爺明察。」一個龍將跪著說。

「什麼？什麼？你說什麼？好了，別說了，都給我出去！」白龍聽了龍將

的述說，更加認定，龍妃生的就是龍妖，下決心要把她除掉，免得引來大禍。

龍妃早抱著龍女進了寢宮。她也納悶兒，女兒自生下來，從沒聽到過她哭一聲，一天總是咯咯地笑。再說，女兒被搶走時，身上緊緊地纏著綢絲小被，還用兩條金繩繫著，她被扔到山頂，天鷹為啥沒吃她？她還自己掙脫金繩，光著身子飛了回來，龍妃也覺得奇怪。但她沒認為女兒是龍妖，她認定是天賜給她的神女。一想到這兒，她緊緊地把龍女抱在懷裡，生怕被別人再奪去似的。

龍女告訴母親，她被扔到玉柱峰上，這時，飛來一隻蒼鷹，這蒼鷹落在龍女身邊，用鐵鉤子一樣的鉤鉤嘴，幾下子就把金繩解開了。龍女就變成了一條雙翼白龍，她親了親蒼鷹，又繞著鷹飛了三圈，然後就飛回天池來找訥訥。

龍女告訴母親，龍兵龍將攔她，她嚇哭了，她一哭，天上就下起了大雨，她才趁機回到母親身邊的。龍女還哭泣著告訴母親，因為自己的羽翅還沒長成，又經歷了這次磨難，雙翼受了損傷，不休養一段時間，她就再也飛不起來了。

龍妃於是安慰女兒，讓女兒放心，無論如何，也不會讓她再受傷害。

白龍再次命令愛妻，捨出女兒，除掉她。龍妃據理力爭，就是不撒手，死活不允許把自己的女兒扔掉。白龍發怒了，說如果她不答應就把她和她生的妖女一塊兒趕出水晶宮，來保證天池的清白，他給龍妃一天的考慮時間。說完，白龍就離開了天池，執行公務去了。

龍妃知道白龍說話算話，如果不答應他，他真會把自己的女兒當作妖女害死。自己將來無所謂，但一想到女兒的危險，她反倒有了主意，她決定帶著心愛的女兒離開水晶宮，找個能容身的地方，把女兒養大。

誰敢阻攔龍妃呢？誰也不敢。宮女和守護水晶宮的龍兵龍將眼瞅著龍妃抱著龍女出了宮，又騰出了水面。

龍妃和龍女來到了玉柱峰下，剛想歇一會兒，就見那隻蒼鷹又飛來了，在玉漿泉東面六十米的地方嗵嗵嗵地啄出一眼泉來，然後，一聲不響地飛走了。

「訥訥，就是那隻鷹，它救了我。看，它又啄出一眼泉，訥訥，鷹啄一眼

泉幹什麼呀？」

「女兒呀，這是天鷹在幫助我們，龍不能沒有水，它啄出這眼泉是讓咱娘倆有個安身之處。快，咱們躲到泉水中，你父親回來，發現咱娘兒倆沒了，肯定會來追殺。」

然而，蒼鷹啄出的泉太小了，容不下龍妃和龍女的身軀。龍妃剛把自己的女兒放進這小泉裡，就見天池水面翻起一層巨浪，她知道，白龍來追殺她們母女了。

「我的寶貝女兒呀，你躲在這眼泉水裡，千萬別動，訥訥去把他們引開。」

「訥訥，別離開女兒，女兒不吃你的乳汁，永遠飛不起來，訥訥呀，別離開我呀！」

「我的寶貝女兒，訥訥不會離開你，訥訥把兩條金線繫在你身上了。訥訥拉著金線，就等於拉著你，你就不會害怕。寶貝女兒，你就待在這裡吧，你放心好了，訥訥會用乳汁餵養你，直到你能飛起來。」

龍妃知道，玉柱峰上有個玉石洞，這洞直通鷹啄出來的這眼泉。於是，她把翼翅尚嫩的女兒藏在小泉中，自己飛到了玉柱峰上的玉石洞旁。她想通過石洞，用自己的乳汁哺乳自己的寶貝女兒。

龍妃為了讓女兒能飛起來，就用乳房堵住了洞口，然後不停地擠奶，把整個玉石洞灌滿了乳汁。

龍妃乳白的奶水穿過石頭縫，流進了小泉裡。龍女吸吮到了母親的乳汁，才覺得自己的體力在恢復，羽毛在生長。

這時候的白龍，早已預料自己的愛妻不會捨棄女兒。他回到水晶宮，聽說龍妃攜女逃出了宮，也只能嘆惜。心想，罷！罷！罷！給她們母女一條生路吧。但他心裡，還是放不下自己的妻女，雖然龍巫說自己的女兒是妖怪。

大概真是天的旨意，就在龍妃通過玉石洞為自己心愛的女兒哺乳的時候，長白山出來條奇怪的雙身蛇，有人說這蛇叫肥遺，一頭雙身，飛到哪裡，哪裡

就大旱，它被稱為「旱蛇」。還有人說，雙身蛇的媽媽被天水捲走了，雙身蛇肥遺就到處找媽，一見有水的地方，它就在水邊待上一陣子。

它讓這裡鬧天旱，讓水乾枯，看媽媽是否在這裡。肥遺來到長白山，大概是到天池來找媽媽。它見玉柱峰下有眼玉漿泉，就一頭紮進了泉裡。

這個雙身蛇，不管天不管地。春天，禾苗缺雨的時候，肥遺要想媽媽了，就鑽出玉漿泉，四處亂飛亂竄，這時天下肯定大旱，不僅小苗枯死了，田間也乾枯得裂開了口子。

白龍一見民不聊生，求雨聲震動天宇，就吸足天池水去降雨，禾苗被救活了一半，田地間又有了莊稼。可是等這一半莊稼正封壟拔節抽穗，非常需要水的時候，肥遺又想媽媽了，鑽出玉漿泉到處亂飛，剩下那一半莊稼也枯死了。這一年，各家農戶一粒糧食也沒收到手，關東出現了一場特大的饑荒，牲畜都餓死了，人也餓得面黃肌瘦。

白龍查出了造成災難的原因，是雙身蛇惹的禍，就立刻報告了東海龍王。東海龍王不敢怠慢，又帶白龍去天庭報告了玉帝。玉帝招來雨神，雨神說：「早就知道雙身蛇肥遺會在關東作妖，便派司雨官雙翼龍去了，雙翼龍就在白龍的水晶宮裡，為什麼不叫她去施雨，解脫大旱？」

雨神這一問，可把白龍問出一頭冷汗。他想到了被自己嚇走的妻子和女兒，想到了女兒身上的雙翼，想到了龍將說的女兒一哭，就晴天下暴雨的奇事，後悔不迭。白龍十分誠實，馬上將自己的過錯稟報了玉帝。玉帝寬容了白龍，讓白龍快回長白山，想盡一切辦法找到司雨官雙翼龍。

再說這時候的龍妃和龍女。龍妃為了養育山下小泉裡的女兒，就在玉柱峰上不停地擠奶水，她擠呀擠呀，擠了足足有九九八十一天。這八十一天，天下大旱，一滴雨都不下，龍妃身上乾燥得起了皮，她就要堅持不住了，她呼喚起女兒來，一聲比一聲低。

「訥訥，訥訥——哇哇哇……」龍女聽到了母親的呼喚，就哭喊著飛出了小泉。此時，龍女已經長出了豐滿的翅膀，可是，由於長時間盤捲在小泉裡，

她的四隻龍爪已經退化了，龍身變成了蛇身，成為一條名副其實的雙翼蛇。

雙翼蛇哭喊著，飛旋著找訥訥，她一哭，晴空上就翻起了烏雲，接著就下起了傾盆大雨，雨砸得群峰隆隆響，回應著雙翼蛇找訥訥的哭聲。可是，雙翼蛇不知道訥訥在哪裡，她沒有找到自己的訥訥，只好又鑽進小泉裡。

天立時晴朗起來，熱情的太陽把長白山群峰和湖池照得金碧輝煌。再看玉柱峰山腰，龍妃待過的地方，已經化作一個巨大的山崖，像一個偉大的母親。山崖中突起著兩座圓形的岩石，像母親的雙乳。圓形岩石縫裡湧出一股泉水，泉水底下是白色石層，極像母親的乳汁，白層上還印著兩道道紅線，就像兩條金線繩。

兩座圓形的岩石，就是龍妃的雙乳化成的，那雙乳間湧出的泉水，就是龍妃擠出的乳汁，而那兩條紅線，則是龍妃手裡拉著的繫著女兒龍女的兩條金繩。龍妃累倒在玉柱峰上，變成了一座巨崖，用那永恆的乳汁哺育著自己的女兒。

天上一天，地上十年。白龍趕回長白山，一見關東大地又出現了勃勃生機，枯樹發了芽，禾苗又拱出了土。他覺得十分奇怪，便問留守的龍將。龍將稟報說：這些年，關東再沒有旱災了，因為有一條奇怪的雙翼蛇，躲在玉泉峰下的一眼泉裡，那條蛇好像專門來對付雙身蛇肥遺的。肥遺一鑽出玉漿泉到處亂飛，天下就大旱。這時候，雙翼蛇就飛出來，一邊呼喊「訥訥」，一邊「哇哇哇」地哭叫，一聽到它的哭叫聲，大雨就從天而降，百姓都喜愛那條雙翼蛇，還尊稱它為「司雨官」。

「哎呀，那是我的寶貝女兒啊，是天庭派來的司雨官呀。唉，都怨我呀，聽了龍巫的話。我要把龍巫剁成肉泥！扔進大峽谷裡，讓他下地獄。啊，是我險些害了我的親生女兒，害了天神。我問你們，我的龍妃還沒回來？找到她沒有？」

「龍爺，龍妃一直沒回來，不過，下第一場暴雨之後，小的們見玉柱峰山腰處長出一座石崖，一線泉水從石崖中湧出，一直流進山下的小泉裡，也就是

雙翼蛇藏身的金線泉。」

「有這事？快，領我去看看。」

白龍領龍兵龍將來到玉柱峰下，他望見了那座女身石崖，越看越像自己心愛的龍妃。他明白了，自己的龍妃不會再回水晶宮了，她永遠地留在這座峰上，守護著自己的女兒。

從此之後，長白山玉柱峰下就住著兩條奇怪的蛇，一條是玉漿泉裡的雙身蛇，一條是金線泉裡的雙翼蛇，兩條蛇要飛出來哭叫著找媽媽，天不是晴就是陰。天旱的時候，雙翼蛇就飛出來下雨；天澇的時候，雙身蛇再飛出來排澇，於是，關東大地的百姓，年年過著旱澇保收的日子。人們都十分喜愛這兩條蛇，視它們為兩條小龍，也喜歡那兩眼泉水。所以，人們就稱玉漿泉和金線泉為「雙龍泉」。

于　雷

金線泉的傳說（之三）

　　金線泉是白蛇天池十四景之一，它與玉柱峰東邊的玉漿泉相隔六十米。由天池爬九百多尺，眼前就矗立著兩座峭壁，這兩座峭壁對峙而立，狀如禽鳥展翅欲飛。兩個峭壁間有天然形成的石階，石階下邊有兩個圓形岩石，從這兩個岩石縫裡湧出一股泉水，往下直瀉，泉水底下是白石層，白石層上有一道道的紅線，它同泉水交映，呈現出金色，看上去泉水裡好像有一道道的金絲。所以，人們把這個泉水叫作金線泉。據傳，金線泉裡有兩條銀龍，身上長著翅膀，它們一飛，天空裡就下起雨來。

　　那是很久很久以前的時候。長白山天池裡的龍王生了個女兒，是條銀光閃閃的白龍。龍王很高興，整天笑不離顏，愛之如掌上明珠。朝廷裡的文武諸臣也都同樣高興。

　　光陰荏苒，白龍已長成二八青春。一天，七星國的王子駕著雲馬，下凡來到玉柱峰，往天池那裡望去，只見天池邊一片銀光燦爛。王子立即到天池，仔細看去，天池岸邊站著一個龍女，它全身用七寶打扮，兩眼裡似乎現出盈盈秋波。美極了！王子乾咳了幾下，問龍女：「請問，你是哪裡的姑娘？ 我是七星國的王子……」

　　白龍聞聲抬頭看，前面站著一個高大的巨龍，它頭戴金冠，腰束玉帶，顯得神采奕奕。白龍含羞地說：「我是天池龍王的女兒。」說著，垂下了頭。它們之間也許有天生緣分吧，它們一見鍾情。王子回到天上後，待不住，就三天兩頭下凡，到長白山與白龍幽會。

　　有一天，七星王國的王子下凡後，在玉柱峰懸崖上，甩出皮鞭，打出了一條白石道，又在飛翼峰半山腰上用鞭桿兒鑿出了石階。王子和龍女隨後登上山頂，對著千峰萬壑，對著五色彩雲，海誓山盟。

　　情來情往，不覺白龍已經身懷有孕。事情已經到了這步田地，白龍只好把

事情的原委告訴媽媽了，王妃聽了愣了半晌。

白龍的身體變化越來越大，王妃對女兒的事不能再掩蓋了，它哭著對龍王說，女兒做的雖可惡，但對它還要體諒體諒。龍王聽後勃然大怒，恨不得把白龍殺死，只因內宮大臣們苦苦勸阻，它對白龍才網開一面，它令大臣們以後不讓白龍再出門。

時間一天一天地過去了，白龍足月了。王妃偷偷地把它送到金線泉。王子在金線泉眼巴巴地等著它。它們採取不得已的辦法，去飛翼峰「石國」。王子脫下自己的內衣，鋪在地上，讓龍女分娩。龍女生了身上長翅膀的兩個銀龍。龍王這才知道白龍原來已經懷孕了。它命令大臣們不讓白龍回龍宮，並派內宮將軍把白龍和銀龍的翅膀都拔掉，使它們不能飛上天。

內宮將軍一行火速趕到飛翼峰。王子和白龍措手不及，把兩個銀龍留在飛翼峰，就飛上天了。兩個銀龍失去了父母，哭聲悲哀。內宮將軍一行聽了，也覺得肝膽俱裂。內宮將軍一行把兩個銀龍的羽毛都拔掉，只留下一些絨毛。龍王還是放不下心，又派一些將軍到飛翼峰看著。這樣，白龍就不能下凡給兩個銀龍餵奶了。兩個銀龍快要餓死了，王子和白龍想出最後一個辦法，就飛到了玉柱峰上頭。到這裡後，白龍就擠出奶來，把它在飛翼峰青右洞裡灌得滿滿的。白龍的奶穿過石頭縫，流進泉水底下白石層上。兩個銀龍吃著這個奶長大，身上也長出了一些毛。不過它們沒有翅膀，沒有羽毛，就飛不起來了。剛飛起又摔了下來，弄得滿身流血。結果它們病倒了。殷紅的血在白石上留下了一道道的血紋。兩個銀龍到第二年夏天才恢復了元氣。身體一恢復，它們一次又一次地飛著，找父母。對這一切，白龍在天上看得一清二楚，但天上天下戒備森嚴，它無法下去。白龍在哭，兩個銀龍也在哭，滴滴淚珠兒化為雨點，灑在長白山上。

今日的長白山，夏天多雨，聽說這就是白龍和銀龍流下的眼淚。

金光勳（講述）

李天祿（蒐集整理）

玉漿泉的傳說

　　長白山的玉柱峰下，距離天池兩丈多遠的地方，有個水泉，名叫玉漿泉。泉水清澈明潔，古人讚歎不已：諸君若到天池上，須把銀壺灌玉漿。提起玉漿泉的由來，這裡還有一段故事，傳說和天宮裡的王母娘娘的蟠桃會有關係呢。

　　傳說天宮裡有個王母娘娘，她的權勢很大，女神女仙都歸她管，天庭裡有個大事小情都由她說了算。她手下有很多仙女仙童，吃喝穿戴都靠他們侍候，稍不順心如意，不是打就是罵，仙女仙童受盡了窩囊氣，都不願意在她的手下幹事。御花園裡有個侍花仙童，名叫玉柱，這個小夥子好說好動，調皮淘氣，連天庭裡的規矩也不在乎，時常溜出南天門，降落雲去，窺視「凡界」。當他看到勤勞的人們，錦繡的山河，茂密的森林，茁壯的莊稼，成群的牛羊，可眼饞了，覺得天宮裡的生活寂寞無聊，渴望人間的生活。

　　王母娘娘一年一度的蟠桃會到了，在御花園裡擺席設宴。大清早，王母娘娘就把仙童和仙女的差事安排好了，有的淘米做飯，有的煎炒烹炸……裡裡外外忙得團團轉。他們從樹上摘下又鮮又大的蟠桃和各式各樣的仙果，拿出陳釀玉漿，桌上擺得滿滿登登的，筵席準備得很豐盛，專門招待各路神仙，借此向王母娘娘祝壽。

　　仙女和仙童沒有資格參加蟠桃會，幹完了王母娘娘吩咐的差事，都得迅速離開，回到自己原來的地方去。仙童玉柱對王母娘娘很不滿意。他覺得光叫幹活，不准赴會吃喝，從人情道理上也說不過去；再加上果鮮酒香直往鼻子眼裡鑽，把他肚子裡的饞蟲勾引出來了，非要嘗嘗鮮不可。在其他姐妹和弟兄離開御花園時，他偷偷地躲在花叢裡留下來。他看四下沒有人，聽聽外邊沒有動靜，就毫不客氣地動起手來，到每桌吃個鮮果，端起金盃喝口陳釀的玉漿，喝得真痛快！他感到沒解饞。又端起第二杯、第三杯……喝在興頭上，就啥也不顧，每桌都去，一杯不落，宴席桌上擺的酒每杯喝一口，等他端起最後一杯

酒，酒杯剛沾嘴唇，就聽二郎神在梅花園的大門口說唱式的叫喊：「太上老君到！太白金星到！」這突如其來的喊聲，彷彿太空裡炸個響雷，震得玉柱蒙頭轉向，嚇得兩手一哆嗦，就聽「哐噹」一聲，金盃玉漿撲簌簌滾下天庭。

玉柱這回可害怕了，知道闖了大禍，嚇得心像揣個兔子似的怦怦直跳，坐不穩，站不牢。他想，不知金盃玉漿落在什麼地方，王母娘娘知道了必然追究問罪，決不會饒恕他。趁各路神仙和王母娘娘沒到，趕快溜出去，躲開天兵天將，尋找金盃玉漿去。

茫茫蒼穹浩浩乾坤，到哪裡去找不大點兒的金盃啊！玉柱騰雲駕霧，閃動慧眼，找啊找，把天上人間找個遍。他發現天池邊上有個轉圈閃閃發光的東西，裡邊有一汪水，像金盃玉漿。他趕緊降落到天池邊上，仔細看了看，果然是金盃玉漿，可把他樂壞了。他找到了金盃玉漿，緊張的心情頓時鬆弛下來，加上喝酒的後勁兒，人困體乏，躺在天池邊上，頭枕金盃，很快就睡著了。

天上一天，地下一年。玉柱這一覺竟睡了三九二十七年，等他醒過來，抬起右手揉了揉惺忪的睡眼，站起來抻抻懶腰，運了運渾身的力氣，哈下腰剛要伸手去撿杯時，金盃的光亮立刻就消失了，變成一眼泉水，搬不動，也拿不起來了。

再說王母娘娘發現筵席桌子上丟了一個倒滿玉漿的金盃，怒火萬丈，立即派兩個女神去尋找，得知玉柱私自下凡，又派天兵天將去查明。王母娘娘知道了發生的一切情況之後，降一道旨意，把玉柱貶到人間，化作一座山峰，千年萬代看顧這個水泉。人們管玉柱變的這座山峰叫玉柱峰。

這個泉眼「咕咚咕咚」地往外冒水，泉水漾出，流入天池。舀點泉水嘗嘗，還有陳釀玉漿的芳香呢，所以人們管這個泉叫玉漿泉。

隋永欣（蒐集整理）

▎神泉藥水的傳說

　　坐落在長白山腳下的安圖縣二道白河鎮裡有一眼春夏秋冬湧流不竭的泉水。喝了這眼泉水，可治百病，使人長壽。當地人都稱之為神泉藥水。凡是來長白山觀光的遊人，都要來到這個泉邊，把那清冽爽口的泉水喝個夠。關於神泉藥水，流傳著這樣一樁動人的故事。

　　很久以前，這個地方有一個以狩獵為生的獵手。這一天，他和往常一樣進山打獵，心裡卻掛念著得病多年而臥床不起的妻子。由於家境貧寒他始終未能給妻子買服藥吃。路上，妻子那憔悴而枯瘦的面容總是浮現在他的眼前。就這樣，他一邊思慮著，翻過高山，越過深谷，不知不覺走進了深山老林。

　　忽然，在前面不遠處，嗖的一聲飛出一隻山雀，呱呱叫著向天際飛去。獵人感到奇怪，到近處一看，原來一隻幼小的梅花鹿，被從山頂滾落下來的石頭砸傷，傷口鮮血直流，躺在泉水邊上痛苦地呻吟著。看見此景，獵人心生憐憫之情，撕下衣襟，給鹿包紮好傷口，從背篷裡掏出僅剩的一塊乾糧，餵給小鹿吃。然後又用雙手捧起又清又爽的泉水，飲給小鹿喝。於是，出現了奇蹟。剛才還痛苦地呻吟著的小鹿，忽然神志清醒。隨即又抖著身子站立起來，向獵人連連叩頭致謝。之後，歡蹦亂跳地向樹林深處跑去。

　　這天，獵人汲一桶泉水擔回家來，一勺一勺地餵給妻子喝下。想不到，第二天早晨，奄奄一息的妻子能夠起床了，那樣子好像不曾得過病似的。獵人高興極了，第二天他又去擔回一桶泉水，讓妻子喝個痛快。結果，妻子竟然能夠下田間幹活了。

　　心地善良的獵人，見泉水能夠治病，便不辭辛苦地把泉水一桶桶擔回村裡，分給患病的鄉親們喝。於是，他們也一個個解除病痛，恢復了健康。從此，人們才知道這口泉水能醫治百病，而且關於獵人為村民治病的佳話也因此傳遍開來。

當時，鄰村有一個地主，十分貪婪。他妄想獨占那眼神泉藥水，命令嘍囉們悄悄地跟蹤獵人。獵人早已看出他們的詭計，卻佯裝不知，引著嘍囉們向著相反的方向走去。不知走了多久，前面出現了洶湧澎湃的藍色大河。

獵人轉身大聲喊道：「喂，睜開你們的狗眼仔細看一看，那對面山上流下來的水就是神泉藥水。」說完，一縱身，跳進了萬丈深淵。

就在這時，一直晴朗的天空，驟然響起震天的霹雷，緊跟在獵人後面追上來的一群嘍囉頃刻間被擊成一堆灰燼。

且說，那獵人正從懸崖頂上跳下來的時候，不知從哪裡來了一群梅花鹿，聚在懸崖底下，用它們軟軟的身子接住了獵人。獵人得救了。

後來，那個地主仍然心不死，幾次派嘍囉去尋找那眼神泉藥水，但每次都未能避免被雷電擊成灰燼的噩運。

如今，在這眼神泉藥水邊上。還時常看得到一群梅花鹿自由自在地歡跳嬉戲的情景，而那汩汩流淌著的泉水彷彿在述說獵人那遙遠的動人故事。

金東燦（講述）

黃相搏（蒐集整理）

紅松泉的傳說

　　不知多少年前，靠鴨綠江邊的山裡有個棒槌屯，屯裡有個小孩叫小六。小六的爹爹是山裡有名的老獵手，他從小跟著爹爹進山打獵，到十五六歲時，他也成了一名小獵手了。他拉弓射箭，百發百中，甩刀拋叉，十打九准。天上的飛禽，地上的走獸，只要打他眼前一過，就難逃脫。

　　有一年冬天，小六自己進山去打獵，在山上只溜躂了半天，打的山兔、野雞圍滿了腰。他想往屯裡返，這時候，遠處傳來了一陣「啾啾」的叫聲，他順著叫聲走去，老遠就望見一隻瘸了腿的梅花鹿，正被一條大灰狼追逐著。梅花鹿見有人來「啾哇啾哇」叫喚得更厲害，像在呼喊：「救命啊，救命啊！」

　　小六聽到梅花鹿這樣的叫喚，心裡覺得怪可憐的，就把最後的一支箭搭在弦上，「颼」地射了出去，只聽大灰狼「嗷」地叫了一聲，打個滾兒，就伸腿了。

　　梅花鹿得救後，不肯離去，它乖乖地趴下來，伸出了一條前腿。小六一看它腿受了傷，還淌血呢。小六趕忙從自己的衣襟兒上撕下一塊布條兒，給梅花鹿包紮起來。梅花鹿這才沖小六點點頭，朝老林子裡一瘸一拐地跑去了。

　　轉年春天，棒槌屯遇上了大旱，屯子裡一連好幾個月沒見一滴雨點兒，小河也乾了，莊稼也曬乾巴了，屯裡人喝的井水也快沒了，山牲口也渴得亂竄。

　　這天，小六又進山去打獵，可是轉悠了一天，連個山牲畜的影子都沒見著。小六又餓又渴，嗓子都冒煙了。有氣無力地靠著一棵大松樹睡著了。忽然，他覺得有什麼東西舔他的手，睜開眼睛一看，正是被他救過的那隻梅花鹿。

　　小六心裡一喜，說了聲：「小鹿，小鹿，快渴死我了，你能幫我找到水喝嗎？」小鹿點點頭，趴在地上，弓著腰，朝小六「啾哇」叫了兩聲，像是說：「你騎上我吧。」小六明白了，慢慢騎上梅花鹿。梅花鹿挺起身子，像箭一般

地朝著一個大山裡跑去。在一個山窩跟前停下了腳步，小六從梅花鹿身上下來，一股涼颼颼的微風吹來。他低頭一看，嘿！腳下有一汪清亮亮的山泉水。小六趴下捧了一把就喝，哎呀！這水比蜜還甜！小六飽飽地喝了一頓。坐在泉邊，兩眼直勾勾地盯著泉水，心想：「這汪泉水要是在屯子裡該多好呀！」想到這裡他彎了身子，使盡全身力氣，用手把這汪泉水扒了個缺口，清清的泉水順著缺口往下淌去，他心裡可樂了，這時他的肚子裡咕咕亂叫，覺得身上一點兒勁也沒有了，他想回家，可他哪裡還能走得動呢。他又看了看梅花鹿，輕聲地說道：「小鹿，你能送我回家嗎？」小鹿點點頭，趴在地上，小六騎上它。只覺樹在眼前倒，風在耳邊吹，不一會兒工夫，就跑到了棒槌屯。小六謝了小鹿，背著弓箭往家走。走到屯頭的一棵老榆樹跟前，碰到一個小姑娘在哭，他問道：「小妹妹，你哭啥？」姑娘抹著眼淚說：「小六哥，你給我一點兒水吧！我媽媽渴得快昏過去了。」小六安慰她說：「好妹妹，別哭了，一會兒山上就會淌下泉水來。」

「是嗎？」大家一聽感到驚奇，小六把他在山裡喝泉水的情景說了一遍，大夥樂得把小六抬了起來。

大家等呀，等呀！日頭下山了，泉水也沒有淌下來，人們等急了，小六眼睛也望得冒了火。一位老人唉聲嘆氣地說：「大夥都回家吧，就是淌點兒水，也早叫土地給喝乾了！」大夥耷拉著腦袋回家了，那個要水的小姑娘抽搭抽搭地哭著。

小六可真急壞了，他真恨自己扒的缺口太小了。他回家吃了口飯，拿了把頭，帶上弓箭，連夜返回大山裡，這回他要把缺口扒得大大的，讓水淌下山來，使棒槌屯的鄉親們都能喝上水，讓地裡的莊稼長得綠油油的。小六走呀走，足足走了一夜，日頭冒紅時，才來到那汪泉水旁。他搭眼一看，嚇得向後一退，哎呀，一條又粗又大的黑長蟲（蛇），正趴在山泉邊喝水，肥粗的身子正好把缺口堵住了。小六定了定神，心裡暗想：怪不得水淌不下來，原來是這傢伙在作怪！小六想：我射一支箭把它嚇跑吧。於是，他搭上箭，朝大長蟲

「颼」地射了出去，誰知大長蟲發怒了，一甩尾巴打掉了箭頭，轉過身子朝小六撲來。小六躲過大蛇，倚在一棵大樹後面，急忙又搭上了一支箭，還沒等箭射出，大蛇甩過尾巴，緊緊地纏住小六，小六朝大長蟲猛刺一刀，正好刺在大蛇的苦膽上，疼得它尾巴一甩，鬆開了小六。可是還沒等小六站穩，大蛇又撲了過來。小六靈機一閃，大長蟲撲通一聲跌在地上，不停地翻滾著。小六趁機跑到那汪山泉旁，掄起 頭又使勁地刨泉邊的缺口，清涼涼的泉水打著旋朝下淌去。

小六望著流去的泉水，美滋滋地笑了。這時那隻小梅花鹿突然跑來了。趴在地上，啾啾叫著，示意著要馱他回去。小六剛爬到小鹿的背上，那條垂死的毒蛇突然朝小六噴出了一口黑血，小六身子一軟，倒在了地上……

泉水嘩嘩地淌到棒槌屯，鄉親們得救了。可是，沒見到小六回來，等了一天又一天，大夥兒都等著急了，一些老年人就順著小河向上找去，一直找到山泉邊，只見泉邊有一條大長蟲死了，還有小六的弓箭和腰刀。一隻梅花鹿在舔著一棵小紅松樹。等鄉親們走到跟前時，小紅松迎風一抖，長成了一棵大紅松，人們知道這是小六的化身。

從那以後，人們就把這個山泉叫作紅松泉。這汪山泉，冬天不凍，夏天不乾。日日夜夜順著小六扒開的缺口長流不斷，穿過棒槌屯，流進鴨綠江。

雪　梅（蒐集整理）

長壽泉的傳說

甕聲砬子是一個山清水秀的好地方，人們從四面八方慕名而來。隨著時間的流逝，來這裡安家落戶的越來越多。

有一戶人家，剛進門的媳婦容貌俊美，心靈手巧，農家活兒樣樣通曉。在地裡她是丈夫的好幫手，在家裡是體貼公公婆婆的好兒媳，所以左鄰右舍都對她嘖嘖稱讚。

她的公公婆婆年老體衰，積勞成疾，臥病不起已有三年多了。她悉心服侍，一日三餐從未斷過開水和熱湯。她為了隨時給公公婆婆熬米湯喝，一直把火盆放在屋裡，從未讓它熄滅過。

一天夜裡，她同往常一樣，把公公婆婆的夜宵放在火盆上，守在旁邊打盹兒。突然聽到「噗」的一聲，驚醒一看，滿屋子煙塵，火盆裡的火被吹滅了。於是，她到廚房重新生火，把炭火端上來。

這一回，她強打精神，睜著眼守在火盆旁。沒過多久，她看見一少年悄悄地打開門，輕手輕腳地走了進來。少年穿一身紫紅色衣服，長得眉清目秀，白淨臉龐，頭上還梳了一條辮子。少年進了門，旁若無人，笑眯眯地走到火盆旁，「噗——噗——」連吹了幾下，把火吹滅了。

年輕媳婦看在眼裡又氣又急，便喝道：「你是哪家的搗蛋鬼！」她說著順手抓起屋角的笤帚要揍他。那少年對她連理都不理，若無其事地走了。年輕媳婦氣不打一處來，便追出去。少年卻毫無懼色，大搖大擺地向前走。年輕媳婦感到奇怪，少年走得四平八穩，自己怎麼卻追不上他呢？更使人奇怪的是，少年的身上發出耀眼的光芒和撲鼻的芳香。不一會兒，不見了少年的身影。

年輕媳婦回到家裡，躺在炕上，心慌意亂，好久不能入睡。天剛亮，她忙起身，頂著水罐來到泉井邊，一邊打水，一邊嘆氣。心想，窮苦的日子何時是頭啊！公公婆婆臥病不起，已經三年多，從未吃過一頓像樣的飯菜，我心裡多

難受啊！

她又想起昨天晚上的事情，為什麼那奇怪的少年吹滅火，連一碗熱米湯也不讓老人喝呢？她越想心裡越發悶，呆呆地望著對面的石牆出神。

這時，一個眉清目秀、梳辮子的少年從石牆後邊探出頭來，微笑著向她招手。她百思不得其解，定睛細看，才發現此人正是昨晚那個熄滅火鬼頭鬼腦的少年。剎那間，怒火湧上心頭，她大聲斥責道：「一臉假笑，擺手舞姿，真叫人噁心。你到底跟我家有什麼仇恨，竟把為老人準備的炭火弄滅？現在又厚顏無恥地來調戲有夫之婦，我不把你揍扁，就難解心頭之恨！」

年輕媳婦邊說邊撲向少年。那少年卻臉露微笑，不慌不忙地轉身便走。年輕媳婦火冒三丈，緊跟著追去。少年仍是不緊不慢地走，從這個頭山到那個山頭，從這個山岡走到那個山岡。年輕媳婦始終追不上，卻累得滿頭大汗，「呼哧呼哧」地喘氣。

俗話說：「猴子有時也從樹上掉下來。」少年走到一段下坡路時，被裸露的樹根絆倒了。年輕媳婦趁機猛撲過去，從自己頭上拔下髮簪狠狠地刺向少年的腦門。這一下，少年像斷了氣，倒在那裡一動也不動了。年輕媳婦一看，大吃一驚，感到自己在一氣之下闖了大禍，嚇得渾身直打哆嗦。她想拔掉髮簪，也許能救活少年。於是，她小心翼翼地伸出手，準備從少年的腦門上拔掉髮簪。這時，少年卻伸著懶腰活了起來，若無其事地撣撣身上的泥土，向她笑了一笑，腦門兒上仍插著髮簪，不慌不忙地向前走。年輕媳婦一愣，才知自己受了騙，頓時怒火中燒，更是拚命地追去。

年輕媳婦追少年，路越來越險峻，最後被一座突兀的峭壁擋住了。年輕媳婦抬頭望去，懸崖高聳入雲，頭暈目眩。少年回頭望著她，扮個鬼臉，敏捷地爬上崖頂，又手舞足蹈，好像故意氣她。

「哼！你以為我就爬不到頂上，就此罷休？休想！」年輕媳婦氣呼呼地往上攀登，幸好峭壁上長滿了山葡萄和獼猴桃，她抓住那些藤蔓艱難地往上爬，終於爬到了崖頂。她放目四望，眼前是一片開闊的平地，百花鬥豔，彩蝶戲

舞，群鳥爭鳴。啊，多美的地方啊，年輕媳婦差點兒沒叫出聲。

　　少年像回到家似的，慢悠悠地走到一眼泉水邊，閃身就不見了。年輕媳婦「咦」了一聲，自語道：「見鬼了，他怎麼突然不見了呢？」她來到泉邊，驚奇地發現泉水中有一棵結著紅珠般花朵的人參，參花搖曳著向她招手，自己的髮簪在花中央呢。她伸手向泉水裡抓去，水波閃動，參花時隱時現，哪裡能抓得到？她恍然大悟，叫道：「啊，這是人參泉！」

　　年輕媳婦情不自禁地捧起泉水喝了一口，頓覺一切疲勞全消失了，又捧起來喝了一口，全身湧起了使不完的勁。啊，還有一條盤山小路通往崖下呢。她立即取來水罐，舀了滿滿一罐子泉水頂回去，給公公婆婆喝了個痛快。公公婆婆連喝了三天泉水，竟能下地幹活兒了。

　　喜訊傳開，人們紛紛來到人參泉頂水、背水、擔水，有的從百里外趕來。病人喝了泉水，三五天便恢復健康，老年人喝了越活越年輕。時間久了，泉中那棵扎髮簪的人參不見了，所以人們又把泉水叫作「長壽泉」。至今，那神奇的長壽泉依然不停地叮咚作響，長流不止。

長興河的傳說

　　長興河，從長興溝悠然而來，繞過吐月山往南蜿蜒而去。

　　古時候，她是一條無名河，人們把她叫作「長興河」，是後來的事。俗話說，靠山吃山，靠水吃水。這條河同這裡的人們息息相關，引水灌溉，飲水燒飯，撒網捕魚，全離不開這條河。有了這條河，這裡的人們才過得豐衣足食，和平安寧。

　　「天有不測風雲，人有旦夕禍福。」不知從什麼時候起，這條河裡突然出現了一條黑龍，給人們帶來了數不清的災難和痛苦。它稍不順心就出來作怪，不是讓河水乾涸大旱，就是讓河水氾濫成災；有時還要進村莊吃掉雞、狗、豬，甚至吞掉耕牛。人們為了避免災難，每隔三天就要貢上一口大豬。人們不願忍受黑龍的折磨，一戶戶地往外搬遷，河兩岸逐漸人煙稀疏，村落衰敗。

　　玉皇大帝得知這一情況後，便派下一條神龍來制服它。神龍一見到黑龍，就大聲斥責道：「黑龍你聽著，你肆意興風作浪，給人間帶來了數不清的災難與痛苦，今日，玉帝特派我來懲治你！」

　　黑龍卻嗤之以鼻，說：「哼！我想幹什麼就幹什麼，與玉帝佬有何相干？簡直是多管閒事！」。

　　「大膽妖孽，如此無禮，口出狂言，犯上作亂，還不快認罪！」

　　「不然，你要怎麼樣？」黑龍反唇相譏。

　　神龍怒不可遏，拔出長劍，砍向黑龍。黑龍也不示弱，也拔出劍來相應。兩條龍在天空中扭成一團，展開了激烈的戰鬥。白天過去了，但不見分曉。到了夜晚，各自回宮休息。

　　第二天一早，神龍來到村莊，告訴人們說：「今天我跟黑龍鬥，且戰且退，到十里碰子上空，我就砍下它的頭。你們要在地面上密密麻麻地布上扎槍頭，待黑龍的頭紮在扎槍頭上，你們要撒足草木灰。」

兩條龍又在空中盤旋爭鬥，神龍且戰且退，到了十里碰子上空，又鬥了十幾回合，仍不見勝負。神龍突然張開大嘴噴出強烈的火焰，趁黑龍睜不開眼睛之際，一劍砍下了黑龍的頭。

被砍下的黑龍身軀紮在了地上密佈的槍尖上，想動也動不了；可被砍下的頭卻在地上滾動，想與它的身子合龍。等候在地上的人們，忙把一筐筐的草木灰扣在黑龍頭上。黑龍頭滾動了幾下，再也無聲無息了。

除掉了黑龍，清澈的河水平靜地流淌著。

「鄉親們，這條河是屬於你們的，願你們的幸福和這條河同在。」神龍說完，回天宮去了。

河兩岸重新恢復了生機，五穀豐登，六畜興旺，一派欣欣向榮的景象。人們希望這條河能夠帶來長久的興旺，所以就叫它「長興河」。

仙女泉的傳說

在明月鎮東南角有一座小山。山腳下，有一眼清澈的泉水，一年四季叮咚作響，日夜潺潺流淌，人們把它叫作仙女泉。

傳說很久以前，有一群異域人，扶老攜幼，走過一座座山，蹚過一條條河，來到人跡罕至的那座山旁。這裡，山嶺起伏，松林茂密，百鳥爭鳴，群鹿歡躍。山間谷地，土地肥沃，人走起路來，地上鬆軟的落葉在沙沙作響，他們看中了這個地方，準備安家落戶。

男人們馬上四處找水，但是誰都沒有找到水源。

「這樣美好的地方，怎麼會沒有水呢？」

一連三天，人們從早到晚，分頭去找，仍沒找到水。於是，他們依依不捨地決定離開這裡，尋找適當的地方。

有一批壯丁還是抱著一線希望，要再找一遍。他們從早到晚，東奔西走。精疲力竭的人們躺在山岡上，默默地抽著煙。他們發現在繁星閃爍的天空中，放射出一束耀眼的瑞光，瑞光伸展為一條七色彩虹，在天地間搭成了一座弓橋。

人們很驚訝，心想，天沒亮怎麼會出現彩虹？他們都身不由己地坐了起來，觀看著美麗的彩虹。此時，又發生了使人目瞪口呆的事情。有三個如花似玉的仙女，身著綠衣紅裳，頭戴鳳釵，載歌載舞，踩著彩虹，輕飄飄地來到地上。三個仙女的手裡各有小巧玲瓏的工具：第一個是金鏟；第二個是銀鏟；第三個是銅鏟。

三個仙女走到山岡腳下，一邊用鏟挖，一邊用清脆的嗓子唱起了歌：

清澈涼爽生命泉，
潺潺流淌千萬年。

肥沃土地勤耕耘，

五穀豐登好地方。

風光秀麗美如畫，

人間天堂樂無邊。

　　仙女們用力掄鏟，臉上流淌著汗珠也顧不得擦。天剛濛濛亮，她們歡笑起來，各自把鏟別在腰間，互相嬉戲著跳上彩虹，隨著彩虹消失了。

　　人們好像做了一場夢，半晌才清醒過來，急急忙忙跑過去一看，發現在仙女們掄鏟挖土的地方出現了一眼清澈的泉水。人們不約而同地喊出聲：「啊，仙女泉。」人們喜不自禁地捧起來喝，頓覺甘甜爽口，精神大振，渾身有使不完的勁。

　　從此，人們高高興興地在這風光秀麗、土地肥沃的地方安家落戶，用勤勞的雙手在永不乾涸的仙女泉邊，建造起幸福的家園。

▍明目泉的傳說

走進「長白山迷宮」溶洞，左向，穿越幾十個大小洞口，有一段極窄的洞，須側身小心穿過。這時，四周開闊，是一處十分壯美的景觀群。再順路直走，下坡，你會看到有一條小河，橫穿洞內，水清見砂石，冷砭筋骨，令人忍不住伸手撩一下。這就是明目泉。關於這泉的得名，還流傳著段美麗的傳說呢。

說是橫道河子村有個姓崔的補鍋匠。娶妻張氏，生有一子，取名貴兒。貴兒三歲時，母親得瘟疫死去，剩下補鍋匠領著兒子孤苦伶仃地打發時光。補鍋匠長年在外，帶著個哇哇直哭的孩子沒法謀生啊，於是，央求媒人介紹，打外地娶回一個劉氏，給小貴兒當娘。

崔補鍋匠有了繼室，就無牽無掛地走街串巷去了。他沒想到這新的老婆心狠手辣，把前房生的貴兒看成眼中釘肉中刺，恨不能一傢伙掐死，她好生養自己的骨肉。

有苗不愁長，一眨眼，貴兒五歲了，後娘不甘心白養活一張嘴，就交給他一根棍兒，讓他放豬看鵝。豬可憐貴兒沒娘。乖乖地順道走，從不拱莊稼；鵝可憐貴兒沒娘，乖乖地順道走，從不吃苗苗。

崔家一隻母貓，下了一隻貓崽兒。沒等崽兒睜眼呢，老貓讓山貓子吃了。劉氏罵道：「貓生獨崽就是毒，你死去吧。」順手把貓崽扔在草窠裡。

貴兒心疼。貓崽沒娘，他也沒娘。貴兒把小貓崽兒拖回他的被窩裡：「描崽貓崽別叫喚，讓娘聽著不讓俺。」貓崽聽活，果真就不叫了。

貴兒一口一口用稀粥餵得貓睜眼，長大了。白天跟著貴兒放豬放鵝，夜裡趴在貴兒的脖子上，東來的風，吹不著；西來的風，凍不著；貴兒給它起名叫「貓虎」。

劉氏甜言蜜語哄著補鍋匠，今兒給他生兒子，明兒給他生兒子，可就是生

不出來。她想，老崔就是一個兒的命，那該死的貴兒妨礙她不會生養。

劉氏烀豬食，鍋裡煮上幾個鵝蛋，吃得噴噴香。貴兒撞見，她說：「你吃鵝蛋皮吧，小人兒牙口好。」貴兒撿起來，悄沒聲地扔了；劉氏拙得啥也不會做，弄來白麵，就知道撥拉疙瘩湯，一碗一碗喝得甘甜。貴兒撞見，她把吃不了的潑進豬食裡，說：「揀白的吃去吧，小人兒眼神好。」貴兒不吱聲，悄悄地拱進被窩裡淌眼淚。

崔補鍋匠有時回家。看到兒子乾瘦乾瘦，就問：「吃不飽嗎？你娘待你怎樣？」貴兒說：「爹也好，娘也好，夏有褂子冬有襖。一天三遍頓頓飽。」補鍋匠不言語了。

補鍋匠不在家，劉氏勾引了王銀匠。王銀匠今兒送個鐲子，明兒送副鐲子，把劉氏買活了心，怕叫貴兒撞見，就弄來生石灰面子，看貴兒睡得正香，把灰面子倒在他臉上。貴兒邊哭邊搓，疼得可炕滾，倆眼瞎了一對。

多虧貓虎，一口一口給貴兒舔那雙眼，舔舔，就不疼了。貓虎突然口吐人言：「貴兒，別待啦，這兒不是你的家，跟我走。」

貴兒就跟著貓虎，走出家門。貓虎邊走邊喊「貴兒」，貴兒順著聲音，高一腳，低一腳，走著走著，沒了風吹蟲叫，只覺得陣陣冷氣。貴兒說：「貓虎，這是進洞了吧？」

貓虎說：「瞎子走道不見亮，洞裡洞外沒兩樣。走吧。」

貴兒就在洞裡，不渴不餓，不瞌睡，只覺得渾身骨節嘎巴嘎巴響，那是長個子，多虧衣裳隨人長，貴兒才沒露光　。

貴兒在洞裡不知走了幾天，聽著河水嘩啦啦地響，問貓虎：「這是哪裡？」貓虎說：「這是明目泉，天上落的瓊花雨，地下流的老龍涎，你撩一把洗洗眼睛試試。」

貴兒捧起泉水，洗一把，眼前亮了：好地方呀，響晴的天，日頭正傍晌，花紅柳綠水碧山青！貓虎呢？左尋右找不見影，忽聽身後咯咯笑。猛回頭，站著一個俊姑娘！

姑娘說：「不認得了，傻什麼？我就是你的貓虎呀。」

貴兒和姑娘在洞裡過上了。

過了些日子，貴兒想家，自己長成大小夥子，爹該不認識了。再說，有這麼個好地方，把他接來多好！

姑娘說：「貴兒別走，走了就回不來了。」

貴兒不聽，偷偷地順著小道往回走，走出洞口，插上一棵柳條記著，往回來時忘不了。

出去一打聽，哪裡，這不是紅土崖地界嗎？在洞裡走出好幾十里！又一問，哪的事，他在洞裡沒覺得，外頭已幾百年過去了！

貴兒找不著爹，尋思再回洞去吧。找到那棵柳樹枝，柳樹枝活了，長成一抱粗細的大樹，洞口找不見了。

天池的龍宮

古時候，在瀑布噴珠濺玉的白河水的近處，有一間草屋，住著幼失怙恃的可憐的兩兄弟。

也真是命途多舛，母親去世不久，弟弟竟然也染疾不起。哥哥不畏境況艱難，既燒炭又挖藥材，用賣得的錢為弟弟延醫診治，只可惜藥石無靈，弟弟的病勢反倒漸趨沉重。

一天夜裡，哥哥侍候弟弟過於疲倦，不知不覺沉入了夢鄉，夢見母親不期而至，在環顧家中不多的什物之後，愛撫著弟弟的頭對他說道：「你弟弟的病，非去長白山天池龍宮裡求得良方，否則無法治癒。只是你小小年紀，如何去得？」說罷，嘆息不止。他親暱地喊一聲母親，剛想表示決心，竟自驚醒，卻原來是南柯一夢，哪有母親在側？！

天亮後，他救弟心切，不顧自身安危，逕自向天池跋涉而去。他歷千辛，經萬苦，好不容易來到了天池側畔。正思稍自歇息，卻見一尾鯉魚在天池旁的雪堆中掙扎，漸趨無力，有被凍僵的危險。他見其楚楚可憐，忙托起它置於懷中，待其通體鮮活後，小心翼翼把它放入天池之中。這尾鯉魚很通人性，竟三番四次浮出水面，似是頻頻對他表示謝意。

救活這尾鯉魚之後，他走到天池側畔的玉漿泉邊，舀一碗淨水，跪禱上蒼賜予良藥以治弟病。這時，只見那尾獲救的鯉魚又浮出水面，在天池旁轉悠幾遍，逕自向天池深處游去。更奇怪的是，它所經之處，池水竟避讓出一條石階，悠然直通地心。他當即舉步沿石階而下，走不久便見不到天日，只見成群的不知名的魚蝦在兩側的水裡游來游去，嬉戲自如。他意識到自己已置身於水中，感到奇怪的只是既無窒息之苦又無溺水之感。繼續沿著滑溜的石階往下走去，觸目竟是更加令人駭異的情景。周圍有著許許多多洞窟，雖然並不算大，卻全都有水晶般清澈的泉水奔瀉。迎面則是一座奇大無比的宮殿，四壁和天棚

全系水晶琢成。殿前有一大門，門前有兩棵極其茂盛的龍腦樹。樹下，有兩個手持龍劍的武士在站崗。它們的頭顱與人近似，只是長著犄角，角粗且醜。它們的形體像蛇，且有鰭翅，後腿很短，似尾巴。

　　他在鯉魚的陪同下走進龍宮，但聽得龍歌風笙相當悅耳，有節奏地敲著的龍鼓，十分動人心弦。龍宮正中的龍座上，端坐著滿是胡鬚的龍王。它的唇髭呈八字形，髭端捲曲直往上翹，竟與龍角相接。它的頸須垂至胸間，披於肩上。見此凶貌，他不由得心生恐怖，雙腿哆嗦不止。鯉魚讓他上前請安。原來，這尾鯉魚是龍王的女兒。龍王受禮畢，聲若洪鐘地說道：「小女承蒙搭救，洪恩難報。」當即命左右設宴款待。宴席的美酒佳餚十分豐盛，他深感盛情難卻，吃得酒足菜飽。趁七分醉意，他向龍王陳述了來意。龍王一聽，當即扯下紅鬚和白鬚各一莖遞與他收藏，並囑咐道：「此物對恩人日後會有有用之時，雖然菲薄，還望笑納。救你弟弟之藥，也已放在玉漿泉，你可立即去取。」他高興得無以復加，當即百拜致謝。離開龍宮時，他騎一尾特大的鯉魚，不多時即浮出水面回到岸上。他遵照龍王之囑，奔至玉漿泉旁，見一隻白蛇在泉水中游來游去，口銜一紫色的泥團。不一會兒，泥團變成一朵紅色的蘑菇，光彩照人。他知道這便是難得的靈藥，當即從白蛇口中擷取下來放在包袱之中，急急回到家裡。

　　他把龍鬚包好放在櫃內，隨即將紅蘑菇熬湯給弟弟，吃剛一落肚，弟弟即滿面紅光。等第二碗蘑菇湯趁熱吃下，弟弟的病霍然痊癒。他將實情告訴弟弟，並讓弟弟欣賞那兩莖龍鬚。他打開櫃子，取那藏著龍鬚的小包時，小包竟沉重得隻手難擎。他雙手捧出打開一看，不見龍鬚，卻見並排放著一錠黃金與一錠白銀。兄弟倆不禁又驚又喜。哥哥說，金銀鬚是龍鬚所變，弟弟也作如是觀。翌日，兄弟倆賣掉金錠與銀錠，得錢無數，買了大量土地，大部分送給無地的鄉親，一部分留下自己耕作。他們又建造了一幢美輪美奐的私宅，良田便橫亙在宅邸之前。

　　他們以心地善良、兄弟友愛和克勤克儉而得到龍王幫助致富後，遠近鄉里

紛紛為其做媒。他們各自選中了既美麗又溫存又勤快的妻子，分別成立了美滿的家庭。成家後，他們不願分家，兄弟與妯娌從沒有過爭吵之時。他們各自有了兒子和女兒，個個聰明伶俐，世世代代過得豐衣足食其樂融融。

他們的故事，不久便傳至各處，被作為傳說傳誦不衰，一直到今日。也只是從那時起，人們才輾轉相傳，說長白山的天池下面有一美輪美奐的龍宮。

南明哲（講述）

李天祿（蒐集整理）

「仰臉兒」與小黑龍

在安圖縣兩江鎮二道松花江上游五公里處，有一個令人歎為觀止的自然景觀。松江水流到這裡，突然跌入一個五六米的水潭，然後打個滾又奔流著匯入兩江口。當地老百姓把這一景觀稱為「吊水壺」，還有一個雅緻的名字叫「仰臉兒」。傳說仰臉兒的深水潭裡曾住過一條獨角龍，說起來，這裡邊還有一段故事呢。

記不清是哪年哪月，在二道松花江上游的三道溝，有一個王家棒槌營。這家棒槌營每年春、夏季培植人參，秋天起參做成紅參、白參、沖鬚等乾貨，冬天等大江結了冰，就趕著馬爬犁拉著山貨，順著一溜大江，下「船廠」（吉林）、溜哈爾濱，用山貨換回布匹、食鹽、白糖等日用品，然後沿著大江往回趕。這幾千里的路程，緊趕慢趕，到家也就春暖花開了。那年頭旱地沒有大車道哇。

王家棒槌營的老王掌櫃的，是個慈善人。他待夥計們像自己的親人一樣，和和氣氣，熱熱乎乎。夥計們也像在自個兒家一樣，幹活實實在在、任勞任怨。這個棒槌營也就越來越紅火，越來越興旺了。

老王掌櫃的行善，感動了一條居住在上游花碴子江裡的小黑龍。這條龍就時常來到三道溝。每到秋天，等王家營的棒槌做成了貨，它就悄悄使了個法，這二道松花江一溜千里，咔嚓！就上了凍、結了冰。王家營的馬爬犁就順江而下了。若是王家營的馬爬犁半道上有事兒耽擱了，小黑龍就又使法，不讓大江化凍，什麼時候等爬犁平平安安回來了，它再收起法術，咔嚓！江就開了。

天長日久，老王掌櫃的也察覺了。為了表示敬仰和感謝，他逢初一、十五，就打發人在江邊燒香、擺供，往江裡送饅頭、豬頭、燒酒……這麼你敬我、我幫你，一來二去連附近的高家、宮家、尹家幾戶的棒槌營都跟著沾了光。王家營的馬爬犁一出動，那幾戶的爬犁也隨屁股後跟著，保險平安出去，

太平回來。這樣不知不覺就成了一支爬犁隊，不用說，王家營的爬犁就成了爬犁頭兒了。

一晃，幾十年過去了，老王掌櫃的老得不能動彈了。臨終前，他一再囑咐兒子，不管啥時候，都別忘了小黑龍，別忘了夥計們。

可這個小王掌櫃的說人話不辦人事兒，爹一死他就不讓在江邊上供，不讓往江裡送饅頭等供品了。對夥計們也邪乎透了，天天不是打就是罵，還不讓夥計吃飽。夥計們看在死去的老掌櫃的和小黑龍的面上，忍氣吞聲，還是為他家侍弄棒槌園子。可這個小王掌櫃的，卻又整天正事不幹，吃喝嫖賭夠了，就拎個火藥槍到處逛游。

這一天，小王掌櫃的喝了個稀爛醉。天快黑了，拎著火藥槍說是去打水鴨子。剛走到江邊，就遇見一個長得油黑髮亮的小夥子。小王掌櫃把槍一橫，問道：「哎！你是哪的？上、上這來幹、幹啥？」

「我是上邊花砬子的老百姓，和前邊王家營是老交情啦，今天來串個門兒。」黑小夥挺有禮貌地回答。

小王掌櫃的心想：「嗯？和俺家是老交情，我這個掌櫃的咋不認識他呢？不對！他八成是鬍子，把他抓官府去不是有重賞嗎？」他把眼一瞪說：「胡說！我看你不是好人，走！跟我見官去……」

黑小夥一看這個人喝得雲山霧罩的，一點不講理，想繞過去走開。可小王掌櫃的左攔右擋，硬是不讓走。黑小夥著急了，轉身向江裡走。小王掌櫃的一看傻眼了，狠心地舉起火藥槍。黑小夥一看不好，猛向江裡一撲，可是晚了。小王掌櫃的槍響了，黑小夥一栽楞，腦袋冒了血，倒在江裡不見了，光見著一股血溜子順著二道松花江向下游漂去。

原來，這個黑小夥不是別人，就是花砬子的小黑龍。因為小王掌櫃的不讓往江裡送東西了，這幾天小黑龍餓急眼了，就變成了個小夥想出去找點吃的。沒想到剛出了大江，就挨了一槍，一隻角被打掉了。它昏昏沉沉順著水流向下游漂去，也不知漂了多遠。突然，他覺著一沉，一下醒了過來。啊！原來掉進

了「仰臉兒」的水潭裡。後來，小黑龍就在這個水潭裡養傷，成了獨角龍。傷好後，它再也沒有出去。

再說小王掌櫃的回去後，吹牛說他打死一個長得油黑髮亮的「鬍子」，屍首順著大江衝跑了。夥計們一聽，約莫事情不好，眼瞅著待下去沒啥奔頭了，就合計合計散夥了。轉眼冬天到了，大江也結了冰。小王掌櫃的一看，夥計們都跑了，家中做好的紅參、白參、沖鬚、糖參沒人往外運。高家營、宮家營、尹家營的爬犁也常來打聽，要結伴一塊下去。

臘月初一，小王掌櫃的趕著馬爬犁，打頭向下游馳去。過了四道白河口子，又過了三道白河口子……越往前走，小王掌櫃的越覺著冰在開化。到了「仰臉兒」，就聽見冰「咯吱咯吱」響，眼瞅著冰要壓塌了。後邊的爬犁嚇得停住，不敢跟著走了。小王掌櫃的回頭一看，氣得破口大罵：「他娘的！都是兔子膽，有我，你們怕啥？俺王家營的爬犁啥時候出過事兒……」話還沒說完，只聽見「咔嚓」一聲，冰塌了。小王掌櫃的連爬犁帶人掉進了江中。小王掌櫃變成了王八，再也回不了三道溝了。說來也怪，打那以後，「仰臉兒」往下的兩江口一帶的江裡，老百姓時常能抓到王八，而「仰臉兒」往上，卻一隻也沒見著過。

蓮花池的傳說

在鴨綠江邊的集安縣城東邊，有個蓮花池，方圓一二里地。每逢七八月間，蓮花池四周，楊柳綠樹成蔭，蓮花滿池噴香，吸引著無數的遊客。大家看了讚不絕口：「這蓮花太美啦！」「這蓮花絕了，就是蘇杭二州的蓮花也比它差遠啦。」也有的說：「唉！可惜，這麼好的蓮花，生長在這偏僻的小縣。」

一位白髮老人聽了大家的議論，想把這蓮花池的奧秘講給遊客們聽。

老人捋了捋銀絲般的鬍鬚，慢條斯理地講了一個優美動人的故事。他說：「這個蓮花池非同一般啊，這灣碧波蕩漾的池水，傳說是渤海龍王的兒子給開闢的，這池蓮花是一位善良、美貌的少女的化身哪！」

大家望著這滿地盛開的蓮花，聚精會神地聽老人講下去。

很早很早以前，鴨綠江的航道原是貼在龍山腳下，穿過東崗，直奔通溝門流去，翻騰的鴨綠江水，一瀉千里，流進黃海。黃海龍王有兩個兒子，哥哥叫活龍，弟弟叫山龍，這一年，哥倆在龍宮裡感到寂寞無聊，想出去逛逛山水，於是一起來到父王面前如實稟報，經老龍王恩准，兄弟二人高高興興地出了黃海，沿著鴨綠江逆流而上。

有一天，他們來到鴨綠江邊的丸都平原。看到江水從小平原中間穿過，把挺好的一塊平原一切兩半，太可惜了。於是兄弟二人站到禹山頂峰，居高臨下，向四處眺望一番，認為應該把江道改到南面山腳下去，讓這塊地方成為一個完整的平原。

他們下得山來，搖身一變，恢復了原形。只見兩條蛟龍在空中翻滾了一陣之後，突然發出一聲山崩地裂般的巨響，鴨綠江水奔騰咆哮，揚起高高的浪頭，尾隨著蛟龍，直奔南山腳下衝了過去。從此，江道移位了。原來的江道只留下一些大小不同的水泡子。其中有個方圓一二里大的泡子，就是現在的「蓮花池」。不過當時只是滿池清水，碧波蕩漾。微風掠過，泛起層層漣波。儘管

景色秀麗，但卻沒有一朵蓮花。不知過了多少年，老江道變為一片沃土良田。尤其這個大水泡子周圍，土地肥得更是冒油，多少勤勞善良的人們來到這裡安家落戶，就在這些善良的人們中，有個叫柳楊的小夥子，年歲有二十四五。父母早逝，家境貧寒，到了成家的年齡，還沒能娶上媳婦。雖說小夥子為人忠厚老實，又有一身使不完的勁，可是一年到頭總是兩手空空，沒有攢下什麼家當，仍是獨身一人，過著孤苦的生活，有些好心的老年人，知道柳楊老實憨厚，心地善良，不僅能幹，而且還有一身舞槍弄棒的本事。所以，不少好心的老人，曾給他從中撮合，想給他娶一房媳婦，安個家。可是柳楊總說：「像我這樣的窮光蛋，要是把人家的姑娘娶過來，不但享不著什麼福，反而讓人家跟著咱受罪，這能忍心嗎？還是等等再說吧。」所以，這事也就推遲了下來。

有一天，柳楊外出辦事，回來的路上，剛走上一架小山樑，老遠就聽到山下人聲嘈雜，他手搭涼棚，仔細一瞧，只見一夥人，正在搶一個女子，他想，這準是哪個山頭上的強盜出來打家劫舍。不知又是哪家的善良民女，遭此禍殃。他尋思道：能見死不救嗎？不，一定要救。於是他手持一根木棒，像飛一樣直奔山下而去。他高喝一聲：「不許動手傷人，把人放開！」這冷不防的一聲，好似炸雷震得賊寇一時不知所措，定睛一看，這來人膀大腰圓，眼如銅鈴，聲似洪鐘，像尊鐵塔，站在面前，賊寇們知道這是遇上了對手，不禁有些膽寒。可是仔細一看，來此只有一人，於是，膽子又壯了起來。喊道：「好你個膽大的蠢貨，今天竟敢在太歲頭上動土，我看你是活膩了。」說著就一擁而上動起手來。柳楊揮舞木棒，左拼右擋，突然，木棒被賊寇的鋼刀砍斷，只剩半截拋在手裡。就在這危急時刻，一個賊寇的鋼刀直奔柳楊的腦門劈了下來，說時遲那時快，只見柳楊身子輕輕一側，飛起一腳，不偏不斜，正踢在賊寇拿刀的手腕上，只聽「嗖」的一聲，鋼刀飛起，柳楊趁勢一個箭步上去，穩穩噹噹地把鋼刀接在手裡，柳楊得到了兵器，猶如猛虎長了雙翅，東砍西殺，打得賊寇落荒而逃。

等賊寇跑遠了，柳楊回轉身來一看，才知道被自己救下來的人是個年輕的

女子。看樣子年紀不過二十歲。這女子雙手被賊寇捆綁著，他趕緊過來要給姑娘解通鬆綁，這時候，姑娘撲通一聲跪在地下，低著頭說：「多謝這位壯士冒死搭救，我母女才得活命，這救命之恩，我們將永世不忘。」柳楊一聽，不是姑娘一人，還有她的母親。往左右一看，果然不遠處，有一個老太太，倒在血泊裡，於是趕緊給姑娘解開綁繩，來到老太太的身旁，只見那姑娘像瘋了似的，一頭撲在老太太的身上，大哭起來：「娘呀！娘呀！都是為了我！連累了你老人家，遭受這樣的磨難，我，我還真不如死了好啊……」姑娘的眼淚像決堤的江水，越哭越傷心。

柳楊是條寧折不彎的硬漢子，可是，此時此刻遇上這場面，不知怎的，眼淚也不由自主地流了下來。可是，他突然想到，人還不知是死是活，光哭有什麼用。於是，他上前仔細看看，老人並沒死，不過是在賊寇搶奪姑娘時，老人為了掩護姑娘而被賊寇打倒，撞在岩石上，昏迷過去，應該快快救起。柳楊上前，背起老人，大步流星地朝家走去。

原來，柳楊搭救的姑娘姓廉，名叫藕塘。這廉家是個官宦人家，書香門第。只是廉老先生生來倔強，雖有滿腹經綸，但不為官府賞識，碌碌一生不得及第。身邊無子，只有一個女兒，夫婦視如掌上明珠。為了表示自己一生的清白，也不讓後代子孫沾染污點，做人要效仿蓮花那樣，出淤泥而不染。於是給女兒取了藕塘這個名字。他們打算將來給閨女找個稱心如意的女婿，把晚年生活寄託於孩子身上。可是偏偏不巧，藕塘的美貌，被州府大人的花花公子看中了，非要娶藕塘做第三房姨太太。這樣的窩囊氣，別說廉老太爺氣炸了肺，就是藕塘本人，也是寧死不嫁的。這樣，州府大人甚是惱火，便捏造了一條罪狀，把廉老爺抓起來，過了大堂。在大堂上，老頭子不但沒服，反而將州府大人的種種醜事，揭露無遺，州府大人惱羞成怒，把廉老爺重責三百大板，結果老人就這樣喪生了。

藕塘母女倆，含恨埋葬了老人的第二天，州府又派人送來了聘禮，說是三天后來娶親。這孤兒寡母怎能抵擋得住州府大人的勢力，當晚母女倆一合計，

聽說鴨綠江邊，有個丸都平原，那裡山清水秀，物產豐富。人們勤勞善良，是個風水寶地，我們不如逃往那裡。就這樣，母女二人連夜逃出了家門。

可是萬萬沒想到，就在他們即將到達丸都的時候，遇上了這幫賊寇。

柳楊把老人背到家中，一看還是不省人事，很著急。就對藕塘說：「這位大姐務必不要著急，好生看護老人，我去請個郎中，馬上回來。」說完就急忙奔出房外。

柳楊走後，藕塘小心翼翼地給媽媽臉上的血跡擦淨，又用湯匙灌了一些水。慢慢地，老人甦醒過來了，但不知為啥會到這個小屋裡。藕塘便把這個年輕人救她們母女的經過，一五十地告訴了媽媽。老大人聽後，流著眼淚說：「無怪人們都說這丸都平原上，人品好，真是遇到好人啦。」正在他們母女說話的工夫，柳楊領著郎中回來了。

經過郎中的一段調治，老夫人的傷勢病情，大有好轉，也能下地走動了。可是老夫人自到此時才發現，這位救命恩人，為了不使他們母女感到為難，自己搬到別處草垛裡去住了，這就更使她們母女感到過意不去，於心不忍。

從此以後，柳楊白天下地幹活，藕塘就在家裡燒火做飯，洗洗涮涮，使得這個低矮的茅草屋裡有了新的生氣。柳楊每天都能吃上三頓熱飯熱菜，神清意爽。藕塘的臉上也有了笑容。

這天，柳楊幹活回來吃午飯，藕塘給他端上了一盤子新鮮魚，笑著說：「柳楊哥，這是我今天在水泡子洗衣服時順手撈的，你吃吧。」柳楊靦腆地抬頭瞅了瞅藕塘，直到今天，他才發現藕塘是個俊俏的姑娘，彎彎的柳眉下，長著一對水靈靈的大眼睛。高高的鼻樑，朱紅的小嘴，兩腮一對深深的酒窩，一副喜盈笑臉，真逗人愛。可惜這女自遭此禍殃，有家回不得啊！

就在柳楊為她的遭遇感到忿忿不平的時候，藕塘端著一碗白米飯送給柳楊，兩人親親熱熱地吃著說著。這一家三口過得滿親熱，小日子也挺紅火。

常言說：窮日子難熬，美滿日子易過。藕塘母女倆住在柳楊家一晃就是一年了。儘管他們從州府手中逃出虎口，眼下有了個安身之處，但是，藕塘父親

的屈死，至今未能得到伸冤。老夫人一直念念不忘，還有一件最大的心事，就是藕塘的終身尚未許配。

這一天，老夫人叫柳楊把鄰居的何大伯請來，把藕塘和柳楊都叫到身旁，對何大伯說：「他大伯，柳楊是個好孩子啊，我們多虧他的搭救，才能死裡逃生。這一宗，我九泉之下也感念不忘，現在我年老多病，恐怕是不行了，還有一宗事託付給你了，就是托你做個大媒，把柳楊和藕塘成全了，閨女有個好家，我也能閉上眼睛啦！」何大伯深深地點頭答應了。心實憨厚的柳楊，這會兒也機靈了，急忙上前叫了聲：「娘……」又安慰老夫人好好養病。

幾天之後，老夫人兩眼一閉就離開了人世。藕塘哭得死去活來，柳楊傷心地淚流成行。在何大伯和眾鄉親的幫助下把老夫人安葬了。操辦完喪事，何大伯的老伴把藕塘接到自己家中去住。老兩口打算讓藕塘服過百日孝之後再給她和柳楊成婚。

事有湊巧，就在柳楊與藕塘成婚的頭一天，突然州府大人的花花公子領著人馬前來搶人啦。

原來，這花花公子聽說廉家母女逃走之後，賊心不死，到處打聽這母女的下落，後來聽說她們安身在這裡，就領著家丁打手，氣勢洶洶，直接闖到了柳家。進屋一看，空無一人，只有炕上那兩床疊得整整齊齊的新被縟和那對大紅鴛鴦枕，牆上貼著人紅雙喜字，這位花花公子看到這些，就像瘋狗似的對手下人大喊大叫：「快把廉家小姐給我找來，再把姓柳的小子剁成肉醬，以解我心頭之恨。」

此時，柳楊和藕塘都在何大伯屋裡商量明天成親的事，聽到外面吵吵嚷嚷，人聲嘈雜，就出來看個究竟。柳楊看到州府大人的花花公子如此囂張，簡直氣炸了肺。若不是鄰里鄉親們的阻止，他早就上去把這條毒蛇的肝膽挖出來。當他聽到花花公子要家丁們把自己抓住剁成肉醬的時候，滿腔怒火，再也壓不住了。大吼一聲：「狗仗人勢的無賴，不要欺人太甚。我柳楊倒要看看你的心肝是黑的還是紅的。」說時遲，那時快，那拳頭照準花花公子的腦門，砸

了過去，被旁邊的一個家丁當空攔住。於是，你來我去，拳打腳踢，棒捅槍扎，打在一起。畢竟柳楊孤身一人，赤手空拳，怎能抵得住這幫兇神惡煞的長槍短劍。圍觀的群眾不忍柳楊遇害，也都操起了鎬頭鐵耙前來助戰。

　　這裡的混戰打得難解難分，藕塘姑娘再也坐不住了。她想：鄉親們為了我和柳楊而與惡人爭鬥，一旦遭受什麼不幸，我怎能對得起鄉親和柳楊郎啊，無論如何也不能讓柳郎和眾鄉親遭受不幸。於是，她不顧一切，從何老伯家裡衝了出來，當她看到柳楊只有招架之功，沒有還手之力的時候，她竟忘了一切地大聲呼喊起來：「柳楊哥，你快跑，不要管我了！」這一喊不要緊，正好讓州府大人的花花公子聽到了：「哎呀，我的小娘子，沒想到你還自己找上來了。」他對手下的家丁喊道：「快，別讓廉家小姐跑了，快給我把她抓來！」幾個家丁忽聽主子的一聲嚎叫，立即撲向藕塘。藕塘一看，柳楊正被幾個凶惡的打手團團圍住，不能前來營救，眼瞅就要落到魔鬼之毒手，於是她不顧一切地向前飛跑。然而，跑著跑著沒有路了，她竟跑到泡子的跟前，回頭看看，家丁圍了上來，她想：就是死，也不能落到惡人之手，就是死到污泥池水中，也要死得清白。想到這裡，她朝柳楊奮戰的地方深深地鞠了一躬，使盡全身力氣喊道：「柳郎，你要多保重，我去了！」這時一群家丁圍了上來，動手就要抓，只聽「撲通」一聲，藕塘跳進了深不可測的水泡子中了。

　　就在這時，晴天一聲霹靂，滿天飛沙走石，傾盆大雨從天而降，天昏地暗。頃刻，又雨過天晴，彩虹從西而起，大地一片清新。那位花花公子和凶惡的家丁，打手都無影無蹤了。碧波蕩漾的水泡子，頓時開滿了幽香的蓮花，輕風吹拂，隨風搖擺，發出竊竊的私語聲，人們似乎聽到藕塘在說：「柳郎保重，柳郎保重。」

　　柳楊站在池邊，呆呆地望著這滿池的蓮花，好像看到藕塘那親切的笑容，好像聽到藕塘溫情的話語。他含著眼淚站在池邊看著朵朵蓮花，站啊！站啊！不知在這站了多久？不知日出日落有幾回？只是默默地站在那裡，望著那竊竊私語的蓮花，他有時默唸著：「藕塘，你在哪裡？」「柳郎，我在這裡！」柳

楊似乎看見藕塘躍身跳出水面，站在他身旁，輕輕地撫摸著他的肩膀，他們漫步在花柳之間。這時，一陣輕風吹過，柳楊真的不見了，卻在柳楊站立的地方長出一棵膀闊腰圓的垂柳。歪斜地伸向池水，用它長長的柳絲拂摸著含笑吐香的蓮花。據說這大概是柳楊和藕塘相依為命，互敬互愛的象徵。

說到這裡，講故事的老人指著滿池的蓮花和排排成行的楊柳說：「你們聽，他們倆正在竊竊私語呢！」

遲明發（蒐集整理）

牛郎渡的傳說

　　很早以前長白山天池下邊有條乘槎河，乘槎河上沒有橋，大夥到鎮上趕集或者到山上砍柴、打獵和挖藥材，都是手扯千年古藤悠過河去。小夥子們還行，老人、婦女和小孩兒瞪眼瞅著過不去。乘槎河附近有個小屯子，屯子西頭住著個小夥子，是個放牛娃，大家都叫他牛郎。他爹媽去世早，只剩他孤身一人。

　　這天傍晚，天上嘩嘩地下起大雨，牛郎背著柴火回家，聽河裡傳來呼喊救命的聲，就撂下柴火，急忙往河邊跑。他來到了河邊兒，發現河裡有個人一露頭就被滾滾的波浪吞沒了。他跳到河裡，一頭紮進河底，河底沒有；他浮上水面，把落水的人拖上岸來，背到家裡放在炕頭上，那人是個老頭，很快就甦醒過來了。牛郎給老頭烤乾了衣服和鞋襪，然後又給老頭做飯吃。老頭吃完了飯，下了炕就要走，牛郎趕忙阻攔說：「古藤讓雨一澆溜滑，手扯不住？可別再冒那個險了。」「我爹有病，還等著藥吃呢。」

　　牛郎是個熱心腸的人，一聽家裡有病人，心裡急得火燒火燎的，背起老頭兒大步流星地往外走。他來到河岸邊，手扯古藤試了試，背著老頭悠不過去，兩眼望著河水發愁。這時，牛郎看見岸上的柴火，頓時心裡一亮：「唉，有辦法了。」他解開捆柴火的繩子，一頭拴在河這岸的樹根上，手扯繩子的另一頭，拽著古藤悠過河去，把繩子拉緊以後，也貼著樹根拴好。再在隔繩子二尺遠的地方並排拴一條繩子，把一背柴火擺上了，還差三四尺遠。他急中生智，跳到柴火頂上，兩隻腳勾在固定好的柴火上，雙手往那沿兒一按，拉長了身軀，就和柴火一起搭個浮橋，牛郎讓老頭兒踏著柴火和他的脊背過河。老頭雖然不忍心，也只好這麼辦了。

　　老頭過了河，心裡感到過意不去，掏出五兩銀子給牛郎，說：「你收下吧，這麼點小意思。」牛郎說啥也不要。後來，為了方便鄉親們過河，牛郎和

大夥商量要在乘槎河上修一座橋。

　　從此，牛郎帶領十幾名夥伴，抬著打石運料的家把什和炊具，直奔龍門峰。他們走了三天三宿，來到了龍門峰下壓好倉子，找好石場，就開始幹上了。「叮噹！叮噹！」掄鐵錘打釺子，費挺大勁兒，鑿出一個半尺深的炮眼，放上炸藥，安上引火線，點著了。就在眼看要爆炸的時候，牛郎發現有個夥伴在附近，他趕忙衝過去，兩手緊緊地摟著夥伴往山下骨碌。他們剛離開那個地方，就聽轟隆一聲，炸藥爆炸了。夥伴脫離了危險，可是牛郎卻被飛石砸傷了，走起路來一跛一拐的，這天開始動工搭橋了。滾槓橫在河面上，把橋面石滾上去以後，滾槓撤大了，橋面石的一頭栽歪到河裡。牛郎和兩個夥伴用肩扛著，還有幾個人用撬槓別著，一點兒一點兒地往岸上的橋基石上挪動。這時候，只見牛郎壓彎了腰，臉煞白，咳嗽幾聲，吐出血來。夥伴們害怕了，要把他替換下來，他不同意。等到把橋面石搭在河岸的橋基石上，他才爬上岸。這時，他又吐了幾口鮮血，眼前一陣發黑，栽倒地上，再也沒有起來。後來，人們為了紀念牛郎，就把那座青石橋叫牛郎渡，直到今天還那麼叫。

聞守才（蒐集整理）

仙人橋的傳說

　　長白山梯雲峰下的梯子河下游有個不大的石橋，不知是哪一朝哪一代修的，也不知道是什麼人搭起來的。這座橋底下的石頭綠瑩瑩，閃光耀眼；橋上蒼松遮掩，雲霧瀰漫；四周樹木蔥蘢，百鳥齊鳴，真是一幅天然的畫圖。

　　據傳說，很早以前，長白山下老林子裡有個黑松屯，屯子東頭有兩間山草苦的馬架子房，住著金氏姑嫂倆。兩人早年喪夫，相處的挺好，就搬到一塊兒過日子。為了生活，姑嫂倆給大財主璞玉龍家做飯。她們苦巴苦業地幹了十多年，不僅舊債沒還上，還欠下了新賬。姑嫂倆吃上頓少下頓，過著吃糠咽菜的苦日子。

　　璞玉龍心毒手狠，對金氏姑嫂倆非常刻薄，張嘴就罵，伸手就打，打不死也得扒層皮，所以大夥都管他叫「朴扒皮」。

　　這天晌午，金氏端一摞飯碗從廚房裡出來，「朴扒皮」的小兒子伸出右腿給金氏一個腿絆兒，金氏絆個前趴子，只聽「咔嚓」一聲，一摞碗都打碎了。「朴扒皮」小兒子指著金氏哈哈大笑，還揚揚得意地說：「真有趣。」「朴扒皮」看見了，不說說自己的兒子，反而罵罵咧咧地指責金氏說：「廢貨！你打了碗得如數賠錢。」說著，拎起鋤桿粗的柞木的棒子把金氏打了一頓，打得遍體鱗傷，還扣了一年的工錢。金氏既生氣又窩火，哭了大半宿，第二天就鬧眼睛了，兩隻眼睛瞪得溜圓，就是什麼也看不見。金氏的小姑李玉姬到鄰居家借錢，找人給金氏看病抓藥，花了不少錢，也沒治好。後來，李玉姬聽屯子裡的老年人說，用天池水洗一洗眼，就能夠治好眼病。於是，她求鄰居照看嫂子，第二天早晨吃完早飯，就直奔長白山天池去了。她背著路上吃的菜餅子，頭上頂著準備盛天池仙水的大罐子，翻過一座座高山，跨過一條條大河，在日頭快要落山時，來到梯子河下游的石橋頭上。這座橋是用大石頭壘起來的，非常堅固。不管從哪裡去天池，這座橋是必經之路。她走累了，倚著橋頭的大松樹休

息。這時，有個白髮蒼蒼的老頭兒領著個小姑娘和一名頭上頂著水瓶的侍女，從東邊過來，走到石橋上。玉姬問：「老爺爺，你從什麼地方來？上哪兒去？」那個老頭兒回答說：「剛從天池取仙水回來。過石橋走不遠就到家了。」老頭兒看玉姬呆呆地坐在那裡。不時地長吁短嘆。不用問也知道她心裡有愁事，便對她說：「你愁啥？有什麼為難事和我說說，咱們一塊兒合計個辦法。」玉姬見老頭為人和善，就把嫂子金氏遭到「朴扒皮」毒打，上火得了眼病的事說了一遍。老頭聽了很同情，將侍女頂著的盛天池仙水的水瓶送給了玉姬。老頭還讓侍女到玉姬家去，把天池仙水親自送到金氏手裡。臨分手時，老頭一再囑咐侍女：「水瓶送給金氏以後，不要停留，要趕快回來。」侍女頭上頂著水瓶在前邊引路，玉姬跟在後邊走，覺得身體輕快多了，走起路來像飛一般，不一會兒，就到家了。侍女將水瓶遞給金氏，說了一句：「請你收下這瓶天池仙水吧！」就從內室出來了。玉姬緊跟著侍女到了外屋，眨眼的工夫，侍女就不見影了。玉姬打開水蓋兒，倒出點天池仙水給金氏洗了洗眼睛，洗完了，眼睛裡冒涼風，洗了兩三次，金氏的眼病就好了。她的兩隻眼睛和過去一樣，什麼東西都能看見了。

李玉姬怕天池仙水失落了，就在房後挖個地窖，把盛著仙水的瓶子放在地窖裡，誰得了眼病，倒出點仙水送給他，洗一洗就好了。大家都說這水是仙水。

這事一傳倆、倆傳仨，很快就傳到「朴扒皮」的耳朵裡了。他派家丁找李玉姬來，讓她獻出天池仙水給大老婆治眼病。李玉姬來了，「朴扒皮」迎上前去，皮笑肉不笑地說：「坐！坐！你上長白山天池挺累，今天咱們一起喝幾盅酒，就算給你洗塵吧。」

李玉姬知道「朴扒皮」是黃鼠狼給小雞拜年——沒安好心！她兩眼怒視著「朴扒皮」，直截了當地對他說：「別拐彎抹角的，有什麼話你就直說吧。」

「好啊！我就喜歡這樣直來直去的。」「朴扒皮」嘿嘿一笑，說：「你把天池仙水賣給我，我多給錢，讓你們姑嫂倆一輩子過著好日子。」

李玉姬說：「天池仙水頭晌才用完，你早說就好了。」

「朴扒皮」一聽，臉拉拉多老長，給身邊的家丁使個眼色，幾個家丁上來把李玉姬五花大綁，大頭朝下吊在梁柁上，用擀麵杖粗的繩頭子蘸涼水往玉姬身上使勁兒地抽打，打得皮開肉綻，鮮血直流。這時，一個家丁走到玉姬身邊假惺惺地說：「你把天池仙水拿出來，何必吃這個苦頭呢！你告訴我仙水放在哪裡？我好到老財主那裡給你說情，早點兒把你放出去。」李玉姬根本不聽那些花言巧語，斬釘截鐵地說：「天池仙水沒有了，你還逼著我拿啥呀？」站在旁邊的「朴扒皮」看李玉姬軟的不吃，硬的也不行，氣得把牙咬得咯咯響，氣呼呼地對家丁說：「她不拿出天池仙水就打死她！」主子一聲令下，家丁就甩開膀子打，把李玉姬打昏過去了，舀瓢涼水潑在頭上，等甦醒過來再打，打得死去活來。李玉姬看硬頂著不行，要白白地搭上命，得想個緩兵之計。她想了想，對「朴扒皮」說：「你們打死我，也撈不著仙水，你只要放開我，我領著你們到天池取仙水去。」「朴扒皮」一聽，也就得這麼辦，就親自給李玉姬解開繩扣兒，把她放下來，讓家丁端來好飯好菜給她吃，吃飽了，就讓她領著到天池取仙水去。

「朴扒皮」坐著轎，前後左右家丁簇擁著，真威風啊！李玉姬在前邊帶路，大隊人馬在後邊走。他們使勁地爬呀，走啊！太陽快落山時，「朴扒皮」他們走到梯子河下游的石橋頂上。走在前邊的李玉姬已經過了石橋。她抬頭往前邊一看，送給她天池仙水的那個老頭兒站在對面的山頂上，手拿繩甩子往下一甩，就聽「咔嚓」一聲，石橋中間斷了，走在橋中間的「朴扒皮」和家丁們都掉到河裡淹死了。這時候，那個老頭兒的繩甩子往上一挑，石橋很快又合攏了。老頭為民除了害，玉姬要上山去謝謝他，一轉身的工夫，老頭就不見影了。從此，鄉親們管這座石橋叫「仙人橋」。

鳳凰溝的傳說

在長白山裡，有一條又寬又長的溝，叫作「鳳凰溝」。為什麼叫這麼一個名字？聽老輩人說，這條溝確實飛來過金鳳凰。

那是在很久以前，溝旁有一座孤零零的小草房，草房裡住著一個沒兒沒女的老郎中。老人家很窮，除了一身破舊的衣裳、簡單的行李和藥箱外，一支簫便是很重要的家當了。

老人的心眼特別好使，日子過得那樣緊巴，可給窮人治病，從來不計較銀錢。為了讓病人少花錢，他每天都上山採草藥，並把一些不常見的草藥栽到房後的小百草園裡，隨用隨取。

就在這小小的百草園裡，有一棵老山參，是老人從長白山頂上移過來的，已經好多年了。每到夏天，它的頭上就結一團籽，像是一把大紅鄉頭。老人特別珍愛它，除了鋤草，鬆土不算，冬天還給它蓋上一層厚厚的草，所以這棵參越長越好。

夏秋時候，老人吃過晚飯，常倚在後門口，望著人參吹簫，用簫聲對人參訴說自己的心事。說來也怪，簫聲一響，這棵參就偏下頭，像仔細諦聽。有時，老人給別人看好病，心裡痛快，吹起歡快的曲調，那人參便隨風搖搖擺擺，好像跳舞，有時，老人覺得孤獨淒涼，吹起憂傷的曲調，人參也低下頭，一動不動。老人發覺這棵參真像懂事似的，就更愛得不得了。有什麼事兒，就對人參叨叨咕咕，像跟一個不會說話的孩子嘮嗑，怎麼也捨不得挖它入藥了。

這年八月中秋，老人把月餅、西瓜、山葡萄都擺在百草園裡的小樹下，喝一點自做的米酒，又跟人參訴說開了：「人家都說人參能變成胖娃娃，你和我在一起都三十來年了，怎麼不變個胖娃娃和我一同賞月呀？」老人的話音剛落，忽見人參晃了晃，眼前閃現一片紅光，紅光裡一個七八歲的胖小子說話啦：「老爺爺，我就來和你過節，好不好？」老人又驚又喜一迭聲地說：「好！

好！太好啦！」馬上跑過去，抱起胖乎乎的孩子，一邊親著一邊說：「我的小參娃，你就是我的親孫孫哪！」老人連鼻子帶眼睛一齊笑了。

這孩子也真招人喜歡：細皮嫩肉的娃娃臉上，長著一雙黑葡萄似的大眼睛，穿著綠色的小褲褂兒，頭上戴一頂小紅帽，帽簷下幾縷黑頭髮，油光光的，說起話總是笑呵呵的，聲音比唱歌還受聽。

打這以後，小參娃便和老爺爺住在一塊兒。老人教小參娃吹簫，小參娃幫老人砍柴、採藥。這孩子可真伶俐，不幾天的工夫就能吹小調了。幾個月過後，小參娃學會了老人所有的曲子，還能吹一些新鮮曲調呢！老人聽了，都忍不住拍手叫好。

轉眼到了第二年三月三。這天老人從外邊回來，老遠就聽見悠揚悅耳的簫聲隨風飄過來，忽高忽低，嗚嗚吟吟，像泉水一樣動聽。老人走進百草園，正要問參娃又編了什麼新曲子，猛然看見百草園裡金光一片，一隻大得出奇的金鳳凰在百鳥的陪伴下飛來，直落在小樹上。老人不敢驚動，悄悄坐在參娃旁邊。這時，簫音一轉，變得歡快跳蕩，只見那鳳凰飛落地上，翩翩跳起舞來，那姿態美極了。許多叫不出名的鳥兒也伴隨鳳凰歡跳著。老人感到太舒心了。轉而又嘆口氣對鳳凰說：「鳳啊，可惜這兒太荒涼啦，要是有梧桐樹，你長住在這兒多好哇！咱們一起吹簫，跳舞……」老人的話還沒說完，鳳凰就長鳴一聲高飛而去，小鳥們也呼啦啦飛走了。

老人和參娃正驚愕間，鳳凰又飛回來，後邊跟著數也數不清的鳥雀，遮天蓋地。鳳凰在前邊，百鳥隨在後，繞著山樑、溝膛，飛了一圈又一圈，也不知群鳥嘴裡吐些什麼，黑的、黃的、白的……像下雨一樣。

幾天以後，在這片荒涼的土地上，發生了奇蹟：整個山溝裡、山坡上長出了嫩綠的小樹苗。老人一看，有蘋果樹、桃樹、李子樹，應有盡有，在百草園邊上還有幾株小梧桐樹。這時，小參娃便忙活起來，每天天不亮就起來給樹苗除草、澆水、鬆土。他的小胖手都起了泡，流出了血，鮮血滴在草地上。說也奇怪，那草叢裡立刻開放出一朵朵血紅的花，後來人們都叫它「參勤花」。你

說怪不怪，凡經過小參娃蒔弄過的樹苗，見風就長，不多日子便開花了，結果了。這年秋天，滿山遍野五光十色：蘋果又紅又大，桃子又脆又鮮，石榴裂開嘴直滴甜水，一串串的葡萄掛在梧桐樹，美人松上。香味直打鼻子。

老人下山把鄉親們請進山溝，不少窮苦人家也都搬到這兒過上了好日子。每當十五月兒圓的時候，人們就自發聚集在老人的小院裡，聽老人和參娃吹簫，看鳳凰和百鳥跳舞，心裡暢快極了，窮苦人也喝起歡樂的酒。大夥都衷心地感激老人、參娃和金鳳凰。

這裡的果香飄出百里，佳話也傳到山外，一來二去傳到了本府太守的耳朵裡。「嗯，真有這個世外桃源？」這貪官將信將疑，決定親自去瞧瞧，「耳聽為虛，跟見為實嘛！」

他可真鬼道，知道老百姓不得意當官的，若像平時那樣坐著大轎，前呼後擁地逛山，是啥也問不出的，於是便裝扮成一個貨郎模樣進了溝，一邊賣東西，一邊打聽情況。誰也沒防備他呀，不上幾天，這小子就探聽個明明白白，只是沒有機會看到參娃和鳳凰，他打算再磨蹭幾天。

單說這一天，月亮又圓了。人們和以往一樣，全聚攏到老人那裡，假貨郎也混進來了。這傢伙一看到吹簫的小參娃和跳舞的金鳳凰心都要蹦出來了，想：這回我升官發財的運氣可來了！皇榜不是說了嗎，誰要能弄到寶參和鳳凰血治好公主的病，就把公主嫁給他。如今這兩種寶貝全有了，我可真要當駙馬啦！想到這，他樂得拍手打掌直蹦高，恨不得立刻撲過去，抓到這兩宗寶貝。可又一想不妥，單絲不成線，弄不好會竹籃子打水就什麼都完了。他貪婪地望望參娃，看看鳳凰，悄悄地溜走了。這事兒早被參娃瞧在眼裡。

眾人走了。鳳凰和百鳥也飛了。小參娃便對老人說：「老爺爺呀，我是一棵千年人參，你又撫養了我三十來年，為報答您的恩德，我想來伴您到死，可是現在不行了，有人要暗算我，我得走啦。」老人一聽這話真好像晴天打了個霹雷，一下子昏過去了。小參娃流著眼淚，拿自己的小紅帽在老人的臉上擦著，喊著：「老爺爺！老爺爺！」好半天老人才「哇」的一聲哭了出來，一把

摟住小參娃：「孩子，你不能走哇！你就是我的命，你要一走，我也不活了」小參娃也哭得像淚人一樣，邊哭邊說：「我要不走，咱們就總也見不著面了。我先到長白山頂上去躲一躲，過些時候再回來。您要是想我，就喊我一聲參娃，晃晃我的小褂子，我就會來的。」說著，脫下了小綠褂，遞給了老人。「您看見它，就和看到我一樣。」說完跪下給老人磕了三個響頭。老人替參娃擦乾了眼淚，嘆了口氣說：「娃呀，那你走吧，只要不受害就行。愁悶了，就吹簫和鳳凰一塊玩吧！」說著把那支不知吹了多少年的古簫遞給了參娃，參娃恭恭敬敬地接過來，流著淚走了。

參娃走後不久的一天夜裡，老人被敲門聲驚醒。他開門一看，那個裝貨郎的太守帶著兵丁衙役闖來了。老人什麼都明白啦，一聲不吭地擋在門旁。只聽太守強橫地說：「老東西！快把人參精和金鳳凰獻出來！公主就等著喝鳳凰血和人參湯治病呢！你要能老老實實地獻出來，我這個太守就讓你當！」老人「呸」地向他吐口唾沫，大聲罵道：「誰希罕當那殘害百姓的狗官！你這個狼心狗肺的傢伙，逼走了我的小參娃，還要害死金鳳凰！你什麼也休想得到！」太守氣得發了瘋，一邊讓人把老人吊在樹上使勁打，一邊讓狗腿子房前屋後地搜，當然什麼也沒找見。一直鬧騰了一宿，還是兩手空空。

實在沒有招兒，太守又把老人放了下來，說：「你這是何苦呢！替別人遭這份兒罪，圖個啥？好吧，我也不難為你啦，你吹個曲子，咱們解解悶兒吧！說著遞上一把御賜的簫。老人一琢磨，他這是讓我吹簫引鳳啊，我怎麼能上你的當呢！鳳凰給我們窮人帶來了瓜果梨桃，帶來了快樂，死也不能讓鳳凰遭難。想到這，他「啪」的一聲把簫折斷了。這工夫又有人報告太守，說溝裡溝外地挖也沒找到人參精的影子。太守可真急紅眼了，跑上前來，親手給老人兩拳，咬牙切齒地喊道：「你說不說？把鳳凰和人參精藏到什麼地方去了？不說我就燒死你！」

於是讓狗腿子把老人推到砍倒的果樹中間，真的點起大火要把老人燒死。濃煙滾滾，火越著越旺。老人忍著火烤火燎，想起了和人參娃一塊生活的日

子，又從懷裡掏出了小綠褂兒，深情地說：「小參娃呀，小參娃，你再也看不見你爺爺啦！我要再摸摸你的小胖手該多好啊！」老人的話還沒說完，空中忽然傳來一聲鳳鳴，他抬頭一看，小參娃騎著大鳳凰飛來了！只聽小參娃童聲童氣地喊：「老爺爺！別怕，我來了。」太守和狗腿子們一看都樂顛了。老人卻著了慌，忙擺手說：「快別下來！他們要害死你們！快走吧，我見你們一面死了也甘心！」小參娃說：「老爺爺，快披上我的小綠褂兒，快！」太守還沒弄清是怎麼回事，老人披著小褂兒已經飛了起來。小參娃一把把老爺爺拉上了鳳凰背。鳳凰猛地一扇翅膀，高高地飛了起來。

鳳凰翅膀這麼一扇不要緊，大火立即向太守和衙役們燒去，嚇得他們哭爹喊娘往山下沒命地跑，可是火借風勢，風助火威，越燒越猛，太守和狗腿子都燒死在大火之中。

打這以後，這條溝再也不長梧桐樹了，鳳凰也沒再飛回來。但人們還時常講起參娃和鳳凰的故事，這條溝也有了一個好聽的名字：鳳凰溝。

聽上歲數的人講，那老人也變成了人參精，他和參娃都住在長白山最高峰上。如果在晴天，往天池裡看，有時還可以看見他們的影子。

劉永祥（講述）

韓　琪　韓　靜（蒐集整理）

▍湧泉溝的傳說

我的家鄉山清水秀，鳳凰鳥成雙飛來，漫山遍野花香濃郁，仙女們結隊下凡。這塊寶地人稱「湧泉溝」。關於「湧泉」這個名字的來歷，流傳著這麼一個故事。

龍井東南方向五十餘里遠的山溝裡，很久以前就有一眼泉水，噴湧出清澈的泉水。這眼清泉從萬丈深的地底下湧出，晶瑩清澈，勝過仙境中長生不老的長命水。雖說這眼清泉早就生成，由於此地杳無人煙，所以無人給這條山溝起個名字。冬去春來，花開花落，不知過去了多少時光，這裡仍然是條無主無名的山溝溝。

有一年春天，溝底平坦處一片蔥綠，怒放的金達萊給兩邊的山頭鑲上了粉紅色的花邊。春風裡，鴿子雙雙飛翔，它們的翅膀掠過清泉，激起粒粒晶瑩的水珠。真是時為佳期，地為勝境。

這時，不知從哪兒來了一個樵童，沿著潺潺的清泉緩緩走來。他身後的背架上斜插著鎬頭和鐮刀，邊走邊察看著四周，分明是在尋找山川景緻秀麗的所在。樵童長途跋涉，終於找到了這塊肥沃的土地。他高興地卸下背架，先用甜絲絲的泉水潤了潤乾涸的嗓子眼，然後坐在泉旁的山坡上，拿出短笛吹奏起讚揚這塊寶地的曲子。先前，黃帝軒轅氏創製短笛時，能吹出雌雄鳳凰的啼鳴聲合在一起的音律；如今，樵童的笛聲中，既有讚揚這清清的泉水和花草茂盛的沃土的音律，又吹出了要用這清泉澆灌出五穀豐收的願望和音律。兩種音律合在一起，明快優雅，好似珍珠在玉盤中滾動。這幽雅的笛聲透過泉心，穿越地心，撥開雲層，一直傳到天界。

樵童一個勁兒地吹著，忘記了時間的流逝。天上的一位仙女循著笛聲下凡來到泉邊。只見她身穿綵衣，肩披綵綢，恰似月宮廣寒殿裡的嫦娥下凡，又似那銀河邊織女尋牛郎。樵童聽到動靜，猛地停住吹笛，定睛一看，見泉邊站著

一個彷彿用碧玉雕成的仙女。他站起身剛想迎上前去，仙女朝他恭恭敬敬地行了個禮。樵童連忙答禮。這時，一對鴿子掠過參天的大青松，朝著萬里晴空飛翔而去，鴛鴦鳥成雙結對在清泉裡嬉遊。

笛聲做媒，樵童仙女結下了百年之好，在這水好地肥、景緻秀麗的地方，蓋起房子住了下來。他們的氣概好似巍巍青松，他們的心靈好似豔豔花兒，他們的情意好似源源清泉，他們的力量好似青青巨岩。

新郎新娘把噴湧的清泉起名叫「湧泉」，把周圍的地都開成水田，撒上種子。從此以後，這條山溝就叫作「湧泉溝」。湧泉溝裡的土豆天下聞名，湧泉溝裡的谷穗粗如狗尾，湧泉溝裡的稻粒大如櫻桃。後人把湧泉溝比作穀倉，豐收的五穀如同清泉般地源源不斷噴湧而出。

徐　氏（講述）

吉　云（蒐集整理）

夾皮溝的傳說

頭道松花江上掌大營公社境內有個「夾皮溝」，兩邊是巴山嘴子，中間是溝塘子，這裡山水秀麗，林繁樹茂。聽說這個地名是根據真事起的。

記不準從什麼時候開始，一些木把們開始上這拉塊放樹做木頭，然後連成木排，順著松花江水放下來，非常方便。可是，這地方黑瞎子特別多，做木頭的人經常受到它們的危害。

有一年冬天，一個外號叫李大膽的木把和一個姓董的小夥子合夥去放樹。有一次用鋸剛拉了不一會兒，在樹半腰的窟窿裡鑽出了黑瞎子，撲通一聲滾落在地上，把他倆嚇得一拘攣，跑已經來不及了，李大膽掄起斧子就砍，那熊也不躲閃，一把抓住斧子就給扔出好幾丈遠，馬上又向李大膽撲來，李大膽迎上去和黑瞎子支起了「黃瓜架」。姓董的壯著膽子撿起斧子朝黑瞎子後背就是一斧子，轉身就跑。黑瞎子「嗷」的一聲丟開李大膽去撐他。大膽怕他吃虧，又緊跟著撐黑熊。這時，李大膽追上了黑熊，給它一個腿絆，雙手用力一推，黑熊摔倒了，一骨碌又爬起來，追上了李大膽，一屁股把他坐在腚底下，用熊掌扇，屁股蹲，舌頭舔，把李大膽作踐夠嗆。李大膽急忙喊他的夥伴，把斧子遞過來，可是這傢伙不知什麼時候嚇跑了。李大膽惱火透了，使出全身勁，照黑瞎子腳掌子就咬了一口，撕下一大塊，黑瞎子疼得一瘸一拐地跑了，李大膽也受了重傷。

李大膽傷好以後，和幾個木把、打圍的合計了治黑瞎子的辦法。這一天，天還不大亮，他們就來到山上，一氣兒放倒了五六棵大樹，然後每棵樹都用大斧子劈開個裂口，再把木頭楔子釘進去。黑瞎子聽到了動靜又來了，李大膽他們拿著家什就跑了。黑瞎子來到這一看，人也沒了，家什也沒了，光剩下躺在地上的幾棵大樹，樹縫裡露半截楔子，就騎坐在木頭上，拿木楔子撒氣，拔呀，晃呀，一下子拔出來了，黑熊裂開個大嘴剛想樂，突然又叫喚上了。原

來，楔子拔出來，木頭裂口就合上了，結果把黑瞎子的後腿夾住了，有的把屁股夾住了。木把們遠遠地聽見黑瞎子的嗥叫，都跑了回來，一看四五個黑熊坐在木頭上直叫喚，知道讓木頭縫夾了，就又敲樹幹，又砸鋸條，連喊帶咋呼，黑瞎子發了毛，拔出屁股就跑，木頭縫裡卻夾住了一塊塊血淋淋的皮肉。以後黑瞎子再也不敢來搗亂了，人們又照常在這放樹做木頭，於是，就把這個地方叫「夾皮溝」了。

太平溝的傳說

從前，在一個山谷裡有個小村子。村裡住著一戶人家，少年和他的母親。

這個少年長到十五歲，仍是目不識丁，十分苦惱。母親也終日為此思緒不寧。

有一天，一個化緣的和尚找上門來。心地善良的少年母親舀了滿滿一瓢小米給和尚，又悄悄地問道：「尊敬的師父，我有一個兒子，很想讓他斷文識字，可在我們這個深山溝裡又沒有先生。請問師父，這件事情到底怎麼是好？」

「哦，是嗎？能不能讓小僧我見見您老人家的兒子？」

少年從小跟著母親辛勤勞動，幹活兒從不分乾濕輕重，身體長得十分結實。和尚見了暗吃一驚，隨後又假惺惺地敲了幾下木魚，一本正經地說：「老人家，您真是好福氣，有這麼一個好兒子，這樣的兒子將來必定會有大吉大貴，我給他算個命吧。」

少年的母親真是感恩不盡，虔誠地說：「大師父如此看得起，真叫我至死不忘大恩。」

於是，和尚閉上眼，嘴裡唸唸有詞，裝出一副算命的樣子。突然，他睜開眼，故作驚訝地說：「哎呀，老人家，快讓您的兒子離開這兒才行。」

「啊？離開這兒？」

「是的，若不離開這兒外出避身的話，幾天裡會遭殺身之禍。」

「啊？真的嗎？」

「唉，出家人哪能說假話呢？」

少年的母親一聽，不禁放聲大哭起來。

「哎喲，這怎麼是好哇？要知這樣，還不如不明白的好哇！哎喲喲，不走就性命難保，還是讓孩子走吧。」

母親傷心地讓兒子趕快離家上路。少年背起裝有幾件破舊衣物的小木箱，匆匆地跟著和尚離開了家。

　　可誰知道，這個和尚竟是個流竄在各個村子裡騙取財物、捕捉村民的強盜！這次，他化裝成和尚抓走了少年。

　　「哼，這回不錯。瞧這小子身強力壯，夠我使喚一輩子的啦！」

　　強盜想到自己靠了幾句花言巧語的謊言，就把老實善良的少年騙到了手，心裡十分高興。他嘴上哼著小調，催著少年快步朝山裡走去。

　　就在這個時候，對面山上走下幾個壯漢。強盜一看，知道是幾個獵手。他怕徑直走過去會引起獵手們的懷疑，吃眼前虧，連忙閃身躲進遠遠的樹叢。少年見和尚躲藏，以為大禍臨頭，忙把背著的小木箱放下，掀起箱蓋躲了進去。獵手們走近一看，見路上有個無主的木箱，很覺奇怪。他們打開箱蓋，見箱子裡蜷縮著一個少年。獵手們問少年這是怎麼回事。少年把剛才發生的事情，一五一十地講了一遍。

　　獵手們一聽，怒不可遏地說：「好哇，這個狡猾的傢伙，竟然裝扮成和尚騙捉無辜少年！哼，決不能輕饒了他！」

　　獵手們讓少年趕快回家，又在小木箱前面的地裡悄悄地埋上了夾子，然後離開了。

　　強盜見獵手們走遠了，偷偷走出樹叢，返回原路尋找少年。可少年已經無影無蹤。強盜連忙跑到木箱跟前，欲打開箱蓋察看。

　　就在強盜的腳剛踏上木箱前面的土地時，只聽得「啪」的一聲巨響，強盜一聲慘叫，栽倒在地。原來，他踩上了獵手們埋下的熊夾子。

　　強盜兩條腿的骨頭被夾得粉碎，動彈不得。他慘叫幾聲，一命嗚呼。

　　從那以後，少年母子倆住的村子太平無事。為此，人們把這條溝稱作太平溝。這就是今天的安圖縣石門鄉太平溝。

徐永贊（講述）

李龍得（蒐集整理）

馬鹿溝的傳說

很多年以前，在長白山老林裡有個富民屯，住著一戶貧民老漢，名叫馬長志。老兩口生了一個兒子叫馬虎子。馬長志成年累月給村上一家地主老財花臉狼扛活，挨餓受凍，勞累成疾。那年村上流行傷寒病，骨瘦如柴的虎子爹經不住病痛的折磨，不久離開了人間。虎子媽長得有些姿色，被花臉狼搶去了。她不忍花臉狼的侮辱，一天晚上上吊自殺了。剛滿十歲的虎子落到了花臉狼的手裡，整天價趕著一群羊上山放牧。春夏秋冬，一張麂子皮遮身，一年到頭吃不上東家一頓飽飯。渴飲山泉水，餓吃山果果。人們說山溝裡能煉出鐵漢子，這話半點不假。虎子長到了十七歲就成了莊稼活的好把式。花臉狼看這小夥子棒棒的。幹活是把好手，便從虎子身上打主意，揚言要給虎子找個媳婦，成個家。聰明的虎子心裡琢磨：平日連頓飯都不讓吃飽，怎麼給俺娶媳婦？這分明是黃鼠狼給雞拜年──沒安好心。一天，虎子放羊回來，想起被花臉狼逼死的雙親，胸中燃起了怒火，躺在炕上翻來覆去睡不著。約莫半夜時分，虎子悄悄地爬起來，偷偷地來到場院，給剛上場的莊稼點一把火，把苞米、黃豆燒個精光。虎子拿起他心愛的笛子，連夜進出了富民屯，奔向深山老林。

這裡是一片原始森林。虎子在兩山夾一溝、背風向陽的地方搭了個餞子，開塊地種上了，生活下來。虎子練就了一口好笛子，把笛子吹神了。當吹響笛子的時候，密林深處裡的野獸，聽著聽著忘了覓食，一個個隨著笛聲圍攏來，虎子漸漸地和野獸交上了朋友，山上的野獸從來不咬虎子。虎子還能用笛子吹老虎的叫聲，每當笛聲一響，老虎便一齊奔來，成為虎子的夥伴。

一天下午，虎子正在割地，忽聽有人聲嘶力竭地喊道：「快，放箭！」

虎子抬頭一看，正是花臉狼帶著一幫打手，手持弓箭，追攆一隻受傷的梅花鹿。那鹿一瘸一拐地用力跑著。俗話說，仇人相見，分外眼紅。正當一個傢伙拉開弓箭準備射梅花鹿的節骨眼，虎子拉開弓箭，「嗖」地發出一箭，只見

那個傢伙應聲倒下。花臉狼定神一看，天哪，原來是虎子，不由氣得兩撇小胡直扎撒，就是不敢靠前，急忙閃在一棵大樹背後。他知道虎子膀大腰圓，箭無虛發，和他斗只能吃虧，不能占便宜。虎子正要發第二箭，花臉狼一看不妙，撒腿就跑，還惡狠狠地說：「好小子，咱們騎驢看唱本——走著瞧吧！」

梅花鹿得救了，虎子給它包紮了傷口。末了對鹿說：「快走吧，說不定他們一會兒還要來逮你哩。」梅花鹿點點頭，仔細看虎子，明亮的眼睛流出兩行淚水，慢慢地向密林深處走去。

第二天，虎子上山割地去了。梅花鹿悄悄地走進虎子的小屋，只見它打了個滾，變成個俊俏的姑娘，把屋子裡收拾得乾乾淨淨，做好了飯菜，忙活了一陣，又在地上一打滾，變成了梅花鹿，戀戀不捨地離去。

晌午，虎子從山上回來，進屋一看，愣住了。屋裡這麼乾淨，揭開鍋一看，飯菜熱氣騰騰。虎子心裡琢磨：這是誰幹的？真是百思不解啊！一連十幾天，天天如此。虎子開始留神了。

一天上午，鹿姑娘忙活了半天，實在太累了，身子一著炕，便呼呼地睡著了。這時候虎子從山上回來，只見地上有一塊非常好看的花毯。虎子以為看花了眼，用手使勁地揉眼睛，仔細一瞧，原來是一張梅花鹿皮。虎子心里納悶：嗯！這是哪來的鹿皮？突然發現在他的小炕上躺著一個小姑娘。這時虎子明白了，準是那隻梅花鹿變的！　正在這時，姑娘醒過來，急忙下了地，含情脈脈地站在虎子面前。

「這幾天是不是你來幫我的忙？」虎子憨厚地問道。

姑娘笑眯眯地點點頭。

這時虎子仔細打量著眼前的姑娘：紅潤的臉蛋，高高的鼻樑，彎彎的眉宇嵌著一對水靈靈的大眼睛，額前留著蓬鬆的瀏海。姑娘雖然默默無言，然而她那紅潤的雙頰，明淨而幸福的眼睛，讓虎子明白了：這分明是來和俺成親的。虎子鼓了鼓勇氣，問道：「大姐，你是不是要和俺在一起過日子？」

姑娘羞答答地說：「你真好，俺一輩子和你在一起，不知大哥願意不願

意？」

虎子一聽，心更樂開了花，忙回答：「願意，願意，俺打心眼裡願意和大姐成親！」

打這以後，虎子和鹿姑娘成了家，小兩口又找了一塊荒地燒了一把火，開出了一片地。苗苗像牽著根線線，一股勁往上提。虎子給地主老財種了多年地，從未見過這樣的好莊稼。小兩口喜出望外，每到傍晚，虎子吹起了笛子，梅花鹿唱起了歌，林子裡雲上飛的，地下走的，各種動物都聽他們的笛聲、歌聲。

夏去秋來。

一天，虎子在山上割莊稼，鹿姑娘在家洗衣衫。突然闖進一幫人，領頭的正是那個花臉狼。他上次吃了虎子的虧，又聽說虎子娶了個百里挑一的俊媳婦，就產生了歹意。一進門，兩眼直盯著鹿姑娘，手裡拿著一串銅錢，故意抖撒得落落地響：「上次虎子打死了我的人，照說應該以血還血。可是今個看在小娘子的面上，就饒了他一命。可有一宗，你得答應我一件事……」

鹿姑娘知道，狗嘴裡吐不出象牙，一聽就明白個八九份，便單刀直入地說：「你是不是讓俺跟你走？」

花臉狼樂得綠豆眼眯成一道縫兒，忙說：「對、對，我是來請小娘子的。嘻嘻……」

這時幾個打手上前就要拉鹿姑娘。鹿姑娘使勁兒一甩：「跟老爺走，我得打扮打扮。」「對，對。」花臉狼獻媚地說，「我那裡穿的是綾羅綢緞，吃的是大米白麵、山珍海味……」

鹿姑娘心裡話：「真是癩蛤蟆想吃天鵝肉！」一轉身從被格裡拿出那張鹿皮，慢慢地朝外走去，花臉狼緊跟在後頭。

鹿姑娘走著走著，用手朝山坡上一指：「虎子來了！」

花臉狼一聽說虎子回來，如同老鼠見了貓，嚇得渾身直哆嗦，抬頭向鹿姑娘指的方向望去。這當兒，鹿姑娘急忙披上鹿皮，在地上一翻身，變成了一隻

梅花鹿，「嗖」地朝密林裡跑去。

花臉狼如大夢初醒，撒摸一陣不見虎子，這才放下心來。可回頭一看，卻不見鹿姑娘，問身邊的打手：「人呢？」

「在這——」鹿姑娘和虎子坐在一棵粗大的椴樹杈上。虎子吹起了笛子，笛聲悠揚，傳遍了山林。不一會兒從林中躥出五隻大老虎，東張西望，嗷嗷直叫。虎子又吹了幾聲笛子，五隻老虎一起向花臉狼這幫傢伙猛撲過去，死死地咬住花臉狼，不一會便喪了命。那幫打手死的死，傷的傷，餘下的連滾帶爬地逃跑了。

虎子和鹿姑娘跳下樹。虎子拿起笛子吹起來，笛聲嘹喨，鹿姑娘放開喉嚨唱起來，歌聲悠揚，林中的各種動物又一起跳了起來。

虎子和鹿姑娘高高興興回到了家。從此，安居樂業，小兩口恩恩愛愛，日子越過越好。這裡的人一年比一年多，逐漸成了居民點。因為這地方是馬虎子和鹿姑娘開闢的，後來人們就把這個地方叫作馬鹿溝。

鯉魚潭的傳說

很久很久以前，老嶺山腳下就有一條鴨綠江，江水曲曲彎彎地流了下來，流到鴨綠江中游，繞過樺樹嶺，在北岸彎出了一個小島，島東側有一個方圓二三里大的湖。湖裡鯉魚成群，湖水清澈透明，碧波蕩漾，微風吹過，泛起層層波紋，景色非常秀麗。人們稱此湖為「鯉魚潭」。

據說，當時鯉魚潭裡，並沒有鯉魚。後來有一天，小島上來了一位姓洪的秀才，年紀有二十七八歲，長得眉清目秀，風流倜儻，並且會畫一手好畫，尤其擅長畫魚。漁夫們在江裡捕到了魚，他就買那鮮活的來放到湖水中，每天坐在湖邊或小船上觀察魚的習性，並把魚兒在水中游來游去，追逐嬉戲的快活姿態畫入畫中。時間久了，因為秀才為人好，心地又善良，常為鄉親們寫書信和對聯，並把他的畫送給鄰居們，鄉親們都很喜歡他，勸他留在島上，秀才也很喜歡這個風景秀麗的小島。從此他就在島上落了腳，並辦了個私塾，不久又與一位農家女相愛並成了家。他每天除了教學生讀書寫字外，大部分時間就坐在湖邊畫魚，他把各種魚的習性和在水中的游動，畫得活靈活現，就跟真的一樣，小島上家家都有秀才畫的魚畫。

有一次，秀才夢到了一群金黃色的鯉魚在水中跳來跳去，醒來他跑到湖邊一看，果然是一群鯉魚在水中歡騰跳躍，一會兒躍出水面，一會兒潛入水底，秀才急忙把這個情景畫了出來，題名為《鯉魚跳龍門》，掛在牆壁上。這幅畫，畫得太好了，很多人都想買這幅畫，可秀才說：「給我多少銀子也不賣。」

一晃幾年過去了，這年夏天，秀才病了，昏睡了七天七夜，家裡人和鄉親們非常著急，以為他不行了，忙著準備後事，可是在第八天上午九點多鐘，秀才卻突然甦醒過來。秀才醒來後發現很多人圍著他，妻子和女兒也守在旁邊啼哭，秀才忙問：「發生了什麼事，為什麼這麼多人？」他的妻子說：「你病得

很重，昏睡了七天七夜，我和鄰居們都以為你不行了，正忙著為你準備後事呢，想不到你又醒過來了，這下可好了。」

秀才聽完後，忙對一個叫來福的學生說：「來福，你快到王員外家裡去一趟，就說我醒過來了，他們家剛買了一條大鯉魚，是金黃色的，準備晚上做下酒菜，你告訴他千萬不要殺這條大鯉魚。現在員外正在家裡下棋，你請他到我這裡來一趟，我有話要對他說。」大家雖然覺得奇怪，還是催著來福趕快到員外家裡去了。

員外一到，洪秀才就對他說：「王員外，你今天買的準備做下酒菜的魚，是一個叫水生的漁夫捕的吧？他把一條三尺多長的大鯉魚裝在籠子裡送到你家裡對吧？那時候，你正在和你的兒子下棋，你見到水生送去的大鯉魚非常高興，不但給他很多銀子，還斟了三杯酒給他喝，我的話沒有錯吧？」

員外聽了大吃一驚，說：「正像你說的那樣，可是，這事你怎麼會知道？」

秀才說：「前幾天我生了病，心裡非常悶得慌，就想散散心，背著家裡人，我就偷偷地溜出來，我拄著棍子走了走，心情漸漸舒暢了，我來到了湖邊，湖水澄清，魚兒在水裡自由自在地游來游去，一看心裡就癢癢，也想下水游一游，於是我脫了衣服就跳到湖裡去了。我的水性並不好，可不知怎麼卻游得蠻好，不過還是比不上魚兒游得好。我非常羨慕在我旁邊游得神態自如的魚兒。這時一條大魚游到了我身邊，好像看出我的心事。它說你想像魚那樣游來游去嗎？我去請魚王幫助你，請你稍等一下。說完就消失在湖底了。不久一個身穿華麗服裝，頭戴皇冠的人騎在剛才的大魚背上來到我的面前，它說你救了我們很多兒孫，並讓我們在這湖裡安了家，為了感謝你，你需要什麼只管說。我說，我什麼也不要，只想像魚兒那樣悠閒自得地游來游去。魚王說：『好！本魚王特別允許你像魚那樣在水裡游來游去，只是你千萬不要吃漁網鉤絲上的餌食，因為那會使你喪失性命的。』接著就無影無蹤了。一會兒，我就覺著身體發生了變化，低頭一看，我變成了有金色鱗片的大鯉魚，身體一下子輕了起來，我搖著身子在水裡自由自在地遊玩，天氣晴好的時候，我就浮出水面，颳

風下雨的時候，我就潛入水底一動不動，水中的景色美極了，幾天過去了，我突然覺得肚子餓啦，想吃東西，於是找來找去沒有什麼可吃的。後來發現了漁夫水生放下來的釣絲上的餌食，這餌食散發出好誘人的香味來。我剛想去吃，忽然想起了魚王的囑咐，就只好忍耐，後來我實在是忍不住了，就吃了餌食。水生迅速把鉤拉了上去，我被提了起來，我大聲叫喊說：『水生，是我呀，我是洪秀才，你快放下我吧！』然而水生聽不見，他把繩子套在我的下巴上，並把我放到魚籠裡去，我就被送到你家裡去了。後來，就把我交給了廚師，準備晚上做紅燒鯉魚吃，我一聽嚇得大叫一聲就醒過來了，再以後就是我先前所說的情況。」

大家聽後都非常吃驚，這真是意想不到的事情呀，秀才平時那麼喜歡魚，而且救了不少大魚小魚，這次生病，心裡發悶，一定是鯉魚精為了感謝他的救命之恩，託夢給他，並把它的魂附在秀才身上，帶秀才到湖裡散散心。想不到卻叫水生這個漁夫給逮著了，真是好險哪！

於是，員外迅速派人到家，把還沒有來得及烹調的鯉魚放回湖裡去了。從此秀才的病也好了，後來再也沒有人去捕撈湖裡的魚了。所以，湖裡的鯉魚就越來越多，人們就給它起名叫「鯉魚潭」。

雪山飛湖的傳說

相傳在很久很久以前，東海龍王敖廣為了討好天宮裡的王母娘娘，就在三月三王母娘娘蟠桃會上，向西王母獻上了一對珍珠。這對珍珠是一對母女珍珠，晶瑩瑰麗，寶光四射。早已被東海龍王的三太子所喜歡，但它礙於老龍王的威嚴，一直沒敢向父親討要。這次，得知父親要把珍珠送給西王母，那真是心痛極了。它眼睛一眨，計上心來，決定跟隨父親一起赴瑤池。它央求父親說：「兒臣願隨父親一同前往瑤池，一來開開眼界，長長見識。二來可以扶持、照顧年老的父親。」

老龍王被三太子的假象感動了。就攜太子來到了天庭瑤池參加蟠桃盛宴。沒想到席間三太子偷偷溜了出來，膽大包天盜出了那對價值連城的珍珠，然後倉皇逃走了。西王母得知後，立即稟報玉皇，玉皇勃然大怒，立即命令十六位天將火速前去捉拿竊賊，務必追回珍珠，如若追不回，就不要回來。

十六個天將領旨後不敢怠慢，即刻騰雲駕霧追趕而來。終於，在長白山上空追上了三太子。打鬥中，三太子一手護著珍珠，一手忙於招架，漸漸有些招架不住了。只聽咔嚓一聲被打掉了一隻龍角，他疼痛難忍，手中的珍珠一顆落到了長白山頂，頃刻化作一潭池水，形成天池。一顆則騰空而起，直向正北方向飛去。三太子則變成了一隻獨角龍藏匿天池中。這十六個天將見盜賊潛入池中，便將天池圍住，伺機捉歸天庭。天長日久，十六位天將化作了美麗的十六座山峰。三太子在池中寂寞難耐，時不時地探出頭來，妄想尋機逃走，這就是現在人們偶爾看到的「天池怪獸」。

那麼，那隻飛向北方的珍珠落到哪了呢？原來，兩顆珍珠在三太子手中就要脫落的千鈞一髮之際，媽媽珍珠不願女兒落在這高寒冰冷的雪山上，就趁勢猛然一推，希望女兒飛向遠方。殊不知，母女情深啊！女兒珍珠也不願拋棄母親自己遠走高飛，情願守候在媽媽身邊。於是，女兒珍珠就猛然下落，選在了

天池水與五道白河匯流的地方留了下來。由於女兒珍珠是在龍宮裡孕育、出生、長大的，所以，化作了一隻蜿蜒逶迤、窈窕秀麗的龍形湖泊。因為她是從雪山上飛下來的，所以，人們就叫她「雪山飛湖」。

王傳江（蒐集整理）

長白山十六峰的傳說（之一）

　　關於十六奇峰的來歷，曾流傳著一個悲壯動人的傳說。相傳在很久很久以前，東海龍王的三太子從小嬌生慣養，不務正業。一日，玉皇大帝大宴群臣，東海龍王攜三太子前去天庭參加聖宴。席間，三太子偷偷溜了出來，膽大包天地盜出了王母娘娘珍藏的一顆價值連城的寶珠，倉皇逃走。

　　王母娘娘立即稟報玉帝。玉帝得知，勃然大怒，即刻命十六位天將，火速前去捉拿竊賊，追回寶珠，不得有誤。十六位天將領旨後騰雲駕霧追趕來，終於在長白山上空追上盜賊並將他團團圍住。打鬥中，三太子寡不敵眾，漸漸有些招架不住，只聽咔嚓一聲，竟被打掉一隻龍角。他疼痛難忍，一失手，寶珠落到長白山頂，只聽一聲巨響，寶珠化作一潭池水，這就是天池。三太子則變成了一隻獨角龍藏匿池中。據說天池上空時而飛沙走石，時而狂風暴雨，就是這只獨角獸在作怪。這十六位天將也化作十六座美麗的山峰，衛士般日夜守衛著這顆神聖寶珠化成的天池。

　　不難看出，這美麗的山水風光，引出了這動人的神話故事，而具有豐富想像力的神話故事卻又給山水名勝增添了神祕氣氛。其實十六峰的形成是長期複雜的地質作用的結果。以天池為中心的多次火山爆發過程中，火山噴發物堆積在火山口周圍，形成了環狀巨型火山口壁，強烈的火山作用使火山口壁產生了許多放射狀裂隙和環狀裂隙。後來在漫長的歲月裡沿著裂隙岩石易於發生風化、破碎、塌落，久而久之，使原來本為一體的環狀火山口壁分割成若干座山峰，這就是長白山十六峰的真正來歷。

王恩龍（蒐集整理）

長白山十六峰的傳說（之二）

相傳很久很久以前，玉皇大帝設香果會，宴請天宮百官，也給東南西北四海龍王發出了請帖。東海龍王的坐騎是一個怪獸，它頭頂上長一隻獨角，牛頭馬面上鑲一對小龜眼兒，巨蟒一樣的大嘴裡齜出兩根鋒利的獠牙。豬樣的身形，又有鱗甲，又有蛇一樣的尾巴，鴨樣的四印，能在水中游，也能在路上走。因為它原本就是天獸，因此，它有一身武藝，也很有計謀，它耳裡藏一把黑劍，劍術高超，還能騰雲駕霧。

怪獸是獍造化出來的，它比獍更狡猾更貪心。沒來東海之前，它是天宮裡看守香果的小吏。玉皇大帝每五年要擺一次香果會，那天，天女從香果園裡摘走香果，捧著香果從怪獸眼前路過的時候，它聞到了香果溢出的香味，那味道真是美極了，怪獸的一雙小龜眼發出了賊光。它想，我天天看守著香果，卻吃不著這美味，這太不公平了。它還聽說玉帝每次把香果只分給文武百官吃，說吃了香果的文官會越來越聰明，武官會越來越威武。文官要吃上六六三十六個香果，就會有六六三十六個計謀；武官要吃了六六三十六個香果，就會有六六三十六般武藝。玉帝每次只給百官吃一個，百官要吃到三十六個，得用一百八十年。天上一天，地上十年，孩子，你算一算，天上一百八十年，地上得多少年哪？怪獸想，我要吃上六六三十六個香果，一定會文武雙全。到那時，我就會統領百官，玉帝也拿我無可奈何。它轉動幾下龜眼珠，吧嗒幾下大嘴叉，鬼主意就定下來了，它要去偷吃香果。

怪獸精通祖傳的十八般武藝，還學會一套法術，叫隱身法。用這隱身法，它幹什麼壞事，誰也發現不了。只有王母娘娘屋裡的夜明珠才能照破這種隱身術。怪獸不知道西王母娘娘有顆夜明珠，也不知道夜明珠這麼厲害。

香果要五年才熟一次，今年，正是五年了。玉帝馬上要開香果會，怪獸覺得機會已到。香果園的門是進不去的，鑰匙在值班小吏手中。怪獸只好駕雲偷

越天牆，它不知道天牆上安有天鈴，它隱身越牆時，天鈴響了起來。守護香果園的天兵一聽鈴聲，快速圍了上來，他們打開了天燈。可是，只聽鈴響，卻見不到有什麼東西。大夥兒以為是天風，圍一會兒也就散了。

自從這天起，天鈴每天晚上都響一次，響過九天之後，值班天兵才報告給護園天將。護園天將還沒來得及報告給玉帝，玉帝就派天女來摘香果了。這時，才發現香果已經丟了九個。再一查，還丟失了保護果樹的不灰木。不灰木是東海龍王送給樹神的。這不灰木不怕火燒，樹神把它放在香果園裡，是防備失火的鎮園之寶。

玉帝找來護園天將，護園天將找來護園天兵，天兵嚇得面如土色，跪在玉帝面前，磕磕巴巴地說：

「這幾天晚上只聽天鈴響，可是，又沒見什麼東西去碰天鈴。」

「那天鈴為什麼會響呢？」玉皇嚴厲地問。「我們也搞不清楚啊。」護園天將忙說。

「你們是幹什麼的？還有什麼可辯解的，來人，拉下去！」玉皇龍顏大怒，要開天庭殺戒。

「慢，我看是有天妖作祟。玉皇，偷吃香果的怪物一定會隱身術，而且就在我們天宮裡。」西王母娘娘發話了。

「天庭的神獸，會隱身術的不多，他們歷來都遵守天庭的規矩，不會幹這種背叛天理的事情。」玉帝說。

「玉皇，天宮裡傳說，幾億年前，東天王喝多了，把隱身術秘訣說了出去。得到秘訣的是天庭惡神的子孫。會不會因東天王的那次失誤，導致了今天的香果被盜事件？」西王母娘娘說。

「是有這事，但時間這麼久了，也沒發生過用隱身術來盜天庭東西的案件呀。」玉帝說。

現在不是發生了嗎？查一查吧，重點要查的後裔。」西王母娘娘說。

「玉皇，看守香果的天兵裡，有一個小吏，叫怪獸，聽說它就是神獸的後

代。」天將說。

「是哪一個？」西王母娘娘問。

「噢，朕想起來了。是有這麼個怪獸，長得四不像。那次天宮比武，它使用黑劍，一連打敗了十名天將。朕見它又聰明，武藝又高強，就想提它為天將。可托塔李天王說它生門齷齪，不可破天規，朕便派它去護香果園了。難道是它？」玉帝說。

「玉皇，每次天兵換班，一到晚上，那個怪獸休息的時候，天鈴就會響起。」天將說。

「玉皇，這事先不要聲張。香果會照樣開宴。我有一顆夜明珠，能破此隱身術。天將，你聽著，天鈴再響時，你等速來報告。」西王母娘娘下了命令。不一會兒，玉皇殿上就傳來了氣氛熱烈的絲竹管弦聲，吹吹打打聲。那真是，百神遊天，九奏萬舞，歡樂聲把天上的浮雲都阻擋住了，玉帝大擺天宴。

再說怪獸。當它一聽到這響徹雲霄的天樂聲，就以為玉帝還不知道香果被它偷吃過。它心想，自己再偷吃三九二十七個，可就天下無敵了。

玉帝的香果會開過不幾天，怪獸按捺不住了。這天晚上，它提著黑劍，第十次偷越了天牆，天鈴又響了。怪獸不管天鈴響不響，穿梭般地在果樹間尋找香果。突然，香果園上空一下子明亮起來，黑夜變成了白晝。怪獸一抬頭，見太陽和月亮都掛在頭頂上。西王母娘娘手拿一顆夜明珠，寶珠發出一道強烈的光，現出了它的身形，四周圍滿了怒目而視的天兵天將。

「貪婪的東西，你的祖先就因為貪心過度，妄想偷吃太陽和月亮，才受到天庭的懲處，留下個遺臭萬年的名聲。如今，你又來偷食朕的香果。你這監守自盜的畜生，可知該當何罪嗎？」玉帝駕著祥雲出現在怪獸的上空，身後還跟著東西南北四大龍王。

「我不知什麼是罪，玉帝，我比武勝了，你為何不讓我做天將？天宮文武百官能吃香果，哎呀哈！我為什麼不能吃？你說，你說呀！還有天理沒有？」怪獸知道自己被捉了，不會有好下場，於是，破釜沉舟，它手提黑劍，張開血

盆大嘴朝玉帝喊。

「快！給朕拿下，你這個貪婪的畜生，還懂什麼天理？」玉帝大怒，下令道。

「收！」托塔李天王伸出手中的寶塔，怪獸就被吸進塔中。西王母娘娘這才收回夜明珠。

「玉皇大帝，如何處置它？」托塔李天王問。

「玉皇大帝呀，臣請奏。臣正缺一個坐騎，懇請玉皇將此怪獸賜給臣，臣帶它回東海，遠離天宮，它便不會在天宮裡為非作歹了。」東海龍王原本就恨獒，把獒的後代當馬騎，是他十分樂意做的事情。

「好吧，朕准奏。你就把它帶回東海吧，你要看住它，它雖然回不了天宮，也不能在人間行大逆不道。」玉帝說。

托塔李天王把怪獸放出來，哪吒撕下一條混天綾，混天綾變成了一條鐵鏈，拴在了怪獸的脖子上，然後，又把鐵鏈交給了東海龍王。

「謝天主大恩，謝李天王，謝三太子哪吒。」東海龍王逐個謝過了，就騎上怪獸回到了東海。

不知天上過了多少年，反正地上已過去幾千年了。好像天兵天將和東海裡的蝦將把怪獸偷食天宮香果的事都忘了，又到了三月三王母娘娘擺蟠桃宴的時候了，東海龍王又被邀請去天宮。

「龍王老爺，這次你該領我去天宮裡了吧？我在東海一心一意地侍候你，這麼些年了，你就開開恩吧，我多麼想回天宮去看一眼呀。」怪獸跪在東海龍王面前說，小龜眼兒裡還流出幾滴眼淚。

東海龍王一見它那個樣子，心軟了下來。心想：自從這怪獸跟隨他以來，一向是老老實實的，他騎著它，一騎就是幾千里，逛西海，游北海，奔南海，怪獸總是盡職盡責。有時自己發龍威，對它又罰又罵，它也沒一點兒怨言。再說，偷香果的事情過去這麼些年，也該算完了。東海龍王發了善心，決定領怪獸回一次天宮。

東海龍王萬萬沒有想到，怪獸這些年俯首聽命，低眉折腰地千隨百順，完全是假裝的。它忍辱負重，等機會再回天宮去報復玉帝和西王母娘娘。想辦法得到那顆夜明珠，吃夠六六三十六個香果。它甚至想要當統帥天庭的天大王，趕走玉皇大帝。它在東海這些年，低三下四假裝老實，瞞過了許多龍子龍孫。它騙龍王的二太子，學會了縮身術，它騙七太子，得到了迷糊咒。他想，只要回到天宮，這些法術都能派上用場。

東海龍王一說領怪獸去天宮，怪獸心中別提有多高興了，它給龍王叩了一百個頭，作了一百個揖，預祝龍王此次去天宮會百順百興，哄得東海龍王心中美滋滋的，真領它進了天宮。

東海龍王把怪獸拴在了天宮外的石柱上，自己去赴蟠桃宴。怪獸一看，機會到了，於是，它使用縮身術，解脫了鐵鎖鏈。它裝成天神的樣子，大模大樣地來到瑤池。西王母娘娘正在主辦蟠桃宴，寢宮前只有守門的天兵和出出進進的天女。他們從沒見過這四不像的醜陋天神，都拿斜眼看他。天女們還竊竊私語，有的捂著嘴笑。怪獸心裡想：先讓你們笑，等我拿到夜明珠，吃夠了三十六個香果，我就是玉帝，看誰還敢取笑我。

就這樣，怪獸邊想邊靠近了天門，同時念起咒來。

「離薩賀羅陀蘭帝，婆夜婆盧……」

咒語很神奇，誰也聽不懂。怪獸一念，天兵和仙女就東倒西歪地迷糊過去了。怪獸趁機進了西王母娘娘的寢宮，一眼就見一顆閃閃發光的夜明珠鑲在一尊大佛的手心上。它急不可待，趕緊攀上大佛手，摘下夜明珠，放進大嘴裡，然後，就倉皇地往外逃。他還想用這種方法迷倒把守果園的天兵天將，再去偷食香果。可是，天鼓響了，蟠桃宴散了。沒來得及去天果園的怪獸，只好又回到天宮外的石柱旁，把自己的頭套進那條鐵鏈裡，恢復了龍王坐騎的原形，裝成若無其事的樣子。西王母娘娘辦完蟠桃宴，回來一看，自己的夜明珠丟了，馬上派人報告了玉帝。玉帝把守護西王母娘娘寢宮的天兵和天女找來，一個個審問。天兵和仙女都說，只有一個四不像的天神到過瑤池門前。不知怎麼搞

的，我們一見到這個怪神，就都迷糊過去了。

東海龍王一聽，嚇得直哆嗦，趕緊對玉帝說：「玉帝，臣把那年偷食香果的怪獸帶來了，難道會是它？」

玉帝問：「你把它安放在哪兒啦？」

東海龍王說：「拴在天宮外的玉柱子上了。」

玉皇大帝馬上讓人去查看，回來的人稟報說，怪獸睡著了，沒見他身上有夜明珠。

玉帝無奈，下令迅速傳慧眼尊神，來查看夜明珠的下落。

天庭裡也是一物降一物，你再有能耐，也是樓外有樓，天外有天。怪獸不知道這些，它還安詳地眯著小龜眼兒，自鳴得意地做著偷吃香果的美夢。

「真是的，父王找你幹什麼？咱倆玩得正高興哪。」哪吒肩上托著小豬熊，走進了天門，小豬熊大聲問。

「一個盜賊偷了西王母娘娘的夜明珠，玉皇大帝請來慧眼尊神，查看是誰偷的。」哪吒說。

沒想到，小豬熊和哪吒的對話正巧讓怪獸聽到了，它嚇出了一身冷汗。

「這下壞了，慧眼尊神是西天如來的弟子，那佛一眼就能查出來，到那時，我恐怕就逃不了了。」怪獸心裡想。

怪獸吮了吮嘴裡的夜明珠，覺得三十六計，走為上計，它又使用縮身術，掙脫了鐵鎖鏈，駕起行雲，快速地飛出了天宮，向東海逃去。

慧眼尊神一下子就看到了帶夜明珠逃跑的怪獸。玉皇一聽，又是怪獸，勃然大怒，瞪了東海龍王一眼，即刻命托塔李天王李靖派人去追拿竊賊。李天王馬上命令兒子哪吒，讓他率十六位天將去追殺。

倉皇失措的怪獸眼看就要逃進東海了，誰知道，東海龍王率領著蝦兵蟹將把整個東海海面都封鎖住了。東海龍王一見怪獸駕雲向東海飛來，便大喊：「快，都給我勇往直前，捉拿盜賊！」

「哎呀，東海龍王這老兒，比我回來得還早。」怪獸一見這陣勢，知道回

東海沒有希望了，就朝長白山逃去。

哪吒帶領十六位天將追到了長白山。十六位天將把怪獸團團圍住，哪吒呼喊著讓它就範。誰知，這怪獸一聽哪吒的勸降聲，反而破釜沉舟，挺起那把黑劍，同天兵天將鬥起來，直鬥了七七四十九天，也分不出上下。這天，托塔李天王親自來督戰，十六天將又圍住了怪獸。雖然怪獸武藝超群，但終究寡不敵眾，再加上做賊心虛，它的劍術露出了破綻，只聽「咔嚓」「咔嚓」兩聲巨響，怪獸的兩顆獠牙被打斷了。哪吒一見，順手甩出了混天綾，一下子套住了怪獸的脖子，哪吒又一拉混天綾，怪獸被勒得喘不過氣來。它張開大嘴，「哎呀」一聲叫，沒想到，含在口裡的夜明珠滑了出來，落進了長白山頂上的天池裡。

真是趕巧了，東海龍王的七太子正在天池裡視察，天池裡突然掉進個夜明珠。就知道是西王母娘娘的，現在掉進天池裡來了，必有緣故，便立刻拿著夜明珠順著天池底下的天洞，回東海去了。一進東海，就命蝦兵蟹將關閉了東海通天池的石門。再說，貪心的怪獸一見夜明珠掉進了天池裡，便沒心思戀戰，使出縮身術，掙脫了混天綾，又一頭紮進天池裡，去尋找那顆夜明珠。哪吒一心想要捉住怪獸，進天池水中，哪吒也無可奈何了。他只好帶領十六名天將，將天池團團圍住，等捉住這竊賊，好帶回天庭審理。可是，守候了九九八十一天，這竊賊就是不出來。

得不到夜明珠的怪獸，惱羞成怒，它在天池裡亂翻亂滾，攪得天池水波浪滔天，風狂雨暴。但它不知，七太子已經把夜明珠帶回到東海，東海龍王又把夜明珠送回西王母娘娘的手中。

怪獸鑽進了天池，鑽到三百七十多米的最深處。突然，它發現那裡有一座宮殿，沒敢貿然進去，不停地在殿門外窺視。一看，二殿的門上有個門匾，上面寫著「鰲府」兩字。它才想起來，這是幾百幾千年前，天池大鰲住的宮殿。大鰲為幫助女媧補天，獻出了自己的四隻足。怪獸遊遍了宮殿，它樂得手舞足蹈，自認是祖宗在助它。它在天池裡有了住的地方。自此之後，「鰲府」就變成「獸府」了。

怪獸在天池裡的獸府中不出來，又時常在水面上作怪，哪吒稟報了父王托塔李天王。李靖便下令，讓十六名天將永遠守護在天池四周。就這樣，天長日久，十六名天將就化作了雄偉壯麗的十六座山峰，像衛士，日夜守衛著這神聖的如寶珠般的天池。

于　雷（蒐集整理）

長白山天池的三座峰

很久很久以前的一天早晨，主宰天下萬物的玉皇大帝，喚醒正在呼呼大睡的紫霞、玉珠、臥虎三座山峰，對它們說：

「孩子們，快別睡了。你們馬上下去找個合適的位置坐定下來吧，要再晚了，就再也沒有地方啦。」

三座山峰欣然應答後，爭先恐後地坐上白雲，朝早就選定的地方長白山天池旁飛去。

誰知等它們飛到那裡一看，只見天池周圍已經有許多千姿百態的山峰紮下了根，拱圍著一池碧水。

「哎呀呀，咱們來晚了一步！」

三座山峰為自己貪睡懶覺而誤了大事，心中深感後悔。它們擁擠在天池四周的山峰。

「哎，你們是什麼時候到這兒來的？」

先期來這兒紮根的龍門、白雲、梯雲、玉雪、白頭、火狗、天文、天谷、赤壁、不老、觀日、鷹嘴等山峰異口同聲答道，

「我們早就看中了天池邊這片地方。玉帝一下旨，我們沒等天亮就下來占了地方。」

三座山峰聽後，大失所望，根本想不出應該到哪裡去為好。這是因為它們早就決心在天池旁紮根定居，千秋萬代住下去。天池怎能不叫它們為之傾倒呢！飄浮不定的白雲瀰漫在半空，陽光透過雲層，好似有無數條金龍在天池中騰躍；七仙女每天都要飛到四十里方圓、涼爽清澈的天池中洗澡嬉樂。天池是天下最美麗的最深情的地方。

可是，三座山峰怎麼也沒想到，竟會有這麼多山峰都會看中天池，搶在它們前面在這裡占據了地方。

「天池這麼迷人，我絕不離開！」

紫霞峰自言自語地說著，悄悄地朝火狗峰走去。

「哦，哈哈，這裡倒挺寬敞的。讓我也在這裡住下吧。我一定和你們和睦相處。」

紫霞峰嘴上說著，硬是擠了進去。玉珠峰見狀，計上心來。它腦子裡一轉，重新「嗖」地飛回天上。它請求玉帝把自己雄壯的軀幹變得瘦長一些。過不一會兒，它的軀幹就變得又瘦又長，活像一根頂樑柱。它又飛回天池邊，輕輕地往白雲峰和梯六峰中間一插。

「哎呀，我們這裡已經夠擠的了，你再插進來，那怎麼行？」

聽了周圍山峰們的責備，玉珠峰略表歉意地說：

「你們看，我的身體已經變得像柱子那樣又瘦又長，占不了多少地方。你們只要稍微挪動一下位置，我們不就都能安然相處了嗎？」

紫霞峰和玉珠峰安定下來以後，卻怎麼也找不到跟它們一起從天上下來的另一座山峰。正當它們焦急不安的時候，從西天來「啊嗚、啊嗚」的咆哮聲。

這咆哮聲實在是雄壯洪亮，連飛過的鳥兒都嚇得飛不動，跌落到地上。天池水沸騰起來，巨浪滔天。座座山峰也在這驚天動地的吼聲中顫抖不止。

突然，一頭千年猛虎從天而降，直奔梯云和玉雪兩峰之間而來。梯云峰和玉雪峰嚇得魂飛魄散，慌忙往旁邊一閃。猛虎就此臥倒，揚起頭哈哈大笑：

「哈哈哈，我要不如此變化的話，這天下名勝天池邊能有我立足之地？」

這正是臥虎峰變成猛虎，憑藉虎威，給自己占據了一席之地。

於是，拱圍在長白山天池邊的山由原先的十三座增加到如今的十六座。這十六座山峰和睦相處，以它們的雄偉壯麗，給長白山天池增添了姿色和光彩。

中鉉九（講述）

李龍得（蒐集整理）

雍順請鷹

滿族崇拜鷹，認為鷹是動物神靈之首神。相傳，這種崇拜始於始祖愛新覺羅・布庫里雍順。仙女佛古倫吃了朱果生下雍順不長時間，小雍順就能習武練功。有一天，他背著額娘偷偷地去鹿鳴峰給病了的額娘采靈芝，半道上看見了一隻金錢豹，他搭弓一箭，射中了豹的一條後腿，金錢豹帶著箭朝一座大石砬子上逃去。小雍順窮追不捨，從石砬子上跌了下來，只覺得颼颼的風聲在耳邊哨一樣的鳴叫。眼看就要摔到亂石灘上，嚇得他大喊：「額娘救我！」話音剛落，一隻蒼鷹箭一般地朝他俯衝下來，一口就銜住了小雍順的紅色褲腰帶。然後，撲棱撲棱大翅膀，扶搖直上……

晚上，小雍順將鷹救他的事兒一五一十地告訴了額娘。額娘就給他講了一個關於鷹的故事：那還是天地鴻蒙的時候，天神阿布卡赫赫讓母鷹從太陽裡飛過，把光和火裝進羽毛，帶給冰冷的大地，從此地上就有了春夏秋冬，變成現在這個樣子。到了洪荒時期，鷹神代敏格格把人類的第一個女兒哺育成世上第一位女薩滿（巫醫神），代敏格格成了人類的保護神，也是人類的始祖神。講完這個故事，額娘拍著小雍順的頭說：「鷹是力量的象徵，是神的化身。兒呀，鷹昨天救了你，這是神的保佑。等你長大了，要拜鷹為神，請鷹來幫助你征服邪惡。」

愛新覺羅・布庫里雍順牢牢地記住了額娘的話，等他平定了「三姓之亂」，在鄂多里建城以後，所做的第一件事，就是挑選強壯的能人，到黑龍江以北一座很高很高的山崖上去請鷹，因為鷹神就住在那裡。

請鷹，其實是去捕子鷹，回來馴化後，讓鷹成為人們狩獵的助手和戰爭的銳氣。雍順的部下經歷了千辛萬苦，戰勝了熊蛇虎豹，爬冰涉水，攀壁登崖，終於請來了鷹神。據說，就是這隻鷹的後代們，跟隨愛新覺羅氏除邪惡，平叛亂，南征北戰。人們狩獵用鷹，帶路用鷹，攻克叛賊城堡也是靠鷹相助。終

於，雍順一族成為長白山區最強盛的部落。

這一年，那隻為雍順立下汗馬功勞的老鷹死了。布庫里雍順為老鷹舉行了隆重的葬禮。他把鷹的靈魂放在神盒中，送進新建的鷹祠，全族民眾跪拜鷹靈，隨後，吹起螺號，舉行送鷹入葬大禮。雍順率族眾把老鷹屍骸送到長白山進行安葬。族民們唱起牲歌，拜過九天，擊鼓、鳴鞭、殺牲，將鹿肝、鹿血獻於神案上，乞鷹神格格安息。誰知，老鷹剛被下葬，就聽轟隆一整巨響，頓時，天昏混，地溟蒙，長白山腳下一片混沌。愛新覺羅氏長跪不起，眾臣民也全都匍匐於地上祈求鷹神格格保佑。

不知過了幾個時辰，突然，天清地朗，雍順和眾族民抬頭一看，在老鷹下葬的地方，突起一座大山峰，形狀與坐著的鷹一模一樣，鷹嘴朝天，全身都是金黃色的，雄偉壯觀。雍順當即拜這山峰為鷹神峰。從此延傳下來，後來人們就把這座峰叫作鷹嘴峰。一九五八年，峰頂東側建立了長白山天池氣象站，人們於是又改此峰叫天文峰了，愛新覺羅·布庫里雍順拜鷹為神的傳說也就鮮為人知了。

王恩龍（蒐集整理）

鷹嘴峰的傳說（之一）

　　東北地區叫鷹嘴的山嶺，到處都有。哪兒來的那麼多鷹嘴呢，說起來話就長了。

　　古時候東北這地方沒有這麼多鷹，後來渤海郡王秋春行獵，為了抓天鵝，就管百姓要鷹。渤海郡王要的鷹，不單得能撲善撓，還得長得漂亮，這就逼得老百姓殺雞鴨、宰豬羊，甚至殺牛宰馬，把五臟掏出來，掛在房前屋後，用來引誘鷹。這個辦法還真靈，沒用幾天，就把普天下的鷹都招引到東北來了，那鷹群飛起來簡直是遮天蓋地。人們捉到了老蒼鷹，座山雕、黑耳鳶、白臉鷲等各種各樣的鷹，獻給渤海郡王，老郡王一看，只選中了矯健俊秀潔白的海東青。剩下的鷹見東北這地方好，有好吃的，就都留在這裡不走了。

　　鷹王最愛吃兔子，兔子就倒血黴了。尤其冬天一到，花草伏地，樹木落葉，地上光禿禿的，兔子打食連個藏身的地方都難找。沒用多久，兔子就被抓光了，只有長白山下的一個山旮旯裡，還有黑、白、灰三個兔王領的三群兔子，它們聚在一塊兒，惡鷹一來，它們就舉起樹條子一齊打，使惡鷹沒法靠近，才沒被鷹吃掉。

　　鷹王有兩頓沒吃著兔子就發起脾氣來。眾鷹一齊上前說：「兔子已捉光，只剩山旮旯那三群兔子了，它們心齊，抱成一團，使我們難以下手。」

　　鷹王聽了罵道：「你們都是些廢物，帶我去！」

　　於是這幫惡鷹領著鷹王直奔山旮旯去了。兔子一看鷹群鋪天蓋地來了，就跑進了洞裡。鷹王下令決定守在這裡。

　　兔子一直等到天黑，鷹也沒走，兔王想，總蹲在洞裡也不是個長久之計呀。它們就合計如何對付惡鷹。白兔王說：「這成千上萬的惡鷹，我們是對付不了的。我看有它們在這裡，咱們兔族那種自由自在的生活是一去不回頭了。要想不斷子絕孫，只像雞、狗那樣投奔人家去，被人們養起來，得到人們的保

護。」

黑兔王接過來說：「對呀，為了兔族不絕種，這是唯一的辦法。我已經想好了，準備帶領全家族跟白兔一起去投奔村莊。」

灰兔王搖搖頭說：「我不同意。若被人關進籠子裡，他們今天需要毛，就來拔毛；明天需要皮，就來扒皮，這叫什麼生活？！」

白兔王聽了嘆口氣說：「唉，儘管那樣，畢竟有一部分能活著，兔族不至絕種呀！」灰兔王瞪起眼睛接過來說：「活著？眼看著親族被人宰割，這樣活著，還不如死了，我不能領著家族走這條路。我希望你們也不要走，咱們在這裡想想辦法，一起對付這惡鷹吧。」

黑、白二兔王說：「這惡鷹的嘴都是溜尖的錐子，手都是鋒利的叉子，我們兔族只有一張破嘴，四個軟蹄兒，怎麼能對付得了人家。你沒看見那些叫鷹抓去的，被撕裂的有多慘哪。依我們說，咱們還是一起走吧。」

灰兔王果斷地說：「我不去，我們寧可自由自在地活一天，也不在別人的欺辱下活一輩子！」

黑、白二兔王都低頭不語了。天黑後，趁著鷹都閉上了眼睛，它倆領著自己的家族偷偷地離開了山旮旯，投奔村莊去了。

灰兔王叫醒了全族，問大家有什麼辦法對付這惡鷹。一個老兔叫了兩聲「喀布他米」。灰兔王一聽射箭，高興地喊道：「對，射箭！」

於是它帶領全族，乘黑夜出了洞，悄悄吃飽喝足。找一棵細高的水曲柳樹，它們一個頂一個地上到樹梢，一齊打起提溜來，把樹梢墜到地面，咬去過細的枝條，免得兜風。每個兔子都仰面朝天拽著一根枝條，等待著惡鷹。

天一亮，鷹王看到了嶺上的兔子聚堆了，就在石頭上磨了磨嘴，喊著：「都來，跟我一起上！」就聽「唰」的一聲，鷹群就撲了上去，伸嘴來叨兔子。兔王喊了一聲「喀布他米！」兔子一齊放開手裡的樹枝，樹身猛地往回一彈，就聽「啪」的一聲響，有無數的鷹嘴、腿腦袋被抽到半天空，當時就抽死了。僥倖沒抽死的，也都把叉子一樣的爪、錐子一樣的嘴，給打彎了。現在鷹

的爪和嘴都是彎的，就是那時留下的病根兒。那些被抽下來的鷹頭、鷹嘴落到各處，年久了就變成石頭了。所以鷹嘴山、鷹嘴嶺、鷹嘴砬子到處都有。兔子對鷹王的仇恨最火，所以鷹王的嘴被彈得最高，落到長白山頂，就成了鷹嘴峰。

白臉鷲把頭上的毛打掉了，成了老禿鷲，它一想到抓兔子，就蹲在樹上犯愁，怕兔子射箭，不敢輕易去抓了，於是灰兔的家族比以前更加昌盛了。

聽說灰兔打敗了惡鷹，又自由自在地生活了，白兔和黑兔就急著要逃出籠子，可是它們把眼睛急紅了，也沒逃出去。

▋鷹嘴峰的傳說（之二）

古時候，有一個擅長畫畫兒、武藝出眾的年輕人，人們叫他「神童」。神童手腳勤快，從小就愛幹活兒，家裡的日子也過得不錯。

神童長到十五歲那年，不知從哪兒來了一個怪物。它身高九尺，血盆大口，巨齒獠牙，專門禍害人，它把村子裡的男人一個一個地都給抓走了。

這一天，神童正坐在院心畫畫兒，唰地刮來一陣大風，把他吹到了半天空。過了好一會兒，睜眼一看，落在了一個四周都是岩石的地方。神童一看，原來被妖怪抓來的那些男人，都在這兒搬石頭，扛木頭，正給妖怪建造一座十八層樓閣。

正在這時候，就聽見怪疹人的聲音：「我看你會畫一手好畫兒，讓你給我在十八層樓閣頂兒上雕刻一隻嘴長三尺，身長九尺的老鷹。雕好了，我放你回家，雕不好就殺頭！」

神童愛畫畫兒呀，他登上了十八層樓閣頂端，就琢磨雕刻老鷹。一幹幹了三年，真把老鷹雕成了。這老鷹，尖利的嘴，圓瞪的眼睛，好像一撒手就會飛了似的。

妖怪一看心一樂，把神童就放回了家。神童走了三天三夜，才走到了家。這時候，村子裡遭了瘟疫，人們都愁眉苦臉的。沒曾想，禍不單行，妖怪又來了。它一來就狂風大作，天昏地暗，這回又專抓十七八歲的大姑娘，家家戶戶提心吊膽。神童看在眼裡，疼在心上，他恨透了妖怪，一心想救鄉親姊妹們。

神童走了三天三夜，要找妖怪算賬。等他走到十八層樓閣跟前兒，就聽「哈哈哈」一陣大笑，妖怪指著神童說：「我勸你快快回去，你要動我一根毫毛，我叫你碎屍萬段。」神童不搭話，唰地抽出長劍，刀來劍往就是一場惡戰。神童越戰越勇，妖怪一看占不了上風，就使起魔法來。立時，巨石橫飛，大地塌陷。神童位出渾身勁兒，對著妖怪的腦袋狠狠一砍，一劍削掉了妖怪的

一隻耳朵，猩紅的血滴滴答答。妖怪疼得猛一縱身，跳上幾十丈高的岩頂，舉起雙手，慢慢合攏，就看兩座高山顫顫巍巍地往一塊兒聚攏妖怪一心想把神童夾死在兩山中間。眼看著兩山就要合在一起了，不知從哪兒飛來一隻老鷹，箭一樣地衝進兩座山峰中間，叼起神童就飛走了。說時遲，那時快，就聽「咔嚓」一聲，十八層樓閣「嘩啦啦」倒塌了。

　　神童翻身騎在鷹背上，越打越順手，他用力一揮長劍，砍斷了妖怪的脖子，誰知妖怪的腦袋和身子又飛快地連上了。神童又是一劍，斷了的脖子又馬上連接在一起。當神童第三次砍斷妖怪脖子時，老鷹用尖利的爪子，抓起妖怪的身子把它扔到山谷裡，又用鋒剩的嘴叼起妖怪的腦袋把它扔進天池裡。接著，老鷹飛到天池東面的一座岩石上，瞪著眼睛，挺著胸脯，擺著迎戰的架式，站在那裡。天長日久，日久天長，老鷹漸漸變成了硬邦邦的石頭，成了有名的鷹嘴峰啦。

韓永洙（講述）

丁海哲（蒐集整理）

白雲峰的傳說（之一）

　　很久很久以前，長白山腳下有個西古城，那裡住著一戶很窮很窮的人家，家中只有母子二人。由於過度的勞累，媽媽已經變成了一個又瘦又黑的老太婆。才十六歲的兒子叫小勒富，勒富是滿語小熊的意思。因為他長得胖墩墩的，性格又十分憨厚，媽媽就給他起了這個名字。小勒富從小就知道孝敬母親，家中裡裡外外的活都由他一個人來幹。他一心一意地奉養老母親。西古城的人都誇小勒富是個勤勞孝順的好孩子。別看小勒富年齡小，但他很有力氣，要登山比山羊還厲害，要跑起來，山豹也追不上他。他還射一手好箭。小勒富有一雙慧眼，能分出哪隻虎是保護山林的好老虎，哪隻虎是專吃小動物，甚至咬人的壞老虎；哪頭熊是專吃草根、柳條的好熊，哪頭熊是專門糟蹋老百姓苞米地的壞熊。人有好壞，動物也有好壞，他能分辨出誰好誰壞來。打獵時，要遇到好山牲口，他就不放箭，要是遇見壞的，他可窮追不捨，直到打到獵物為止。

　　這年春天，小勒富的老媽媽到山上去採山菜，一個高粱米粒那麼大點兒的草爬子叮在她的脖子上，怎麼拔也拔不出來，小勒富就用香火烤那草爬子的屁股，草爬子自己就出來了。但是，老媽媽當晚就發起了高燒，一會兒冷，一會兒熱，鄉親們紛紛來探望。誰也沒料到，來看望的人也一個個病倒了。一傳十，十傳百，眼看全村人都染上了這種忽冷忽熱的病。這可急壞了沒染上病的小勒富和幾個後生。他們商量，決定派一個走路快的小夥子到東古城去求醫。不大一會兒工夫，那小夥子就跑了回來，渾身哆哆嗦嗦，磕磕巴巴地告訴小勒富，說一隻好大好大的白熊擋著去東古城的路。小勒富二話沒說，提著箭就跑出了西古城。

　　果然，一隻大白熊正蹲在路口。小勒富一看，這是一隻好熊呀，怎麼攔路不讓人去求醫呢？小勒富正在琢磨，大白熊突然站立起來，一邊朝小勒富面前

走，一邊朝他作揖。小勒富是個膽大心軟的人，他見大白熊那種惡惡的求救似的可憐相，他就放下了弓箭。大白熊開口說道：

「小勒富，我的好兄弟，你必須用最短的時間，登上那座最高最高的山，取回山上最白最白的石片，你老媽媽和眾鄉親就能得救了。」

小勒富忙問：「你說的是那座白雪蓋頂的山嗎？」

大白熊說：「是的，要登上去很不容易，小勒富。兄弟，你要有膽量和智慧才行啊。」

小勒富說：「感謝你告訴我這些，這回老母親和鄉親們有救了，大白熊，謝謝你了。」

大白熊說：「快去吧，長白山的小勇士。」

大白熊扭搭扭搭就走了，不一會兒就消失在綠林中。

回到西古城村，小勒富把這個消息告訴給老媽媽和鄉親們，村裡最老最老的一位爺爺告訴小勒富說：「我也聽老人說過，那山頂確實有治這種窩子病（傳染病的俗稱）的白石片，可自古到今沒聽說誰上去過呀，說上那山頂的路上有狼蟲虎豹四關口，去的人不是死在狼口裡，就是被蛇吞了，被虎豹撕了。小勒富，不能因為大夥兒把你年輕輕的性命搭上啊。」

老媽媽有氣無力地招呼小勒富，斷斷續續地對他說：「去吧，媽是等不到你叫回來了，但是為了鄉親們，你一定要去。把白石片取回來，救活鄉親們，媽死也閉上眼睛了，你也是最孝順的好兒子。」

小勒富撲到老媽媽的枕前，哭著說：「媽媽，我去，就是上刀山下火海，我也去，我要救媽媽，救鄉親們，媽媽，你一定等兒子回來，媽媽，你要堅持住呀！」

小勒富揮淚告別了老媽媽和眾鄉親，飛似的朝長白山那座最高的山峰奔去。他爬了一座又一座高山，過了一條又一條大河，終於來到了長白山下。他又穿過了黑風口，正想繼續往前趕路，翻越兩千六百二十米高的天豁峰，突然，前面躥出一匹大青狼來。

「小勒富，你這個小笨熊，還想去山頂？快留下你的一條腿，讓我填飽肚子。」大青狼瞪著一雙吃人的眼睛，嘴張得比血盆還大，一根掃帚尾巴在地上來回掃，張牙舞爪地對小勒富嚷道。

「好，我就給你一條腿，看箭！」小勒富一搭眼，看出了這不是一條好狼。箭射出去了，可是，箭頭卻讓大青狼給咬住了，又一口吐到地下。

「好吧，看來我是鬥不過你呀，就給你一條腿吧，你來咬去吧。不過，你咬下我一條腿，必須讓我過去，我還要上山。」小勒富對大青狼說完，就躺在一塊石頭上，伸出一條腿。

「算你知道好歹，把腿留下，我就放你過去。」大青狼說完，用大舌頭舔了舔流出來的口水。

大青狼爬到了小勒富的身邊，張開了血盆大嘴，剛想下口，這時小勒富一聲大喊，手中的利箭就刺入了大青狼的喉中，穿過喉嚨，直接插入了心臟。大青狼還沒來得及叫一聲，就滾倒在那塊石頭旁，一伸腿，又把小勒富蹬到了天豁峰下的山谷中。小勒富爬起來，又攀上山頂，他見那條大青狼已經死了，在天豁峰上變成了一塊巨齒獠牙的大青石，這就是天豁峰上的狼牙石。

小勒富又開始攀山，他看見從天上流下來一注清水，還聽到震耳的轟鳴聲。他知道，那注天水就是瀑布，他要登上那座高峰，必須爬到瀑布上面去。他看見瀑布旁有一條小路，就向小路上奔去。誰知，他的雙腳一踩著小路，小路一下子就活動起來，眼看著變成了一條又粗又長的巨蛇。

「哈哈，小崽子，你膽子不小啊，騙過了大青狼，又想過我這一關。小崽子，我早在這等你來，快把你身上的血留給我一半，我渴了。哈哈哈哈！」巨蛇口吐毒舌，瞪著一對兒小圓眼兒舞動著長身子，朝小勒富嚷道。

小勒富知道，壞蛇幹壞事時，主要有兩招，一招是用毒牙咬，放毒汁，把人或其他動物毒死；一招是用繩子一樣的身子把人或動物纏住，令其窒息。巨蛇先用了第一招，它豎起了蛇頭，吐出了帶叉的細軟的芯子，向小勒富撲來。沒想到小勒富早有防備，他伸出一隻有力的大手，一把就死死卡住了蛇的脖

子，不讓巨蛇的毒牙咬著自己。巨蛇被卡得喘不上氣來，就使出了第二招，蛇一甩尾巴，就把小勒富緊緊地纏在了中間，一圈一圈地纏，眼看就要纏到胸口了。小勒富沒有驚慌，他知道，蛇的七寸處是蛇的心臟，是要害處。可這條巨蛇，心臟不在七寸那個地方，而在七丈七尺七寸處。小勒富眼瞅著巨蛇向他胸口處纏來，他沒讓蛇纏住手，他一隻手死掐住蛇的脖子，一隻手偷偷地從箭筒裡抽出一支箭，把箭橫放在自己的胸口，讓銳利的箭頭朝外，直直地望著巨蛇的七丈七尺七寸處，等著蛇身纏上來。巨蛇大概被小勒富卡蒙了，使勁一纏，結果正正好好，七丈七尺七寸處纏住了箭，箭頭一下子就扎進了蛇的胸口，蛇疼得一拘攣，血從胸口中湧了出來。蛇被箭扎到了要害處，就散了架子，繩子一樣的身子也鬆開了。小勒富一看，蛇馬上就要死了，他就鬆開了掐蛇脖子的手。蛇做最後掙扎，向前一躍，就順著山體彎彎曲曲地爬上了山。但蛇尾巴還在小勒富的腳下。蛇越來越僵硬了，最後化成了一條彎彎曲曲的小路。小勒富順著小路攀登而上，他走過的地方，巨蛇的鱗片被踩掉了，變成一塊塊小碎石，這就是人們在瀑布旁邊看到的碎石路。

小勒富戰勝了狼和蛇，繼續往前走，終於到了天池邊上，眼看著那座最高的山峰就在前面。於是，他越過補天石，繞過觀目峰、錦屏峰、芝盤峰，終於來到了高峰腳下。他喝了幾口天池水，運足了力氣，剛想往山頂上攀，突然，傳來了虎吼豹嘯的聲音，那吼叫聲十分 人，誰聽了都會嚇得汗毛直立。但小勒富沒有害怕，因為聽老人說了會有虎豹攔路，他有了思想準備。他一抬頭，就見對面山坡上衝下來一虎一豹。虎大聲吼道：「小勒富，快留下右胳膊來，我餓急了，不然，我不會讓你登上這座峰！」

豹也接著喊：「左胳膊我要，快留下左胳膊！」

小勒富看著那一對兒瘋狂的虎豹笑了，他問虎豹：

「你倆這對兒山中壞蛋，要我胳膊可以，但敢跟我比比力量嗎？我趴在這塊巨石上，你倆要能把我叼起來，就算我輸，我就把兩隻胳膊都給你們。」

虎豹相互對了一下眼色，大概以為小勒富在騙它們，就低聲嘀咕一陣子，

然後喊：「不行，你騙了大青狼，殺死了巨蛇，又想騙你虎爺豹爺嗎？我們不那麼傻！小崽子，比力氣可以，我倆趴在地上，你要能拎起來，就算我們輸，你就可以繼續往前走，否則，你就把兩隻胳膊留給我們。」

小勒富一聽，心裡暗自高興，心想，這兩個壞傢伙，還自以為聰明，看來，它倆根本不知道我小勒富的力氣。他答應了虎豹，讓虎豹趴在了自己兩邊。虎豹心想：就他這小小年紀，能有多大力氣，別說拎起兩隻虎豹，能拎起一隻麅子就不容易了。於是，它倆乖乖地趴下來，還傲慢地閉上了眼睛。

小勒富笑了。在拎虎豹之前，還輕輕地拍了拍它倆的頭。那兩隻虎豹還是沒睜開眼睛。就在這時，小勒富運足了力氣，「啊」地大叫一聲，緊緊抓住虎豹背部的皮，像拔蘿蔔似的，就把虎豹拎了起來。然後，一揚手，先把虎扔了出去，一下子就甩到天池南面去了，摔死在冠冕峰的旁邊，不一會兒，就變成一座臥虎峰。那隻金錢豹一看，大概知道了自己的末日也要到了，它拚命地掙扎，想死裡逃生。可是，小勒富又一甩手，就把豹甩到了天池北面，摔死在華蓋峰東面的山坡，一隻豹爪子伸向了天池，變成了現在稱為「豹子利爪」的一座奇峰。

小勒富戰勝了虎豹，帶上自己的弓箭，就開始爬山。小勒富拿出看家本領，系好椴樹皮編成的鞋，像山羊一樣攀著石崖直向頂峰爬去。不一會兒，他就登上了山頂。霞光向他招手，一輪火紅的太陽像過年時掛的紅燈籠，為他祝賀。他站立在寶劍形的峰頂上，終於發現了銀光奪目的「寶石」。啊！這就是大白熊說的那又白又亮的石片呀？老媽媽有救了，鄉親們有救了。小勒富抓起幾塊石片，揣進兜裡，轉身想往山下走，想快回去救媽媽和鄉親們。突然，那隻大白熊立在了他的面前，對他說：「勇敢機智的小勒富啊，我知道，只有你才能把這寶石帶到山下去，去為百姓和生靈造福。不管是誰，包括我呀，帶這寶石下山，寶石都會失去功效。因為你是最善良，最孝順的孩子。小勒富，多拿幾片吧，扔到有草爬子的地方，草爬子就不會害人了。」

小勒富這回心動了，本想說幾句感激的話，可他說不出來，他流了淚，跪

在大白熊面前磕頭致謝。等他爬起來一看，大白熊不見了，面前是一座像大白熊一樣的雪白雪白的石崖。石崖一會兒映在藍天下，一會兒又鎖入白雲中。

小勒富無心觀景，又抓幾把白石片，就急忙下山了。下山時，他聽從大白熊的話，把白石片沿路扔進了樺樹林裡、楊樹林裡、柞樹林裡、椴樹林裡、柳樹林裡、榆樹林裡……由於回家心切，就差落葉松林沒有扔到。

小勒富回到家，老媽媽剛剛嚥氣，眾鄉親正圍在遺體旁，向這位無私的偉大的母親致哀。小勒富大喊著媽媽，一下子撲到母親的身上，大哭起來：

「媽媽，媽媽，你為啥不等我回來呀？兒子說了，一定能拿回白石片來救你，救鄉親的。你為什麼？為什麼不等兒子回來呀？嗚嗚嗚……」

哭聲讓人肝膽俱裂，也震動著天宇。突然，「呼啦」一道閃電，接著，又「咔嚓」一聲雷鳴，震得地動屋搖。

「兒呀，拿回來了？快救鄉親，快……」鄉親們被這奇怪的閃電驚雷震呆了。忽然，就聽老媽媽呼喚小勒富的聲音，小勒富趕忙抱起了母親，母親活過來了，還睜開了眼睛。老天爺有眼哪，讓我媽媽活了，讓我媽媽活了！小勒富大呼老天爺。

「快，救鄉親們，兒呀！」母親在小勒富的懷裡催著說道。

「快，鄉親們，把這白石片磨成細米粒那樣大小，喝下去，病就會好起來的。」小勒富一邊說，一邊把白石片分到眾鄉親手中，自己拿一小片，用手指碾碎了石片，給老媽媽喝下去了。

說也奇怪，老媽媽和鄉親們都得救了。更奇怪的是，凡是小勒富扔過白石片的林子裡，再也沒有草爬子了，唯獨落葉松林，草爬子極多極多。

人們感謝小勒富，也感謝山頂上坐著的那隻大白熊勒富。就把大白熊勒富化作的那座鎖在白雲中的高峰叫白雲峰了。

後來，村裡人驚奇地發現，小勒富和老媽媽突然不見了，有人看見娘兒倆往白雲峰走去，再也沒回來。再後來，人們在白雲峰下發現兩塊相依著的高大青石，極像一對兒母子，人們就稱這奇石為「母子石」了。

於　雷（蒐集整理）

白雲峰的傳說（之二）

相傳，在很早很早以前，長白山下住著一戶窮苦的人家，家中只有母子二人，兒子王生是一個孝敬母親的好兒子。有一年，媽媽突然害病，王生無錢請醫生看病，心裡非常焦急。村裡有位白髮老人告訴他：「孩子，要治好你媽媽的病，就得上長白山哪！你到長白山上最高峰頂，就能採到最好的藥，知道嗎？」王生謝過老人，把要上長白山採藥的事跟母親一五一十地說了。母親聽說長白山有豺狼虎豹，怕兒子有個三長兩短，就百般不依，不叫兒子上山。王生為了給媽媽治病，縱有千難萬險也不願退縮。他帶了些乾糧，背著獵槍，直奔長白山去了。

王生一路走啊走啊，爬了一座又一座高山，蹚了一道又一道河，打敗了一隻又一隻豺狼虎豹，克服了重重困難，走了三七二十一天，終於來到了長白山。他抬頭望去，十六座大山巍然聳立，一座比一座高，王生仔細看了看，就按老人的指點，朝西側那座最高的山峰走去，他爬懸崖，攀峭壁，手磨破了就用草藥包上，鞋磨破了就赤著腳。王生終於爬到了山頂，他高興地叫了起來，啊！多麼美麗的長白山！天池閃爍著耀眼的光芒歡迎他，群峰披著燦爛的朝霞向他招手。他站立的那個寶劍似的峰頂，給他獻出了銀光奪目的「寶石」。他定眼一看，原來山上到處都是又白又亮的石片，王生想，這就是白髮老人說的能治媽媽病的好藥吧，於是他就包了一些小片片回到了家。

媽媽看到兒子回來，高興地流下了熱淚。白髮老人看到這「白色異常，其涼徹骨」的石片，連聲說：「正是這藥，正是這藥！」王生把這些小片片磨成細末，給媽媽喝了，媽媽的病很快就好了。

這件事很快就傳開了，人們都到長白山最高的山峰來採藥，可是人們一到山頂，看見的卻像岩石一般的層層白雲（層岩之意），再也找不到王生採的那種藥了。從此，人們就把長白山主峰叫「白雲峰」了。

王恩龍（蒐集整理）

白雲峰的傳說（之三）

　　長白山群峰聳立，天池水碧波如鏡。在長白山天池的西側，有一座高大的山峰，臨池聳立，像一把利劍直插雲霄，峰頂的白雲終日不散。天晴時，長白山群峰畢露，雄偉壯觀。唯獨這座山峰頂上白霧繚繞，雲鎖峰尖，氣象萬千。這就是長白山的第一高峰，叫白雲峰。

　　白雲峰為啥叫這名呢？傳說，在很久很久以前，長白山下有一個王家屯，屯子裡住著一戶姓王的人家。家裡只有母子兩個人，生活非常貧困，全靠兒子王福打柴賣錢餬口度日。那王福長得濃眉大眼，膀闊腰圓，渾身有使不完的力氣。母子二人日子雖然過得挺緊巴，還能夠對付著活下去。有一年屯子裡起了瘟疫病，這種病傳染很快，得病的人開始口乾舌燥，渾身發燒，接著滿身鼓皰長瘡，破頭之後就流血流膿，怎麼也治不好，日子長了就得死亡。村裡的人都很著急，燒香求佛也不頂用，人人心裡害怕卻毫無辦法。有一天，王福的母親也得了這種病，發起了高燒，王福心裡非常著急，天天上山採藥給母親治病。採來巴掌參不行，採來不老草、木靈芝也不行，採來大山參還是不行，急得他團團轉。王福心裡想：長白山裡出百寶，我就不信找不到能治這種病的藥材。他下定決心上長白山找藥。王福拜託鄰居照顧他的老媽，自己背上乾糧，一個人進了長白山。他走啊走啊，過了梯子河，爬上喘氣坡，過了岳樺林，爬過老虎背，來到天池邊上，也沒找到需要的藥。他又累又餓，想起母親的病情，心急如火，坐在天池邊上哭了起來。哭著哭著，不知道啥時候，來了一個白鬚白髮的老頭，用枴杖指著一座最高的山峰對他說：「要想治母病，天池往西行，白石涼徹骨，高峰頂上尋。」王福剛想再細問一問，那老頭一下子就不見了。他一著急醒了，原來是一個夢。站起身來往西一看，遠方果然有座高大的山峰，比其他的山峰都高，他想起夢中老頭說的話，心裡尋思道：高山出好藥，那裡一定有能治瘟病的藥材。於是他不顧疲勞，向那座最高的山峰走去。來到

山底下一看，山峰怪石林立，一眼望不到頂。他一步一步向山頂上爬去，石頭劃破了他的手和腳，他也不怕疼痛，費了半天的工夫，終於爬上了山頂，四處一看光禿禿的一片，到處是閃光發亮的白石片，連一棵草也沒有，哪有藥材。王福傻了眼，頓時感到口乾舌燥，渾身疼痛，他無力地倒在地上。突然王福感到白石片冰涼徹骨，貼在身上不一會兒傷口就不疼了。他口渴難忍，撿起一塊小石片含在嘴裡，只覺得一股涼風直透肺腑，頓時心爽口清，精神百倍。他高興極了，立刻用布衫包了一些背下山來。王福回到家裡，母親已經昏迷不醒了。他急忙取出一小片白石放在母親的嘴裡，不一會兒，他媽就睜開眼睛了。王福一見這玩意兒挺有效，就用小石片熬水給他媽喝，他媽的病立時好了許多，他又把小石片研成粉面上在出膿的傷口上，不幾天他媽的病就好了。他把白石片拿給大夥看，都說這是珍貴藥材冰片。他用冰片熬水給病人喝，研成粉面上在瘡上，很快把全屯的病人全治好了。鄉親們都十分感激王福。於是一傳十，十傳百，長白山下方圓幾百里都來王福這裡求藥治病。一來二去，王福開起了白雲藥鋪，日子也過好了。開始的時候，王福賣藥價錢便宜，有的窮人買不起藥他就白送給人家治病，大家都很喜歡他。可是，日子久了，王福生活好了，錢多了，心也變了。他見錢眼開，唯利是圖，把藥的價錢抬了又抬，升了又升，趁人在病危之中敲詐勒索發大財，慢慢地蓋上了四合套大院，買了大片土地，娶了兩個小老婆，成了出名的大財主。王福當上了財主，見財心黑，對長工十分凶狠，對窮人放債盤剝。窮人有病買不起藥，就只好眼睜睜地等死。有一次，一個小半拉子夥計得了病，躺在地鋪裡燒得張口直喘，王福不見錢不給藥吃。十幾個長工來講情，王福鐵青著臉把長工們臭罵一頓，趕出門外。不幾天，小半拉子就死去了。人們恨透了王福見財心黑，背地裡都叫他「黑心利」。王福的母親見他越變越壞，就教訓他不要見財心黑，貪心大了沒有好結果。可是王福叫錢迷住了心竅，母親的話也聽不進去了，老太太叨咕常了，王福心中十分厭煩，背地裡一商量，乾脆叫他小老婆出面，把老太太送到原來住的小破房裡不管了。從那以後，王福心黑手狠，壓榨窮人更加不擇手段了。

有一天，王福正在藥鋪裡查看小夥計們賣藥，他坐在八仙桌子後面的安樂椅子上，手裡拿著水煙袋，喝著茶葉水，逍遙自在。忽然從外面跌跌撞撞地走進一個老頭來，穿的破衣爛衫，白鬚白髮，一步哼三哼。王福一見就把眉頭皺了起來，心中十分不耐煩。王福衝著一個小夥計喊道：「去問一問！老頭要買藥就叫他快買快走，別傳染了瘟病。」小夥計去問了一陣子，過來對王福說：「東家，那個老頭要找您哪。」王福心裡本來不願意搭理那個老頭，又怕他耽擱時間長了，影響買賣，只好邁著八字步，走到老頭的跟前，沒好氣地問道：「老頭！你找我幹什麼？」老頭有氣無力地哀求道：「我得了瘟病，到你這裡來討點藥吃。」王福冷笑一聲：「說的倒好聽，討點藥吃，我又不是活菩薩，不捨藥，本櫃是現金交易，概不賒欠！」老頭苦苦地哀求道：「可憐可憐我吧！我無兒無女，眼看就要死了，你不能見死不救呀！」無論老頭怎麼哀告，王福鐵了心，就是不答應。小夥計們於心不忍，偷偷地流下了同情的眼淚。老頭見哀求打不動王福的心，就說道：「你的藥是我告訴你從長白山上取回來的，你不好好給人們治病，掙了那麼多錢，難道給我吃一點都不行嗎？」王福一聽老頭揭了他的老底，立刻火冒三丈，惡狠狠地說：「藥是我的，就是不給你！我把藥餵了狗你也乾生氣！」說著抓起一包冰片叫小夥計扔到後院狗食盆裡去了。老頭一見王福對窮人這麼狠毒，不禁勃然大怒，一轉身變得鶴髮童顏，一邁步兩腿呼呼生風。王福仔細一看，才認出來，原來他就是自己在天池邊上睡夢中遇見的那個老頭，嚇得他渾身發抖，目瞪口呆。那老頭一瞪眼睛，二目炯炯有神，一張口聲若洪鐘，衝著王福說道：「你真是個見財忘本的黑心利，叫這些藥還回到長白山裡吧！」說完用枴杖一指，王福家裡的藥材和房屋立刻化作一團團白色的霧氣升上了天空，那位老人縱身跳進白霧裡，越升越高，最後變成朵朵白雲飛上了那座高大的山峰。從那以後，這座山峰頂上終年雲遮霧罩，就是晴天山頂上也有白霧繚繞，雲鎖峰尖，看不清上山的道路。偶爾有人上到峰頂，再也找不到治病的冰片了。天長日久，人們就把這座山峰叫作白雲峰。

日月峰的傳說

　　長白山上有一座石峰，叫日月峰。遠看像一個作揖拱手的姑娘，面朝東方，做出祈禱的樣子。可是仔細一瞅，她只有鼻子、嘴、耳朵，卻沒有眼睛。

　　她在祈禱什麼呢？她的兩隻眼睛又哪去了呢？

　　故事發生在開天闢地的遠古時代。

　　那時，沒有太陽，沒有月亮，也沒有星辰，大地上一片漆黑。冰冷的世界死氣沉沉，當然就沒有生物存在了。

　　有一天，天帝最小的女兒對天帝說：「父皇，大地太黑暗了，應該讓它亮堂起來！」

　　天帝搖了搖頭，沒有說什麼。

　　又有一天，她又對天帝說：「父皇，大地太冰冷了，應該讓它暖和起來！」

　　天帝又搖了搖頭，還是沒有說什麼。

　　第三次，她再次對天帝說：「父皇，大地太荒涼了，應該讓它繁榮起來！」

　　天帝有些不耐煩了，使勁兒地搖著頭，一甩袖子走了。小仙女氣極了，她偷偷地離開了天庭，駕著祥雲，翩翩地降到下界，落在了長白山上。

　　多麼好的高山哪，可是除了光禿禿的大砬巴，再什麼也沒有。沒有樹木，沒有花草，沒有飛禽，沒有走獸……多麼可惜啊！

　　她在高山上徘徊、巡遊著，她決心要讓大地亮堂起來，暖和起來，讓它充滿生氣。她不知轉悠了多少時間，也不知花費了多少腦筋，卻沒有想出個好法子來。

　　誰也不知她在大地上待了多久。後來天帝知道了，立時大怒，下令罰她永遠不許再回到天上來。

小仙女很倔強，決心不回天庭，要豁上自己的一切，把照暗、冰冷、毫無生氣的大地改變過來。她不知道又巡遊了多長時間，也不知道又思索了多長時間，最後她終於從自己的身上找出了辦法，她發現自己的兩隻眼睛十分明亮，放射出的就像兩道閃光，她又發現脖子上掛的那串玉珠也閃閃發光。

小仙女高興地想著：如果把我的兩隻眼睛拋到高高的天上，一定能把大地照得通亮。有了光，就有了熱，大地上也一定會暖和起來。大地暖和了，地上也一定會長出花草樹木和蟲魚鳥獸來。

可是，那得下多大的決心哪，拋出了自己的眼睛，不僅回不了天庭，往後連什麼東西也看不見了，一切都完了。小仙女巡遊了很久，又考慮了很長很長的時間。

這天，小仙女狠了狠心，咬破了嘴後，磕碎了牙齒，忍痛把左眼挖了出來，向高高的天上拋去，天上立時出現了明亮的太陽。

可是那太陽在天空上走了半圈，又慢慢地鑽進了西山，大地上又黑了。這時，她又一狠心把右眼挖了出來，向天上拋去，天上立時出現了一個光明的月亮。那月亮並不太亮，大地上的一切都是模模糊糊的。於是，她又把脖子上的一串珍珠拋到了高空，這串珠立時化作了滿天的星星。星星閃閃地發著光，整個大地就亮得多了。

小仙女失去了雙眼，一步也不能挪動了。原來那串珍珠是她騰雲駕霧的寶物，失掉了它，就更無法回到天庭去了。她只得站在那裡，讓風吹雨淋太陽曬，慢慢地停止了呼吸，又慢慢地僵化了，最後她變成了一座石峰。但是她仍然保留著一個優美善良的少女模樣，面向著東方，整天都在做著祈禱，迎接太陽和月亮輪番地出來，好讓它們把大地給照亮。

大地亮堂了，大地暖和了，從此大地就有了生物。

這就是日月峰的來歷，它被滿族的祖先，推崇為神峰。

王恩龍（蒐集整理）

金梭峰的傳說

　　長白山裡頭有一座老高老高的山峰，形似一把織布梭子，上拄天下拄地，當地人叫它金梭峰。石峰的山根下，有個洞，洞口溜圓的，像十五晚上的月亮。不知什麼年頭什麼人，在洞口的上邊鑿出四個斗大的字「滿月仙洞」。

　　順滿月仙洞往上瞅，在山峰的半腰，長著一棵根須盤結的桃樹。這桃樹枝葉茂盛，綠瑩瑩的，怪稀罕人的。關於山峰和桃樹流傳著一個美麗動人的傳說。

　　據說當年織女私自下凡和牛郎成家後，王母娘娘知道了很生氣。王母命天兵天將硬把織女弄回天庭。王母怕織女和牛郎拆掰不開，就拔下頭上的簪，劃出一條天河，隔斷了他們的往來。王母娘娘以為這樣還是不牢靠，就叫織女白天黑夜不失閒地紡織雲錦。這樣一忙亂，織女就沒空去思去想丈夫和孩子了。

　　織女手持金梭不分晝夜地織啊織，可咋忙也忘不了丈夫和孩子。她邊織邊流淚，整天淚水不乾。有時想看看生活在下界的親人，又叫織出的雲錦遮住了視線，她更是傷心了。

　　織女越來越消瘦，心裡七上八下的。眾位仙女姐妹看在眼裡，都挺同情她，便約好了一塊向王母給織女求情。王母娘娘一尋思，織霞鋪雲的活全仗著織女，織女要傷心大發了，硬是不織，還真不好辦呢！眉頭一皺，想起個好辦法，就順水推舟地賞了眾仙女們個臉，答應每年的農曆七月初七，讓喜鵲們給搭個橋，允許牛郎和織女夫妻相會一次，孩子們也可以見見母親。

　　這樣一年一年地過去了，織女想牛郎想孩子，盼七月七；孩子們想母親，牛郎想織女，盼七月七。一年裡就一回七月七，過完七月七這個歡聚的日子又得等一年。織女還是時常落淚。一滴滴的淚水透過雲層落到地上，天長日久地成了一個湖。

　　織女的誠心實意感動了她手中的金梭。金梭瞅著織女成天用眼淚洗臉怪揪

心的，暗暗打定主意，想幫織女的忙。

　　這一天，織女實在太勞累了，剛一打盹兒，金梭趁機掙脫開她的手，朝下界降落下去，把滿天雲錦穿了個窟窿，插在織女淚湖邊，變成了一座細溜溜的山峰。

　　織女一下驚醒了，一看金梭落到下界變成一座山峰，明白了金梭的用意，心中十分過意不去，但已經沒辦法讓金梭再返回天宇了。織女怕王母知道這件事，趕緊求仙女姐妹們想辦法。蟠桃仙子獻出一根桃木和一把金梭，這才應付過去。

　　從此以後，牛郎挑著孩子，每天趁著月色，登上金梭峰的峰槽，金梭峰便慢慢地往高長，插入雲霄，一直把牛郎父子送到織機房織女的身邊，等地上的公雞一叫，金梭峰藉著輕霧再慢慢地縮小下來，把牛郎父子接回地面。

　　一來二去的，這事又讓王母娘娘知道了。她氣壞了，立刻打發雷公放出天罡真雷去懲罰金梭峰。雷公一個響雷，把金梭峰劈去個尖。梭子峰成了平頂的了。王母娘娘還不解恨，隨手又拔出金簪一指，把金梭峰定在那裡了，再也不能長高縮小了。

　　因為老長一段時間有金梭接送牛郎父子，沒用喜鵲們搭橋，喜鵲們也忘了自己的這一職責，金梭峰一被釘住，七月七也不能相會了。

　　這一天，又到了王母大擺蟠桃會的日子。蟠桃仙子看到群仙聚會，個個興高采烈的，唯獨織女愁悶不堪，又動了惻隱之心。蟠桃仙子趁王母和眾仙姬不注意，從桌子上撿起個蟠桃核，順手拋下天去。蟠桃核順著金梭穿透的窟窿眼兒，滴溜溜地往下落，不偏不斜，正好落在金梭峰的峰槽上，於是長出一棵桃樹來。

　　打那以後，一到晚上，牛郎又能挑著孩子站在桃樹杈上，等蟠桃樹慢慢長高，把他們頂到天宇和織女相會。

　　有人說：細端詳端詳這座山峰，穿紗引線的針眼兒就是滿月仙洞。還有人說，牛郎和他的孩子為上天方便，就住在這個洞裡。牛郎父子每天晚上登天，

看到一樹仙桃挺饞人的，就順手摘下來吃，一來二去的，他們也脫掉了凡胎。王母娘娘看著實在沒辦法再拆散牛郎和織女，也就只好拉倒了。眾仙女姐妹一看是時候了，就趁機講情，王母娘娘想了想也就鬆了口，把牛郎和他的孩子收留在天庭，和織女住在一塊兒了。

這個故事一傳開去，不知是誰在洞中立了牛郎、織女和他們孩子的像，還單立了一把金閃閃的梭子，以示紀念。

一直到現在，當地的少男少女還保留著一到七月初七這天，在太陽沒出來之前，就到金梭峰下、滿月仙洞前和淚水湖邊，摘葉採花「討巧」的習俗。

陳　陣（講述）

王希傑（蒐集整理）

神仙峰的傳說

拱抱著長白山天池的座座峰巔，幾乎全是由巍峨奇岩組成，唯有在芝盤峰和白雲峰之間，鼓起一座土峰，人稱神仙峰。關於這名字的由來，流傳著這麼一段故事。

從前，在長白山兩面的馬尾河邊，住著一個姓劉的樵夫。有一年九月裡，一個月光皎潔的秋夜。有幾個人圍聚在長白山土峰頂上，把盞痛飲，吟鳳詠月，暢懷大笑。這歡聲笑語一直傳到山下河對岸。劉樵夫深感疑惑，和前來採藥的孔藥師一起登上土峰看個究竟。誰知峰頂上毫無有人來過的蹤跡，只有濃濃的香味兒幽幽飄散著。

從那以後，兩位老友每天晚上觀察那山峰，似乎已經成了習慣。令人納悶的是凡萬籟俱寂的月夜，就會聽到跟以前那樣的吟風詠月和暢懷大笑的聲音。有時還能見到圓圓的火球飄飄蕩蕩。兩位老友商議以後，挑了一個白天，悄悄爬上芝盤峰，找了個合身的石洞躲藏起來，決心把事情弄個明白。

那天正好是正月十五元宵節，皓月當空，寂靜無聲。子夜時分，只見有幾位銀鬚白髮的老人，身穿雪白雪白的衣衫，圍坐在一塊扁平的大青石四周。不過，那天他們竟然沒有吟風詠月，卻大談熬製靈丹妙藥的妙方。仔細一聽，什麼人參黃蓍啦，什麼紫參靈芝啦，又是羅列藥名，又是介紹秘方，好不熱鬧。只是隔得太遠聽不清楚。

當東方拂曉時，說話聲頓時止息。兩位老友仔細一瞧，那伙神仙竟然毫無影蹤了。旭日東昇，他倆小心翼翼地來到神仙們聚談的地方一看，只見那兒長滿了昨晚上神仙們列舉的那些名貴藥材。

孔藥師貪婪地撫摸著這些名貴藥材，對劉樵夫說：

「老弟，你有個老母身患不治之症，而我呢，只有一個傳宗接代的獨苗苗，卻又是體弱多病。我看，咱倆就把這藥材挖走，怎麼樣？」

「咱們的實情雖說如此，可怎麼能在光天化日之下，不經主人同意，隨便處置這些藥材呢？」

孔藥師聽了劉樵夫這番話，大不以為然。他沒再多說什麼，衝進草藥地，又踩又踏，挑大的名貴藥材採了一麻袋。孔藥師生怕主人突然出現，腳底抹油溜得快，邊跑還邊喊道：

「我走啦。你慢慢地採吧。」

沒等孔藥師下到半山腰，突然刮來一股狂風，把孔藥師裹到半空中，又把他吹到馬尾河邊，懸掛在岸上的松樹枝上。

劉樵夫獨自一人留在草藥地裡，把被孔藥師踐踏過的草藥，一棵棵小心地扶起來，又在根部培上土。這時，南天上突然飄來一朵五色彩雲，走下一位銀鬚白髮的老人，手裡拄著一根三節竹杖。劉樵夫連忙恭恭敬敬地行了三個鞠躬禮，把事情的前後經過詳詳細細地告訴了老人。端莊地坐在那裡的老人，聽完劉樵夫的敘述後說：

「孝順父母，循規蹈矩，本是做人的信條。然而，孔藥師光想到自己的兒子，把草藥地糟蹋得一塌糊塗。雖說行為可惡，但我給他一個悔過的機會，只給他一些適當的處罰。」

老人說完，挑了幾種名貴藥材給劉樵夫，又把煎熬的方法一一告訴了他。劉樵夫彎下腰表示了深深的謝意，抬起頭來一看，老人已經不知去向。他只覺得腳底下飄起一朵浮雲，轉眼間就把他送回了馬尾河邊。

劉樵夫走下浮雲，聽見孔藥師正在松樹枝上苦苦哀告：「救命啊──」劉樵夫想起孔藥師的行為，越想越感到可惡。但他又想到不能見死不救，於是從樹枝上救下了孔藥師。

劉樵夫回到家裡，用石頭鑿了個藥罐。他又根據神仙老人的指教，把草藥混在一起煎熬以後，和上陳蜜搓成九個藥丸。他讓老母每隔三日吞服一丸。老母的病勢漸漸有了起色。等到老母服下最後一丸藥後，病體痊癒，並能料理家事，整個家裡充滿了歡樂的笑聲。

貪婪的孔藥師把草藥拿回家，任意煎熬後，每天讓兒子喝三大碗，喝得他兒子最後成了痴呆。

　　貪心的孔藥師受到了懲罰，兒子成了痴呆；而善良的劉樵夫遂循天意，挽救了母親的生命。

　　從那以後，人們就因神仙們曾在這土峰上種過仙草名藥，稱之為神仙峰。

車廣順（講述）

李天祿（蒐集整理）

白馬峰的傳說

在壬辰倭亂期間，倭寇常常侵犯沿海地區，燒殺擄掠無所不為，黎民百姓難以安居樂業。當時，在一個山村裡有個乳名喚作熊石的孩子。打從父親被倭寇強拉去東海邊做苦役勞累過度病死後，他便與寡母相依為命，常年衣食不周。他的母親善良剛直，含辛茹苦把熊石拉扯大，一心只盼望他成才。一天，她把丈夫遺留下來的畫筆交給兒子，叮囑道：

「為人理應胸懷大志，你也已到勤奮向學的年齡，該歷盡風波閱盡滄桑見見世面。明天，你自個出去謀生，把這支畫筆用禿了再來見我。」

母意不敢拂逆，熊石果於翌日離開了母親和故鄉。行行復行行，行行復行行，這一天，他來到了一個不知地名的深山溝裡，但見四下巉岩環立林木幽深，卻有很多民夫在建造糧庫。細一打聽，才知此處是倭寇軍糧食庫工地；這些民夫全部係被強徵而來。幾位民夫見其年少可憐，既稀裡糊塗進入虎口，一時也就難以脫身，便在苦役中多方照顧他。他則白畫同民夫們一起受罪，晚間在月光下學畫。

光陰荏苒，不覺間他已在苦役中熬過了三年。功夫不負苦心人，他畫出的飛禽竟也栩栩如生，展翅欲飛。屢受民夫們讚賞，他感到畫藝已經不錯。便辭別眾位難友悄悄地離開工地。跋山涉水，幾天幾夜，終於於晚間回到了故鄉。一推開家門，只見母親坐在織機旁藉助月光織布。她見兒子歸來，開口便問道：「才幹學得如何了？」

熊石連忙於行囊中掏出畫筆，請母親驗看。

她見畫筆果已見禿，便從箱子裡取出一張白紙，囑道：「畫給我看看，看你有何長進。」

他跪在母親足前，藉助月光，不多時便在紙上畫成了一隻色彩斑斕展翅欲飛的雉雞。

母親看了看，皺起眉頭說道：

「大丈夫志在四方，豈能只拘於飛禽？」

她要兒子畫一匹駿健的白馬。他感到十分為難，用墨筆怎能畫出白馬呢？

她見兒子面現難色，囑咐道：

「明日一早，你再迎著旭日繼續出外學藝，拜訪名師學得文武雙全之後再來見我。」

他想到寡母歷盡風霜無人照看，便稟道：「母親獨處無人侍奉，不孝如我怎好再讓您孤淒無告。」

她一聽此言，拿起剪刀毅然剪斷了機杼。

他大驚失色，忙問道：「母親為何如此生氣？機杼一斷，無以織布。」

她訓斥道：「你學藝未成便欲作罷，怎不知自痛自惜？」

他這才理解了母親的深意，當即將所畫之雉雞雙手捧呈母親，稟道：

「孩兒明日拜別後，請您將此畫掛於房間裡。每天天亮後您看一看它，便能如同看到了孩兒。兒一定學成歸來，不負母親殷望。」

兒子再次出外學藝後，她將那幅畫真的掛在了房間的壁上。次日天剛亮她進去一看，只見畫下已堆積了一升白米。從此，日日如斯，她每天早上都能得到白米一升。她十分詫異，怎麼也難以理解兒子所畫之雉雞竟有將倭寇糧庫之糧叼出之術。她為兒子已有了出息而高興，也更盼望兒子早日學成歸來。

幾年後，她的這一祕密竟被村中一個富翁知悉。他想法潛入她的家裡，將畫竊走掛於自家的客房。翌晨一看，果見畫上的雉雞栩栩如生，畫下堆積了一升白米。他迷惑不解，竟終宵不眠，想知其究竟。他等啊等啊，等到北斗七星漸落之時，只見雉雞的雙目迸現綠光，而嘴巴裡則吐出一粒又一粒的白米。等雉雞一啼，北斗七星隱沒，天一大亮，不多不少便堆積了一升白米。他的慾壑難填，痛感日得一升白米太少，竟於次日拂曉將雉雞之頭割斷，一心只想雉雞的喉管吐出更多的白米。說時遲那時快，時間一到，從雉雞的喉管裡果然傾瀉出大量白米，一刻不停，不多久便把他的房間堆滿，接著又把他的家堆塌，堆

成了一座碩大無比的糧山，同時也就把他埋葬於白米之下。

與此同時，守衛軍糧倉庫的倭寇總監見庫內白米大量流失，而且是從倉庫頂端的一個拳頭般大的隙洞中飛走的，便帶領幾百名倭寇，循著白米飛走的路追趕了幾天幾夜，終於來到這個村子，一眼便看到了白花花的糧山。

倭寇總監打聽到此案根由出自熊石的母親身上，便把她抓去嚴刑拷打，追問熊石的去處。這時，熊石拜師學藝已成，剛好回到了故鄉。一進村口，見倭寇殺人放火姦淫擄掠無惡不作，便拿出畫筆畫成一匹白馬，跨上馬背，揮舞畫筆，畫筆隨即變成為長劍，鋒利無比。他衝入敵陣，所向披靡，倭寇遺屍如山積。

救出母親，安頓好母親之後，他繼續跨著白馬揮著長劍追逐逃寇。追至東海邊時，海上突起颶風，倭寇全部被捲入海中溺斃，他則立馬海邊的岩石旁，與白馬一起幻化為峪岩。

從此，倭寇一見此岩便失魄喪膽，彷彿熊石仍騎著白馬巡邏於海岸。後人見此岩酷肖白馬，便呼之為白馬峰。

五女峰的傳說

順著集安至通化的公路走二十多公里，就見到了老嶺山脈的五女峰。五女峰山上有五個突兀而起、陡峭險峻的山峰，山下有清澈見底、飛珠濺玉的潺潺綠水，這裡山勢壯美，峰巒奇秀，老樹虯松，奇草怪藤，溪水歡歌，四季山色變換，一季一景，可稱為人間仙境。

在很久很久以前，這座山不叫五女峰，因為，山上住有許多成仙得道的神仙和精怪，所以，叫居仙峰。當時沒有五個山峰，只有一個高聳挺拔，似刀劈斧砍的險峰，它山高路險，滿山奇花異草、山珍名藥。

居仙峰下有個村子，村裡住著百十戶人家，村裡的農夫、獵人靠種地和上山打獵維持生計，日子過得還算可以。後來，居仙峰上來了一個老虎精，非常殘暴，它不僅在山上欺負善良的仙子和道行低的精怪，還禍害山下的老百姓。它能不讓天下雨，農夫們種的莊稼都乾死了，連續多年顆粒不收。它不准獵人上山打獵，獵人只要踏上居仙峰，不是被它吃掉就是被它打傷，獵人們只能望山興嘆，不能獲得獵物。村裡的農夫和獵人們已經飢餓難忍，貧窮潦倒。

村裡住著一個年輕美麗的姑娘叫秀女，母親早年過世，無兄弟姐妹，和年邁的父親一起生活，過去，她經常上山採蘑菇撿核桃，換點零碎銀子補貼家裡用。有一次她在上山撿蘑菇時，遇見四個在居仙峰上修行多年，已經得道成仙的仙子在水裡洗澡，一個是人參仙子叫參女；一個是綠玉石仙子叫玉女；一個是天女木蘭仙子叫天女；一個是映山紅仙子叫春女。仙子們看她非常可愛，便和她拜了乾姊妹，並說有困難就找她們。

大姐參女還把自己最心愛的棒槌鳥送給她一隻，告訴她說：「你要想見我們就把棒槌鳥放回來，我們見到它，就會去見你。」自從老虎精霸占了居仙峰以後，秀女曾經找過她們，問有什麼辦法除掉老虎精，她們只是嘆氣沒有辦法。

秀女的父親因飢餓成疾，已經奄奄一息。秀女非常悲傷，她不能眼看著父親這樣活活地餓死，她不顧鄉親們的勸阻冒著被老虎精吃掉的危險，到居仙峰下的綠水河裡抓了一條大細鱗魚回來，正當她要舉刀剁魚的時候，細鱗魚開口說話了。

細鱗魚說：「秀女住手，你父親吃了我，只能解決他自己一時的飢餓，要想讓你父親和全村的人永遠不挨餓，必須除掉老虎精。」

秀女見細鱗魚說了話，開始時嚇了一跳，待穩住了神後，知道自己抓的是個魚精，便無奈地對細鱗魚說：「我們沒有除掉老虎精的辦法。」

細鱗魚說：「我就是特意來告訴你除掉老虎精辦法的，山上自從來了老虎精不但你們獵人和農戶受害，連我們道行低的精怪也深受其害，它不讓天下雨，綠水河除了我住的汀子裡還有點水以外全乾了，我的子孫都乾死了，再這樣下去我的命也難保了。」

秀女聽細鱗魚說有除掉老虎精的辦法，立時來了精神，問道：「你有什麼辦法能除掉老虎精？快告訴我。」

細鱗魚說：「這個老虎精已經修行了一千多年，道行高強，別說是你們農夫和獵戶了，就是山上的仙人仙子，也奈何不了它，它最大的能耐是可以把自己的心拿出來放在別處而不傷身體，吃喝行走如故。如果它被其他神仙、人間武士和凶惡猛獸傷害而死，放在別處的心就會自動跳躍起來，頃刻間，老虎精便會甦醒過來，傷痕消失，恢復如初，而且道行不減，武功不廢。但是，如果放在別處的心被人刺中，它便立刻倒地身亡。因此，它在居仙峰背坡隱蔽處的懸崖峭壁上，鑿了一個剛好能盛下心的小石洞，取名藏心洞，它的心就放在藏心洞裡。我知道藏心洞的位置，我告訴你怎樣能找到它，你用箭把它的心射死，老虎精就會死掉的。」

接著細鱗魚就說出了尋找藏心洞的路線，然後就閉上嘴再也不說話了，她把魚放回到綠水河的深水汀裡。

秀女知道了能除掉老虎精的辦法，心裡非常高興，可是有什麼辦法能爬上

居仙峰而不被老虎精發現呢？她思來想去還是得找四個仙子姐姐幫忙，她立刻放飛了棒槌鳥，不一會兒，四個仙子姐姐便來到她的跟前，齊問她又遇到了什麼難事，秀女就把抓到了細鱗魚，知道了藏心洞的祕密和想上山除掉老虎精，以及請仙子姐姐們幫助她上山的想法都說了出來。仙子們聽秀女說有除掉老虎精的辦法都非常高興。參女說：「自從老虎精上了居仙峰，我們就沒有安穩過，它經常調戲我們姐妹，我們為了保住名節，天天都得提防著它，天天都在提心吊膽地打發日子，我們也早想除掉老虎精，但是不管用什麼辦法都奈何不了它，這會兒可好了，只要我們找到了藏心洞，就能把它刺死了，老百姓有了活路，我們也安穩了。」

天女說：「這個老虎精神通廣大，眼觀六路耳聽八方，只要人的腳步踏到居仙峰它就知道，要想上山去找藏心洞，不是件容易事，得想個穩妥的辦法。否則，不等你刺死它，他就把你整死了。」

玉女說：「天女說的對，是得想個好辦法，別沒刺死它反而被它吃掉了。」

春女說：「我看這麼辦，老虎精不是總想著我們姐妹嗎，明天我們姐妹四個打扮打扮，主動去找它，吸引它的注意力，把它引到山下的綠水河邊上，纏住它不放，讓秀女帶著弓箭上山，找到藏心洞後射死他的心。」

大家都同意春女說的辦法，於是，五個人便開始合計如何引開老虎精，如何找到藏心洞的具體辦法。

第二天一早，四個仙子身著綾羅綢緞，腰掛金絲玉珮，打扮得花枝招展，邁著輕盈的步子，樂呵呵地來到了老虎精身旁。老虎精剛剛睡醒，聽耳邊有金絲玉珮的響聲，睜眼一看是仙子們來了，樂得它急忙爬起來，剛要抓住她們，仙子們卻都不見了，老虎精順著腳步聲尋找起來，仙子們在前面走，它在後面追，它快追仙子們快走，它慢追仙子們慢走，它停下仙子們也站住不動，就這樣他們一前一後，有走有追地從山頂上往山底下的綠水河走去。

再說秀女帶著弓箭來到居仙峰山下，等了一段時間後，估計仙子姐姐們已

經把老虎精引開了，便按著細鱗魚指的路線爬上山，找到了藏心洞，看到了老虎精的心在洞裡一張一縮地在跳動，她立刻對準山洞拉弓射箭，箭不偏不倚地射進藏心洞，只聽「轟隆」一聲山崩地裂似的巨響，頃刻間，山在動地在搖，天昏地暗，山石亂滾，秀女被連震帶嚇地昏倒在地。

不知昏過去多長時間，秀女好像聽到在很遠很遠的地方有人在叫她的名字，她睜開眼睛，見是四個仙子姐姐伏在她的身上，又喊又叫地把她喚醒了，秀女站起來抬頭望去，立刻被眼前的景象驚呆了，那座又高又險的居仙峰不見了，山上出現了五個坐落有次的山峰，真是鬼斧神工，山形奇特，景色秀麗，美不勝收，就像五個亭亭玉立的仙女站在那裡。

四個仙子姐姐告訴秀女，她的箭正好射中了老虎精放在藏心洞裡的心，老虎精當即就倒在綠水河邊，變成了一個奇形怪狀的、非常醜陋的大石崖。現在獵人可以放心地上山打獵，農夫可以下田種地了。

山上的仙人仙子和山下的獵人農夫為了感謝秀女和她的四個仙子姐姐便把這五個山峰叫作「五女峰」。後來，秀女在四個仙子姐姐的超度下，也得道成為仙子了，五個仙子在五女峰上共居一座山峰，人們就用她們的名字作為五個山峰的名字，分別叫參女峰、天女峰、玉女峰、春女峰、秀女峰，一直延續到今天。

那醜陋的「老虎崖」也從此定位在綠水河旁，任人攀登，任人踩踏。

奶頭山的傳說

天上玉皇大帝本來有八個女兒，頂數小姑娘八仙女長得最漂亮。人們不叫她八仙女，齊稱她美人。

姐妹中美人最小，長得又那樣漂亮，玉皇、王母對她特別的寵愛，事事依著她。

長白山圓池是天女浴躬之地，每次下界沐浴，老大到老七這姐妹七人都是結伴而行，同去同歸，唯有八仙女美人獨來獨往，由於玉皇、王母特別慣她，誰拿她也沒有辦法。

長白山腳下有個砬子屯，這屯裡有個羊倌，大家不叫他大號，都叫羊倌，叫來叫去，這羊倌倒成了他的名字了。羊倌愛吹笛子，到了山上，羊吃草，他拿起笛子就吹，由於他天天吹，日日練，功到自然成，這笛子吹得可就滾瓜爛熟了，真可謂，韻味十足，悠揚悅耳。八仙女就愛聽他吹笛子，每次下界沐浴都要先到羊倌放羊的地方聽他吹幾首曲，再去沐浴。有時美人聽啊聽啊，聽到入迷的時候，就會情不自禁地隨著曲子跳了起來，你看她柳腰微展，繡帶飄飄，蓮步輕移，婆娑縹緲，曲伴著舞，舞和著曲，一個越吹越來勁，一個越跳越開心。

這時，羊兒忘了吃草，鳥兒忘了覓食，都奔過來，圍在他們的身邊，瞪起眼睛，豎起耳朵，欣賞歌舞，和他倆一起把歡樂分享。這樣一來二去他倆就成了好朋友。美人一來，羊倌就用醇香的羊奶招待她。美人也帶些天上的瓜果送給羊倌。為了珍惜歡聚的時光，美人上圓池沐浴也非拉著羊倌陪著她，男女授受不親的界線已被他倆的友誼打破了。

冬去春來，又是一年，這年立夏之後，美人又到長白山沐浴，當然得先到羊倌那兒玩一玩了。可到了羊倌放羊的地方，聽不見悅耳的笛聲了。只見草黃了，羊也蔫了。羊倌坐在石頭上，愁眉不展地耷拉著腦袋。美人到他跟前，他

才發現有人，美人問：「怎麼不吹笛子了？」「吹啥，哪有閒心啊！」羊倌說。美人問：「怎麼了？」「你看看這天，一塊雲彩都不見，幾個月不見一滴雨，都快渴死了，地裡的莊稼也都旱死，再不下雨這羊也就活不成了。」羊倌說著說著掉下淚來。美人撲哧一聲笑了，「看把你愁得那樣子，不就是要雨嗎？這有何難。」一聽這話，羊倌馬上站起來：「行了，你是龍王還是玉帝，說大話可不當雨。」美人說：「你等著。」說完，她轉身就不見了。

美人來到天池，高喊：「天池龍王，天池龍王。」天池龍王一聽，不敢怠慢，忙出來迎接，「不知公主大駕光臨，有失迎接，萬望公主恕罪。」美人道：「罷了，你趕快到山下降雨。」天池龍王一聽，雙膝跪倒：「公主容稟，人間施雨，必須有玉帝的玉旨，小臣絕不敢妄為。」美人說：「本公主說了也不好使嗎？」龍王說：「這、這、這……」美人說：「我的吩咐你敢不聽？」龍王道：「這個責任小臣實在擔當不起。望公主三思。」美人發火了，「讓你去就去，天塌下來我擎著，你敢不聽，我把你的皮剝了。」龍王一見美人那咄咄逼人的樣子，怎敢得罪玉帝的掌上明珠，萬般無奈，只得到山下行雲布雨，使久旱的地方又煥發了生機。鄉親們感謝美人，都說羊倌遇上了仙女。天池龍王私自降雨，被玉皇知道了，下令將天池龍王斬首示眾。美人挺身而出，說是她逼迫龍王做的，與天池龍王無關。要殺要剮她一個人承擔，玉皇只好放了天池龍王。

因降雨一事，美人和羊倌的事玉皇也知道了，為讓美人死了這條心，他降旨雷公電母將羊倌劈死了。

美人聽說羊倌死了，痛哭了幾天幾夜，怨恨父王心狠不講情面，心想羊倌為我而死，我還有什麼留戀的。乘天宮裡的人不備，她下界來到長白山，在羊倌死的地方自盡了。鄉親們感謝這對戀人救命之恩，為他倆修了兩座墳，小鹿和羊叼來草，山雀銜來鮮花放在他們墳上。第二天，這兩座墳奇蹟般的變成兩座大山，形似乳頭，人們就叫它奶頭山。比喻它像乳汁一樣，哺育著這塊美麗富饒的土地。

張振興（編）

胭脂山的傳說

　　一年一度的蟠桃盛會又到了，一大清早，王母娘娘把童男仙女、家侍院工支使得團團轉。摘蟠桃，上鮮果，斟玉漿，擺筵席，這是天宮裡最熱鬧興旺的時辰。

　　司花仙子們幹完自己的差事，都飄然離去了，只有靈芝姑娘覺得忙活了一早晨，攤不到吃喝，怪冤枉的。再加上果鮮酒香的氣味直往鼻子裡鑽，總想嘗嘗。於是，她悄悄躲在牡丹花叢裡，等其他姐妹離開御花園後，又返回宴會大廳挨著桌子品香酒，嘗仙果。蟠桃是有數的，她沒敢動。吃喝完畢，她戀戀不捨地溜出了御花園。口中餘香未盡，靈芝姑娘心裡甜絲絲的，渾身輕飄飄地到處遊逛起來。她來到王母娘娘的寢宮，見王母娘娘已去赴會，宮裡空無一人，走近梳妝台，對著鏡子一看，只見鏡中的自己粉面桃花，越發嬌媚豔麗。由於羞澀，她忙用長袖遮住了銅鏡。可是，她又覺得沒有看夠，便又把長袖甩下。可是，這一甩不要緊，「噹啷」一聲，梳妝台上的胭脂瓶被打翻了。靈芝姑娘緊抓慢抓沒抓住，那胭脂瓶竟飛下天宮，穿過雲層，落入了人間。

　　靈芝姑娘一看闖了大禍，懷裡像揣個玉兔似的站在那兒愣了半天。左思右想，她決定還是趁著蟠桃盛會未散，王母娘娘未歸時，躲過鎮守天宮的天兵天將，下界去尋找胭脂瓶。

　　彩雲飄到不咸山上空，靈芝仙女低頭一看，天池如同一面大鏡子閃著波光，四周奇峰怪石林立，非常壯觀。只見離天池不遠，人煙稀少的南山坡上，倒立著王母娘娘的胭脂瓶。

　　找見胭脂瓶，她的心情頓覺輕鬆，加上酒力發作，身疲體乏，虛弱無力，眼睛也睜不開了，便躺在山坡上，枕著胭脂瓶睡覺了。

　　天上一天，地下十年。靈芝姑娘這一覺竟睡了七七四十九年，等她醒過來再想要拿起胭脂瓶歸返天空時，一看可不好了，胭脂瓶已經風化成一塊搬不

動、拿不起同樣形狀的巨石。再說王母娘娘察覺胭脂瓶沒有了，又得知司花仙子靈芝私自下凡，便差遣天兵天將立刻查明。待她把前因後果查清之後，大發雷霆之怒，不顧眾家仙女姐妹們再三保奏，硬是書寫下一道旨意：

「查司花仙子靈芝，行為不端」違犯天條，特貶下天宮，永留人間，守護胭脂山。」托塔天王率領天兵天將，降臨不咸山宣讀完旨意，返回瑤池向王母交旨不提。再說靈芝姑娘聽完旨意仰頭朝天冷冷一笑，心想，正合我意也。這不咸山雖然山不清，水不秀，我卻要把它變個樣兒，給你們看看。

於是，靈芝姑娘把在御花園裡採集的花草籽撒在了天池周圍，撒在了山前山後山左山右。一天天，一年年，不咸山上的蒼松翠柏，黃楊白樺連蔭成片；牛皮杜鵑、草蓯蓉、人參、冰凌花、淡泊花、紫囊、青黛、野丁香、百合、芍藥、玫瑰、山丹花、安春香、七里香、松香草、倒根蓼、靈芝草、天麻、貝母、細辛……各樣奇花異草，名貴藥材越來越多，引來了鹿群、白鶴，招來了珍禽、奇獸，也為窮苦百姓帶來了以打獵、採藥謀生的好日子。

靈芝姑娘用辛勤的汗水，真的把不咸山打扮成了美麗的人間御花園。

又過了不知多少年，從南海裡出來兩條獨角龍閒遊，見到不咸山如此美麗富饒，便竄入天池住了下來，妄圖霸占這龍潭仙境。

一天早晨，靈芝姑娘滿身披著霞光，正坐在盤芝峰上，對著天池梳洗打扮。忽然，那兩條獨角龍鑽出天池水面，還惡狠狠地衝著靈芝姑娘吼道：「你是何人，竟敢闖入仙境？」

靈芝姑娘一見獨角龍那副搖頭擺尾的輕狂樣子，不由得氣從膽邊生，答道：「我乃天庭御花園的司花仙子，被貶下界，在此守衛！」

兩個怪獸聽罷，發出一陣瘆人的哈哈怪笑：「這是俺兄弟的地盤，你要活命，趕緊走開！」

靈芝姑娘一聽，怒目圓睜，大聲訓斥道：「孽畜！濫闖天池，原本無理，現今又來生事尋非，可惱！」

獨角龍一看姑娘不服勁，就攪動池水，噴煙吐霧地鬥起法來。見此，靈芝

姑娘毫無懼色，使出仙道神招，與兩條惡龍廝殺到一起。把個安靜優美的不咸山弄得天昏地暗，花草摧殘，生靈損傷。靈芝姑娘見這樣打下去也不好，時間長了糟蹋的東西就更多了。於是，從身上掏出人參籽吃下，頓時一陣猛長，長得上頂天下立地，又回手操起放在胭脂山上的寶劍，刺瞎了兩條獨角龍的四隻眼睛。因為瞎了雙眼，獨角龍不能騰雲駕霧，只得在地上連滾帶爬地逃往南海。從胭脂山到南海邊，獨角龍拖出了一條拐了三千三百個彎的大溝。

打跑了獨角龍，靈芝姑娘仍舊住在胭脂山，每當舀起天池水梳洗完畢，就把洗臉水順著大溝潑下。天長日久，大溝裡水流不息，滾滾而下，這就是馬訾水。不信你仔細瞧瞧，從胭脂山到虎牙峰一段的河水是混濁的，過了虎牙峰，水中的泥灰胭粉才逐漸沉澱變清；再加之兩岸山高林密，河水被映成墨綠色。後來，人們就叫它鴨綠江。鴨綠江上有三千三百處大彎，還有三千三百處險哨，都是當年獨角龍拖出來的。至今，位於長白山南側的胭脂山，還像個平頂的胭脂瓶聳立在那裡，山高兩千三百多米。山上石頭是紅色的，連山上的小草，爬山菊也都是紅色的，據說那是被胭脂染紅了的。所以，胭脂山也叫赤峰、紅土山。

猴石山的傳說

你到過猴石山嗎？那可是長白山中很出名的一座山峰，又高又尖不說，山頂的石崖上還蹲著一隻手搭前額向遠處張望的石猴哪！幾里以外就能看得到，晴天露日的時候，連猴子的眉眼都能分辨出來。據說那是一隻非常有良心的猴子變成的。

很久很久以前，離這座山一百多里的地方有一座大村莊，村子裡有個大財主。這個大財主，家存萬貫，連個兒子也沒有，直到五十五歲那年，他老婆才給他生了小丫頭──卻沒有奶，孩子餓得又黃又瘦，整天乾號。老財主急紅了眼，打發人到處雇奶娘。費了好大的勁，才找到一個剛從關裡上來的小媳婦。她的丈夫和公婆都在災荒年月死去了，抱著個剛剛兩生日的孩子闖了關東。因為她婆家姓王，所以都叫她王媽，孩子是個小子，叫根生。

王媽剛到財主家以後，每天除了給小姐餵奶外，還擔水、劈柴，做些雜活。雖然工錢不多，娘倆倒也能對付著活下去。有一件事讓王媽揪心，就是不興給自己的根生吃奶。每到給財主的小丫頭餵奶的時候，小根生便扯著媽媽的衣襟，可憐巴巴地望著奶頭掉眼淚。有時候，忍不住央告媽媽說：「媽，我餓，讓我吃口奶！」王媽望著孩子焦黃的小臉；心像刀絞似地難受。窮人的孩子，命多苦哇，媽媽有奶卻不能吃──老財主有話在先，她有啥招兒呢？她只好替孩子擦乾眼淚，強裝笑臉哄著根生說，「好孩子，別哭，餓了就吃塊糠餑餑吧！你要再鬧，太太要怪罪下來的⋯⋯」她再也說不出話，嗓子眼好像堵了棉花。

有那麼一天，小根生病倒了。小臉蛋燒得通紅，嘴唇全是燎漿大泡，喘出的氣都熱烘烘的，不吃也不喝，昏昏大睡。王媽這下子可嚇壞了，也顧不了許多，趁跟前沒人，把奶頭塞進了孩子滾燙的嘴裡。可萬萬沒想到，這事被財主的黃毛大老婆從門縫裡瞧見啦！她咣噹一聲撞開門，潑老母雞似的撲向王媽，

惡狠狠地罵道：「你這個不要臉的賤骨頭！吃了豹子膽了？竟敢偷奶！」說著便對王媽又是打又是掐，瘋累了，又叫來管家把王媽吊起來毒打。直到小丫頭要吃奶，才放下來。接著，她不管根生的死活，硬給拖到長工住的伙房裡。長工們都可憐這個小孩，你餵點米湯我餵口飯，到底救活了根生的小命，可是，從此他們母子倆不能住在一處了。

轉眼過去了一年。端午節這天下晌，老財主信馬由韁地來到伙房，看到小根生，心裡冷丁一動，他想：自己已年近六旬，還沒個兒子，這個窮孩子雖然瘦點兒倒挺俊，若把他弄到膝下當個兒子也不錯，就怕那個王媽不給。他連忙去找管家商量。兩個人合計，想出一條毒計：趁王媽挑水時，把她推到井裡淹死。就說失足落水，誰還能起疑呢？還愁孩子不到手麼？說來也巧，他們的壞主意，被一個來倒茶的使女聽見了，她趕緊跑到王媽屋裡，把這事一五一十說了，勸她快逃。王媽一聽，慌了手腳，忙到伙房去找根生，可是晚了，孩子讓黃毛財主婆弄去了。王媽又恨又怕又傷心，流著眼淚把她和根生的破爛衣衫一收拾逃了出來。這時候天已經擦黑了，臨行時，那位好心的使女給王媽偷了一個火鐮和幾穗苞米，讓她路上烤著充飢。

黑燈瞎火，也找不上正道，王媽一腳深一腳淺地往南奔。這一宿不知走了多少路，也不知走到了什麼地方，反正是道兒越來越難走，林子越來越密，後來乾脆找不著道兒了。天麻麻亮的時候，她爬上一座大嶺，下嶺後，被一條三四丈寬的山澗擋住了去路。她順著山澗往東走了半裡多鄉路才找到一座很少走人的獨木橋。向對過一望是一座立陡石崖的高山，山腳邊有一個大山洞。她試探著走過顫巍巍的獨木橋，再也走不動了，便決定在這山洞裡住下來。

有一天，王媽正在山腳下採山菜，忽聽不遠的地方有人說話，她以為財主派人抓她來了，急忙躲了起來。只聽一個人說：「把小的扔掉算啦，要不，大的總惦著它，也不好好耍把戲！」另一個說，「行，那得偷著扔，我牽大的先走……」又過了一會兒，就聽有東西扔進草窠裡。

等人走後，王媽好奇地走過去一看，原來是一隻出生不久的小猴兒，還微

弱地吱吱叫呢！它看到行人走近，瞪著吃驚的小眼珠，直打哆嗦。看到這只可憐的小猴，王媽的眼圈紅了，她不禁想起了自己的小根生，不正像這只被人扔掉的小猴嗎？她疼愛地把猴兒抱起來，擠出幾滴奶餵牠。小猴甜蜜地咂著嘴兒，滾動著小眼珠，感激地望著王媽，把小爪子搭在王媽的手臂上。王媽再也不忍心丟下它啦，便把它抱回山洞裡。

秋天到了。王媽種在山坡上的苞米成熟了，她餵的小猴也長高不少。這小東西兒，又機靈，又聽話，什麼活都伸手，能掰苞米能撿柴火，摘山梨打核桃更是拿手，王媽樂得不得了，把全部的母愛都傾注在小猴身上，親切地管它叫「猴妮」，常常給猴妮洗澡，理毛。猴妮更把王媽看成親人，沒事就給王媽搔癢、捉蝨子……漸漸地，猴妮越來越通人性，連王媽說話、手勢都能懂得，王媽也能把小猴的舉動行為弄明白個七大八。

有時候，王媽想起兒子，拿出根生的小帽，一邊數叨一邊哭，猴妮就撒嬌地爬到王媽的懷裡，給她擦淚，搶過那頂疙瘩帽，戴在頭上；還做出一些怪樣，直到把王媽逗樂了，才出去玩耍。後來，王媽乾脆把那頂小帽給了猴妮。

一次，王媽領著猴妮去砍柴，王媽一腳蹬空，摔到草窠裡，昏迷不醒。這工夫不知那兒起了一把山火，順風朝這裡燒過來。猴妮一看大火，就猛勁拽王媽，可怎麼拽得動呀；它四外一撒摸，見幾十步外有條小河，忙奔過去跳進水裡，弄濕全身，再跑回來把水抖落到王媽的衣服和附近的草木上。它就這樣不停地奔走，最後就爬在王媽的身上。等王媽甦醒過來，小猴妮已經昏過去，身上的毛大半都被火燎焦了。打那以後，她們比母女還親密十分，熱熱乎乎地在山澗中住了下來。

有年臘月三十晚上，王媽想起自己的親骨肉，又坐在火堆旁邊，「啪嗒啪嗒」掉開眼淚。猴妮遞上扒好的核桃仁，她不接；做鬼臉，也沒心思看。小猴妮沒精打采地出去了，王媽哭了一陣子，才發覺猴妮沒了。起初，還沒在意，可是左等不來，右等也沒來，足有一頓飯工夫也沒見猴妮的影子。王媽就坐不住了，跑出石洞大聲招呼：「猴妮——猴妮——」哪有人答應呀，只有山野響

起的回聲。王媽一尋思猴妮一定遭到不幸，不是狼掏虎咬，就是掉到山澗裡啦，便放聲痛哭起來。

正在她哭得傷心時候，忽聽一串腳步聲，王媽抬頭一看，猴妮捧著十幾顆金光閃耀的金豆子。王媽問它從哪兒弄來的，它指了指對面那座大山。王媽收起了金豆子，給猴妮做了點好吃食。

過了破五，王媽帶上金豆子，領著猴妮到很遠的山外村子裡去了一趟，換回來鹹鹽、布匹等過日子的東西。王媽自己做了一身衣服，還給猴妮縫了件小紅襖，把猴妮樂得直撒歡，拽著王媽直蹦高。

第二年的大年三十半夜，小猴又往外走，王媽拉住它，比畫著問：「幹啥？取金豆子？」猴妮點了點頭。王媽放心不下，指了指自己說：「我也去看看。」小猴妮便扯著王媽的衣角走出石洞。

她們倆趁著星光，走過顫巍巍的獨木橋，來到一座石崖前。王媽認得這是她當初進山走過的地方。猴妮站住了，王媽正不知怎麼回事，只聽「　啷」一聲，石崖敞開一道石門，裡邊透出一道耀眼的金光，金光裡，一匹金馬駒正拉著金碌子打場呢！場上鋪的都是金豆子，王媽看呆了。就在她一愣神的工夫，小猴妮已鑽進了石門，痛快麻利地捧出金豆粒。也就在這時石門又　啷一聲閉上了，眼前又是黑乎乎的石崖。王媽嚇得心怦怦直跳，心想以後再也不能讓猴妮取金豆子啦。

單說這一年秋天，從山外來了一夥挖棒槌的，王媽向他們打聽財主家的情況，想聽到兒子的消息。正巧有一個曾給財主家打短工的人，告訴她說：「老財主已經死了，小財主當了家，聽說這小個財主是要的。」「不！是搶的呀！」還沒等那人說完，王媽就忍不住哭了起來，插了這麼一句。那些人都挺納悶兒，問是怎麼回事，王媽就一五一十地把往事講了一遍，還拿出她兒子小時候穿的衣裳和十幾粒金豆子給孩子捎去。

王媽的兒子果然當了小財主，可早把他媽忘在腦後啦。

原來，王媽逃走以後，財主家找她幾天沒找到，打算再雇一個奶娘。誰想

到，這小丫頭，冷丁斷了奶，上了一股急火，得了暴病死了。這樣老財主和黃毛大老婆便把整個心計都使到根生身上。黃毛婆讓根生和她住在一起，管她叫媽，讓根生管老財主叫爹。起先小根生說什麼也不叫，黃毛婆就狠狠地打他，打完了，又拿好吃好喝來哄他，讓使女丫鬟背著他，侍候他。老財主還經常買些耍物給他玩，迎賓待客也讓他陪吃陪喝。這樣一來，小根生漸漸習慣起來，看著兩個老東西也順眼了，爹媽不離口，叫得可親啦！

真是「守著啥人學啥人，跟上薩滿跳家神」一來二去這小子完全學壞了：三五歲的時候哪個使女不依他的性，他就哭；十來歲時，哪個「小半拉子」不對他的心思，他就要脾氣；到了十六七歲，把老財主和黃毛婆那套做派全學遍了。走到哪兒，都拎著一根馬鞭子。對待長工和交不起租子的窮人可狠了，動不動就打一頓，氣得鄉里鄉親都罵他是忘了娘的混蛋。這小子聽到這些風言風語，也恍惚覺得自己不是財主的親兒子。可是一想到將來要擎受老財主的萬貫傢俬，巴不得自己是黃毛婆的親生子，最忌諱人家提起他的身世。誰要說他是奶娘的兒子，比罵他八輩祖宗還厲害，輕的是罵，重的是打。等到他長到十八歲，老財主一蹬腿，他就當起少東家來了。

單說這一天，小財主吃飽喝足，正和黃毛婆閒嗑打牙，兩個進山挖棒槌的人來了，遞上了根生小時穿的衣裳和十幾顆金豆子，然後把王媽想兒子的情況說了一遍。根生一聽這話，像沖了肺管子，瘲瘲起鼻子，抽抽起臉。可看到金豆子又眉開眼笑了。黃毛婆試探著說：「根生呀，你確實是這個奶娘養的，後來她跟歹人跑啦。這回你可以去認親娘，我這個家再不留你啦！」根生這個享受慣了的「秧子」哪裡捨得挪開著富貴窩呀！起誓發願不肯承認還有一個娘。黃毛婆一看根生真鐵心，滿心歡喜，轉了眼珠出主意說：「你不認娘還不認金豆子麼？眼下要過年了，你去把她接回來，把金豆子哄到手再說！」小財主點了點頭。

臘月三十這天早上，根生拿著王媽給他的小衣裳，進山找到了王媽。一見面裝模作樣地給王媽磕了一個響頭，假惺惺地擠出幾滴眼淚說：「我是你的兒

子根生啊，跟我回家過年吧。」王媽看到白天想夢裡盼的親骨肉就在眼前，一下撲過去哭了。小猴妮也陪著王媽掉下熱淚。根生套問王媽怎麼過的這些年，王媽原原本本講了一遍，末了，嘆口氣說：「多虧猴妮呀！若不是它每年年午夜拾些金豆子，日子更沒法過了。」根生一聽，竟有這樣的事兒，我要知道地方，不就成了天下大富翁了麼？他忙問：「你知道地方麼？」王媽便把同猴妮一起去撿金豆子的經過學說一遍。根生一聽眉開眼笑，心裡合計，我得趕快哄她下山，找到那個地方，不能過了今天晚上。於是，他花言巧語地連哄帶騙，到底把王媽的心說動了，答應回家。可她還有一個條件，就是不願意和黃毛婆在一塊過。根生假意說；「有了金豆子，咱娘倆一起過。」王媽說：「還有猴妮。」根生一聽來了氣，心裡想：「哼！連你我也不要哇，還要什麼猴子？」但他仍不露聲色地說：「那好辦，先讓它在山上看幾天家，等咱娘倆回去安排安排再接它。」王媽一尋思也有理，不再說什麼。簡單收拾一下，把猴妮吃的東西準備停當。根生也趁機把所有的金豆子劃拉到手。

兩個人就要下山了，猴妮著了忙，死死地拽住王媽的衣襟不撒手，眼淚刷刷地滾下來，「過幾天我就來領你。」說完指了指自己，又指了指它。猴妮好像懂得王媽的意思，鬆開了爪子，王媽和根生就走了。猴妮戀戀不捨送出老遠。

兩人過了獨木橋，根生一屁股坐下不走啦！非讓王媽告訴他在什麼地方取金子不可。王媽就把他領到了開山門的地方。這小子一看什麼都弄明白了，頓時把臉沉下來，罵道：「老東西！就你這副窮德行，還想給我當娘！」說著猛地把王媽推進山澗裡。

王媽被摔得頭破肢爛，臨嚥氣的時候，自言自語：「沒想到黑了心的兒女連一個有良心的猴子都不如啊！」

根生把王媽推下山澗，又拆了獨木橋，就拿出早就準備好的大口袋，坐等半夜取金子啦！果然，半夜時石山門又開了，這小子一見滿地金豆子，一下子奔過去，不顧命地收拾起來，裝了滿滿登登一口袋金子。他也背不動呀！他就

想抓金馬駒來馱。誰知就在這工夫石門「喔嘟」一聲閉上了，這個喪盡天良的東西，永世出不來了。

這些事兒，猴妮哪裡知道呀？還是整天盼王媽回來接它。一天爬上山頂望幾回，不吃也不喝，後來就整天蹲在山崖上一動不動地向山外張望。最後，活活餓死在山崖上，化成一隻石猴。

從此，人們管這座山叫猴石山。

劉鴻洲（講述）

韓　琪　韓　靜（蒐集整理）

羅通山的傳說

羅通山是吉林省文物保護區之一，坐落在柳河縣境內的三統河北岸。

相傳，唐朝皇帝李世民登位三年，北國番幫狼主赤壁玉康王和元帥祖車輪造反，想奪大唐江山。為了國泰民富，李世民便率領二十五萬人馬御駕親征。由於人生地不熟，兵馬被困在木羊城中。為了擺脫困境，李世民派程咬金回去搬兵，程咬金選來選去，最後決定讓羅成的兒子羅通掛了二路元帥。

一天，羅通的大隊人馬來到一座山下。突然，從山上衝出一哨人馬，領頭的是顏面如桃花，兩條秀眉，一雙鳳眼，唇若丹朱，耳戴金環，胸配狐狸尾，頭插雉雞翎，白馬銀甲，挎弓提槍的女將。羅通見了，以為是前來攔劫軍糧的敵人，就趕忙提槍迎上前去，大聲喝道：「大膽番女，膽敢反我大唐，趕快報上名來，免得刀下死個無名之鬼！」那員女將聽了，在馬上略微欠身，衝著羅通一抱拳深施一禮道：「請問將軍大名？」羅通答道：「我乃唐朝掃北二路元帥，羅通是也。」那女將一聽，面帶喜色，彬彬有禮地說：「原來是羅元帥到此，失迎失迎。」羅通一聽這話有點不對味，就問：「你到底是何許人也？」「我乃是屠家寨占山之王屠樂坡公主，今天聽說你要路過這裡，特來請你上門休息休息。」

屠樂坡公主這幾句客氣話不但沒打動羅通，倒把他惹惱了。羅通說：「不害臊的番女，要想讓我上山休息，首先吃我這一槍！」說著舉槍就刺。屠樂坡公主無奈，只好舉槍相迎。

兩個人你來我去，攪在一起。屠樂坡公主見羅通步步緊逼，於是就使出了祖傳的撥馬分水槍，一轉身，就把羅通拿下馬來，女兵們呼啦一聲上來把羅通上了綁。一旁的唐兵想救元帥，又怕元帥受害，眼看著人家把元帥帶走了。

上了山，公主親自給羅通鬆了綁，賠了禮。羅通卻說：「番女，少來這套，要殺要剮快點動手！」公主聽了笑笑說此：「羅元帥，請息怒，我早知元

帥大名，今日有緣到我寨中，並無殺你之意，因我愛你長得俊俏和一身好武藝，打算和你結為百年之好，不知元帥意下如何？」羅通聽罷大怒道：「好個不知羞的番女，休得胡思亂想，今天我羅通被擒，死而無怨。」這時，站在屠樂坡公主身邊的一員女兵等得不耐煩了，「嚓啦」一聲抽出腰刀比畫著羅通說：「羅通，別不知好歹，我們公主才貌雙全，武藝又比你高，你就是打著燈籠也沒地方找，今天你要是不答應，就別想活著下山。」說著，把刀舉了起來。這一招，可把公主嚇壞了，忙上前攔住說：「死丫頭，不得胡來。」那個舉刀的丫頭聽屠樂坡公主這麼一說，一伸舌頭笑著走開了。公主怕羅通當著眾人不好開口，就讓她們退了下去。大夥退下去之後，公主對羅通說：　「羅元帥，你可想過，你不收我為妻倒是小事，可你就耽誤了救駕的大事。再說，你收了我，我還可以幫你的忙，咱們兵合在一起去打城，這樣你不但立了戰功救了皇帝，掃北時我還可以助你一臂之力。」公主的一席話，說得羅通點了點頭。那些在門外的丫頭從門縫裡看到羅通點頭了，就一齊湧了進來，這個說：「我當主婚人。」那個說：「我當證婚人。」整個山寨被丫頭們這麼一鬧，頓時笑聲四起，一片歡聲。

羅通和公主成親的第二天，就雙雙去了。沒費多少力氣，就把李世民救了出來，平了番邦，立下了戰功。李世民見他們夫妻救駕有功，就叫他們夫婦二人回到屠家寨，歡度蜜月，養兵習武。

從此，山頂就掛上了羅通的大旗。人們見了，就把飄著羅通大旗的那座山，取名為羅通山。把屠樂坡公主領著羅通下山去打木羊城走過的那個山頭，取名為屠樂坡和屠樂坡嶺子。叫來叫去，又叫成了禿老婆頂子。

洪青山（講述）

洪青林（搜錄整理）

拉法山的傳說

從前，離蛟河不遠的地方，有一戶農家。一天，這家的農婦在田裡鏟地，鏟著鏟著，忽然聽見「哐啷」一聲，她一看，原來是鏟出一個破盆子來。她拿起來看了看，心想：家裡正缺一個餵雞的盆子，就拿回去餵雞吧。

第二天，當她拿著雞食再去餵雞時，走到盆前一看，驚呆了：原來，盆子裡還是昨天放的那些雞食，一點也沒少。開始她以為雞沒有吃呢。可一看雞，沒有一個像餓的樣子。她愣了一會兒想：還是用盆子餵豬吧。可是，第二天早晨她到盆子前一看，昨晚給的豬食還是一點也不少。她有些害怕了，說不定這個盆子是個怪東西，還是扔了好。可又一想，如果扔了讓別人拿去，不還是一樣嗎。還是把它埋了吧。想好了，她就拿起工具和盆子走到了很遠的地方，把這個盆子埋了起來，這才放心地回家了。

晚上，外出的丈夫回來了，她就把這個怪事跟丈夫說了。丈夫一拍大腿失聲叫道：「這是聚寶盆呀！你怎麼給埋了呢？」妻子說：「我以為它是怪物，就給埋了。」丈夫說：「走，咱們趕緊去挖出來！」妻子一聽馬上勸道：「現在已經很晚了，反正沒有人知道，明天再挖吧。」丈夫一聽，也是，就說：「那就明天再挖吧。」

第二天，夫妻倆早早地起來，當他們拿著工具走出家門時，抬頭一看，都驚呆了。只見一座大山迎面拔地而起，這座突然出現的大山有七十二個洞，八十一座峰，山頭雲霧繚繞，閃著靈光，正好把聚寶盆壓在下面。這座山就是現在的拉法山。夫妻二人一時都說不出話來，後悔昨晚沒有及時把盆挖出來。但是已經晚了，只好唉聲嘆氣地回去了。

過了不長時間，一個南方來的風水先生到此處，看到了這座山，心想：這座山與眾不同，一定是座寶山，我得想法找到開山的鑰匙，等我打開此山，取到財寶，這一輩子，吃喝就不愁了。想到這裡，他得意地笑了幾聲，便慢悠悠

去尋找開山的鑰匙去了。

一天，他看到一個農婦正在餵雞。其中一隻公雞比一般的雞要大兩三倍，他知道，這就是一把開山的鑰匙呀，我得買過來。想到這兒，便來到農婦的面前，禮貌地說：「大嫂，這只公雞這麼大，你怎麼餵得起呢？我看你就把它賣給我吧。」農婦想了想說：「那就賣給你吧，不過，你可不能少給銀兩。」風水先生聽了十分高興，隨手掏出十兩銀子說：「大嫂，這些銀子你先拿去買黃豆，從今天開始，這只公雞你每天都要餵牠黃豆，別的可不能餵，一個月後，我來取雞，等到事成之後，我還要重重地酬謝你。」說完便走了。

同一天，這個南方人又來到蛟河的倭瓜店（現在的前進），看到一個老頭正在弄弄一片倭瓜地，其中一個倭瓜特別大，還沒有摘下來。風水先生一看，心想，該我發財，這一把開山鑰匙也讓我找到了。他走到老頭跟前，說：「老大爺，您把這只最大的倭瓜賣給我吧。」老頭說：「想買你就摘下來吧。」風水先生趕緊說：「現在還不行，要等一個月才能摘下來，在這一個月裡，你千萬不要賣給別人，也不要摘下來，我有重用，到時候，一定多多的給你銀子。」

轉眼二十九天過去了。這一天，農婦家裡的黃豆餵完了，農婦沒有辦法，只好餵了一天小米子。說來也巧，這天下了很大的霜，倭瓜店的老頭怕霜把那隻最大的倭瓜打壞了，心想，就差一天了，如果給霜打壞，就糟了，還是摘下來吧。老頭就把瓜給摘下來，放到屋裡保存好。

第二天，就是一個月的日期了。風水先生興沖沖地來到農婦家。農婦對他說：「我買的黃豆第二十九天就餵完了，第三十天只好餵了一天小米子。」風水先生一聽大驚失色，但是也沒有辦法，只好提著公雞來到了倭瓜店。種瓜老頭對他說：「我看昨天早晨要下霜了，怕把瓜給打壞了，就在昨天把瓜給摘下來了。」南方人一聽，更加吃驚，只好嘆口氣說：「事到如今只好試試看了。」他雇了輛車推著公雞和倭瓜，來到了拉法山腳下，歇了一會兒，就提起公雞，猛地一用力甩了出去。只見公雞圍著拉法山飛了起來，隨著公雞的飛轉，就聽

拉法山「轟隆隆」地響了起來，跟打雷一般，接著便從中間分開了。公雞飛到七圈半的時候，便掉下山去摔死了。公雞一死，拉法山便慢慢地往一起合。原來，公雞要能飛到第九圈，拉法山便合不上了。由於公雞最後一天吃的是小米，力氣就不足了，只能飛到七圈半了。風水先生一看不好，急忙掄起倭瓜扔了出去。倭瓜一出手正好掉在兩山的中間，兩山把倭瓜給夾住了，因為有倭瓜在中間撐著，正往一起合的山便停了下來。風水先生一見，便三步並作兩步地飛跑到山裡去裝財寶。可是，還沒等他裝多少，就聽拉法山又轟隆隆地響了起來，一會工夫把倭瓜就擠碎了，山也合在了一起。風水先生想跑出來，已經來不及了。因為倭瓜要一個月才能長成，但老頭提前一天摘了下來，所以，它就經不住兩山的擠壓，這才給擠碎了，山也合上了。從此，就再也沒有人能打開拉法山了。

後來，據說只有一條無底洞能通到拉法山下的最底層，但遺憾的是，至今還沒有人能夠找到它。

張　義（講述）

武立民（蒐集整理）

雙刀山的傳說

牤牛河北岸，有一座雙刀山，兩個對峙的山峰，像兩把自天飛落的大刀豎插在山上。傳說，這是完顏阿骨打在這裡大戰牤牛精，得了定國斧時留下的。

阿骨打小時候，女真人可受大遼國的氣了，大遼王動不動就派銀牌天使，帶著兵馬到松花江一帶徵收貢品。大遼兵也動不動地騎著馬，鞭打女真人。

阿骨打的父親很有志氣，總想給女真人出這口氣。因此，他一有工夫，就把阿骨打叫到跟前，訴說女真人受的苦，讓他學好武藝，為女真人爭口氣。平日還親自教他習文練武，把起兵反遼的希望寄託在兒子身上。

有一天，阿骨打的父親把阿骨打叫來，說：「你也不小啦，該出趟遠門去求個名師，好好學一學。」阿骨打含著眼淚說：「阿瑪說得對，我已經長大了，應該到長白山去求師，早點學好本領，為咱們女真人報仇雪恨。」臨走的時候，阿骨打的父親把祖上傳下來的那把牛耳尖刀交給了他，他娘給他一個夠三天吃的乾糧袋，又千叮嚀，萬囑咐，戀戀不捨。阿骨打給兩位老人磕個頭，轉身就走了。一路上，阿骨打求師心切，披星戴月，翻山越嶺，走啊走，走了整整七七四十九天，走到長白山啦。

阿骨打歷盡千辛萬苦，總算找到白山老祖。又經過種種考驗，白山老祖看他人小心靈，對人厚道，就收下阿骨打為徒弟。

打那以後，每天早晨，七星一甩尾巴，阿骨打就起來練習各種武藝。晚上，月亮當頭了，阿骨打也不睡覺，點著松明子，跟白山老祖學各種兵書戰策。這樣，冬來夏去，整整三年過去了，阿骨打成了一個壯實的小夥子。白山老祖把各種絕招都傳給了阿骨打。

秋天到了，白山老祖對阿骨打說：「孩子，你已經離家三年啦，學得差不多了，順水下山去吧。阿骨打捨不得離開師父，還想再學幾年，白山老祖說：「你再不回家，你爹娘都要急了。」阿骨打這才忍著淚，給師父磕頭告別。他

剛要走，老祖又叫住他，順手把掛在牆上的一對寶刀摘下來，送給了阿骨打，叮囑他說：「你帶著它，一定要路見不平，為民除害，這樣你還能得到幫你打天下的寶物。」阿骨打雙手接過寶刀，垂淚拜別了師父，順水下了長白山。

阿骨打一離開師父，真有點想家了，一下山就曉行夜宿，趕忙往完顏部趕去。一天，走到一條河邊，這裡離按出虎水田不遠了，阿骨打更是三步並兩步，想早一點看到爹娘。可是，當他路過河邊的一個小部落時，聽到很多人在哭，他想起了師父的話，轉身向部落走去。

阿骨打進了部落，看見有三家門口放了門板，上面躺著三個小阿哥，胸前都在濺血，哎喲哎喲地直叫喚。阿骨打一問才知道，前幾天，不知從哪裡來了一個怪物，到地裡吃掉一大片莊稼，這幾個小阿哥想去把它攆跑，反讓他撞得口吐鮮血，胸膛也給劃開了。

阿骨打聽完這件怪事，就自個兒到地裡去了。他到地裡一看，這河兩岸的稞子、穀子長得又高又好，可是都沒有穗頭兒，齊刷刷地像刀削的似的。阿骨打挺納悶兒，是什麼怪物這麼厲害呢？部落的人告訴他，往常，這怪物一大早，在太陽還沒露臉的時候就從山裡跑出來了，不大一會兒，吃完一大片莊稼就走啦。阿骨打為了看個明白，就在部落裡住了一宿。

第二天，天東邊剛見白，阿骨打跟著兩個小阿哥，在地裡貓了起來。不一會兒，就聽「哞！哞！」像是牛叫的聲音，震動著山岡，接著那怪物從山上的林子裡跑了出來，幾步就到了莊稼地。阿骨打一看：這怪牛比兩頭大牛還大，兩個犄角又長又尖，那傢伙張著笆籬大的嘴，露出兩排尖利的大牙，吐著像雲霧似的白氣，一溜煙跑過一大片莊稼地，它跑過的地方，那莊稼只剩稈了。部落的小阿哥說，就是這個怪物禍害我們。阿骨打知道這是牤牛成精了，一般的人對付不了它，就讓跟他來的那兩個小阿哥還貓在那裡，自己提了師父給的寶刀，迎上前去。

快到牤牛精跟前了，阿骨打看到這牤牛精睜著琉琉鼓似的大眼睛，小尾巴一呼扇一呼扇，它看見有人來，毫不在乎，還在猛勁兒地吃莊稼。阿骨打舉起

刀，想走到它的側身砍下去，這下牤牛精急眼了，只見它把頭一低，那又尖又長的犄角就挑上來。阿骨打乘勢猛地一砍，兩把刀同時砍在兩個犄角上，迸出了一溜火花，可犄角上連一道白印也沒有。牤牛精發火了，一低頭，又用犄角挑過來，阿骨打又用刀砍過去，這樣，你來我往，在山下大戰起來。

這樣戰了一個時辰，阿骨打累得渾身是汗，牤牛精也累得直喘粗氣。阿骨打一看這樣硬打不行，就提了刀往河邊跑，牤牛精一看阿骨打跑了，就來勁了，低著頭向阿骨打猛衝，想把阿骨打挑到河裡去。阿骨打的一隻腳已經踩到水裡了，他一轉身，猛地把兩把寶刀朝天上一扔，只見兩道白光衝上天去。牤牛精一愣，接著只見兩道白光又衝下來，白光中，兩把寶刀飛落下來，正好插在牤牛精的脖子上，這正是白山老祖教他的一個絕招。牤牛精帶著刀走了幾步，搖晃了幾下，倒在河邊死了，它那一腔子血把河水都染紅了。

貓在地裡的兩個小阿哥，一看阿骨打把怪物殺了，連蹦帶跳地跑回部落，告訴大夥：「那個怪物給除掉啦！」噶珊達帶著部落的男女老幼，都跑出來去看阿骨打。人們一看阿骨打回來，連忙為他恭恭敬敬斟滿了一大碗酒。那兩個小阿哥，看到阿骨打飛刀殺了牤牛精，一定要阿骨打再飛一次給他們看看。阿骨打到底是年輕好勝，架不住大夥鼓動，就拿出雙刀，面對前山，憋足了勁兒，使勁兒朝天上一扔，兩道白光直穿雲霄，不見影啦。大夥睜大了眼睛，連氣也不敢大喘，都看呆了。阿骨打自己也納悶兒，這寶刀扔到哪裡去了呢？過了挺長時間，雲端忽然裂開兩個大口子，只見兩道刺眼的白光往下衝，隨著轟隆一聲巨響，那兩把寶刀，同時落到對面的大山頂上，阿骨打心想：「可不能丟了師父的寶刀啊！」他拔腿就往山上跑去。

到了山頂一看，左右不見寶刀，再一細瞅，那原來的山頂變成了兩個山峰，那樣子就像兩把寶刀。阿骨打明白了，這兩把寶刀變成兩個山峰了。又看到兩個山峰之間出來一個大裂縫，那裡正閃出一道金光。阿骨打下去一看，一把金斧子正在閃光，上面寫著「劈遼定國」四個字，樂得阿骨打心花怒放，這是師父告訴他的打天下的寶物啊！他趕緊跪下，朝東南的長白山方向，給白山

老祖連磕了三個頭。

　　阿骨打提著定國金斧，飛步下山，部落的諸申都圍了上來，一看那金斧上「劈遼定國」四個字，都樂壞了，這下女真人出了大能人，要出頭了，再不受大遼王的氣啦，當下就有不少小阿哥要跟阿骨打去。

　　再說，自阿骨打走後，他娘盼兒子回來，都急出了白頭髮，每逢過年過節，總要叨咕一陣兒，掉幾趟眼淚，燒達子香，為他禱告。他爹雖然不吱聲，可心裡也照樣上火。

　　有一天，阿骨打的阿瑪和額娘正在念叨兒子，忽然家人來報：「阿骨打回來了，已經帶著一夥人過了按出虎水了。」老兩口子一聽，趕忙迎出去，看見阿骨打已經長成一個壯小夥子，學到了真本領，還帶回不少人，那高興勁就別提啦。完顏部的諸申們，都來看定國金斧，佩服阿骨打的膽量和武藝。以後起兵反遼的時候，就推他當了大元帥。果然，阿骨打就用這把金斧子滅了大遼國，建起了大金國，當了開國皇帝啦。

　　開國後，阿骨打年年大祭長白山，那是為了報答他的師父。

　　寶刀飛落的那座山成了現在的雙刀山。山下的那條河，因為牤牛精死在那裡，當地人就叫它「牤牛河」，一直傳到今天。

郎大娘（講述）

程　訊　王禹浪　王宏剛（蒐集整理）

帽兒山的傳說（之一）

　　很久很久以前，帽兒山完全不是今天這個樣子，連名字也不同。那時候，山的模樣好似蘑菇，所以叫作蘑菇山。走近一看，四面是刀削般的絕壁，山頂覆蓋著層層脈絡分明的青石板，猶如一把撐開的陽傘。四面絕壁上有著密密麻麻大小不等的窟窿。大的能駛進兩輛牛車，小的只有拳頭般大。窟窿多得好似蜂窩一般。就是在盛夏三伏天裡，這些石窟窿裡透出來的冷氣也叫人渾身顫抖不已。時常有石板從山頂上掉下來，落個粉碎，所以無人敢登上山去看看。人們把這山看作有毒的蘑菇一樣，又叫它毒蕈山。

　　毒蕈山時常給細田平原帶來災難。凡霧氣瀰漫的日子裡，就能聽到從山裡傳來喧鬧聲，接著在一片響亮的鳳樂聲中，一幫人抬著一乘大轎來到山坡上。轎子在山坡上停下，兩個宮女撐開陽傘，從轎出攙出一個身穿龍袍、手拄石杖的男人。假如他只是默默地環顧一下平原就返回的話，那就一切都相安無事；倘若他揮舞石杖，連聲大笑，那麼，肯定會狂風大作，遍降冰雹，細田平原就會橫遭災禍。

　　人們都認為這是山神顯靈，為了免遭災情，每逢農曆四月初八，人們都要隆重地大祭山神。可是，雖然每年都是誠心誠意地祭山神，結果卻仍不甚理想。尤其是莊稼長勢喜人的年份，災害更是深重。

　　有一年，風調雨順，眼看著豐收在望。谷穗沉甸甸，玉米棒子粗。細田平原少有的好年成。然而，人們眺望著毒蕈山，憂心忡忡，默默地祈禱著山神保佑，千萬別興風降雹。大概是這一年的祭山神搞得特別隆重的緣故，那個穿龍袍的男人雖說幾次出現在山坡上，但是直到過了三伏天，仍不見有災難臨頭。據一些膽子大的人說，他們躲在遠處偷看，見那個男人曾微笑過好幾次。看來是因為莊稼長得太令人喜愛了，連山神也滿心歡喜吧。可有一部分人卻認為，離處暑還有好些日子，等過了處暑才能放心呢。誰知一直到處暑為止，依然是

平安無事。人們這才鬆了口氣，真正安下心來。

就在過來處暑的第五天。那天清晨霧氣特別的濃，眼前什麼也看不清。沒過多久，只聽得喧鬧聲和鳳樂聲傳遍了四十里細田平原，身穿龍袍的男人坐著大轎下了山。直到過了早晨以後，濃霧才漸漸散去。隨著濃霧消散，只見那個男人登上山巔，走下大轎，站在陽傘底下。他揮舞起石杖，瘋狂大笑。然後，他連忙鑽進大轎，在一幫人的簇擁下跑進了毒薹山最大的石窟窿。

人們都感到了不祥的預兆，驚慌不安。果然，天變得異常炎熱，人就像坐在蒸籠裡一般。山後飄來一塊塊烏雲。霎時間，天空中烏雲密佈，雷聲隆隆。緊接著，狂風怒吼，冰雹劈頭蓋臉地打來。冰雹有的像雞蛋般大小，有的比拳頭還要大。地上頓時積起一尺厚的冰雹。冰雹馬上又融化，形成洪水。洪水眨眼間把遍地莊稼沖刷得乾乾淨淨。人們捶胸頓足，對著蒼天放聲痛哭。

當時，毒薹山腳下的村子裡住著一個頭戴破草笠放牛的牧童。在這場空前的雹災中，他放牧的牛死了一多半。

心地善良的牧童雖然力氣很大，但從來沒和人打過一次架。他非常憎恨毒薹山裡那個穿龍袍的男人，早就想把這個禍根除掉。這場大災更使他忍無可忍，氣得雙眼冒火。

「我就是拼上命也要除掉這個可惡的壞蛋！」

牧童操起鋒利無比的斧子，朝毒薹山上奔去。村裡人連攔都來不及。不一會兒，一場殊死搏鬥開始了。

那個男人戴著頭盔，披著鐵甲，揮動著長劍，率領著走卒們迎上前來。他望著牧童，仰天大笑著說：「小混蛋，放在眼裡都盛不滿的小傢伙，膽子倒不小！竟敢和我來較量較量！來吧，你先動手吧！」

牧童揮舞斧子衝了上去。誰知，他還沒把斧子劈下就被那個男人的長劍攔腰砍成兩段。

「哼，小兔崽子還敢來摸老虎屁股！」

沒等那男人話音落地，只見牧童跳起身來，變成一模一樣的兩人。那男人

一次又一次地揮動長劍砍去。誰知越砍越多，剎那間，變成了數百名牧童。於是，他們展開了一場空前的大混戰。整個山嶺響起一片震耳欲聾的喊殺聲和慘叫聲。牧童越戰越多，變成了幾千幾萬。那男人再也擋架不住，轉身跳進了石窟窿，數千數萬的牧童也揮著斧子追了進去。

只聽得山肚子裡喊殺聲四起，驚天動地。猛然間：毒蕈山轟隆一聲炸裂開了。煙塵衝天，岩板和碎石朝四處飛散。毒蕈山一炸裂，喊殺聲頓時消失，周圍顯得異常沉寂。又過了一會兒，衝天的煙塵逐漸消散，只見毒蕈山變了模樣，變成了現在這個樣子。

後來，人們在山坡上找到了牧童的破草笠，埋在山頂上，以紀念勇敢的牧童。

從那以後，霧天裡再也聽不到從山裡傳出任何聲音，細田平原也再沒有遭過任何災難。人們遠遠望去，那山的模樣與牧童的草笠十分像，就把它叫作帽兒山了。

金太變（講述）

金明漢（蒐集整理）

帽兒山的傳說（之二）

> 帽兒山，帽兒山，
>
> 帽兒山下有滴泉，
>
> 三頭巨蟒淌眼淚，
>
> 不知淌了多少年。
>
> ——「帽兒山」山區民謠

在吉林省東部的莽莽群山中，有一座突兀陡起的山峰，遠遠看去，就像一座巨大的石磨上扣了一頂偌大的傘形草帽，這就是牧丹江兩岸人民所熟知的帽兒山。

說起帽兒山，它在三百多年前並不叫這個名，而是叫作「三泉山」。那時的三泉山，風光秀麗，景色宜人，蒼松翠柏，古木參天；山腳下，花香鳥語，流水潺潺，三眼清泉溢滿玉液瓊漿，汲之不竭。山頂上有幾座萬年石窟，石窟逶迤數丈，深不可測。這山上，住著一位高壽仙長，人稱「三泉聖祖」。聖祖膝下共有三男一女，長子名叫「玉京白」，次子名叫「玉京藍」，三子名叫「玉京黃」。兄弟三人生來刁頑成性，窮凶極惡，只是聖祖在彼，兄弟三人不敢過於放肆。一女名叫「玉京紅」，生得美貌超群。此女降世之時，山頂上一朵牡丹應時而開，這朵花，大如羅盤，香風縷縷，紅光熠熠，色如丹珠。聖祖見花魁顯貴，知此女不凡，遂賜名「牡丹」。

光陰荏苒，在牡丹姑娘十六歲那年，努爾哈赤清太祖將聖祖請到陽山大營，聘為軍師。聖祖走後，兄弟三人見父親遠離，而且去之難返，就本相暴露，他們背著牡丹姑娘偷吃了聖祖的九轉仙丹，每天變成三頭牛腰粗的巨蟒，就像禁鷹出籠，餓虎下山，山上山下，橫行暴虐，肆無忌憚，天上的飛禽、地上的走獸被他們吞食無數，一座美麗幽雅的三泉山被他們攪得腥風血雨天昏地暗。

聖祖下山後，牡丹姑娘每天都坐在自己的石屋裡不停地忙碌著：她川百鳥獻來的羽毛織成精美絢麗的彩裙，用人參花上滴下來的露珠洗潤自己潔白如玉的臉蛋兒，用梅花鹿銜來的靈芝做髮油擦拭自己柔軟如絲的頭髮。要說牡丹姑娘最喜愛的東西，那就是她的梳妝台。這可不是一般的梳妝台啊，那上邊裝著水晶石磨成的菱花鏡、美人松刻成的小梳子；有沙河金製成的金簪子、高山銀雕成的耳鉗子，人參果穿成的紅項鏈，常青藤擰成的手鐲子，還有很多很多叫不出名的寶貝。她每天早晨起來，都高興地坐在菱花鏡前，仔細地端詳著自己。看著鏡子里美麗的面容，她的心都陶醉了。牡丹姑娘確實太美麗了，每當她的身影出現在山頂或響起她動人的歌聲，天上的白雲都停止了飄動，泉水跳躍著要流上山頭，百鳥靜悄悄地伏在枝頭側耳聆聽……

可是好日子沒過多久，胡作非為的兄弟三人攪得三泉山愁雲瀰漫，晝夜不寧。牡丹姑娘看在眼裡，急在心頭，她不止一次地勸說三個哥哥，可仍是無濟於事，兄弟三人更是越鬧越凶。不到兩年，從北國傳來聖祖歸天的消息，牡丹悲慟欲絕，她站在山頭遙望北方，一直哭了三天三夜。朦朧中，牡丹耳邊響起了聖祖臨行時的囑咐：「牡丹，我此去北國，輔佐清太祖，能否歸境，實難預料。念汝天資聰敏，頗解世機，日後定有拯靈濟世之德。此草帽乃鎮山之寶，不可小覷，望汝切謹切慎，好自收之，待急難之時，尚有大用……」牡丹驀然醒來，銘心刻骨，將草帽時刻不離放置身邊。

再說牡丹的三個哥哥，聽到聖祖歸天，不但毫無悲慟之意，反而更加肆意妄為。這一天，他們又變成三條巨蟒，凶惡地追殺一群小鹿，小鹿無路可奔，逃到牡丹姑娘的石屋近旁。牡丹聞聲趕出，見此情形，用身體擋住小鹿，勸說哥哥不要傷害生靈。兄弟三人恣意不聽妹妹的勸說。牡丹又氣又急，慌亂中一把抓住了草帽：「啊，草帽！」牡丹話聲未落，草帽頓時射出道道金光，三條巨蟒被金光刺得睜不開眼睛，骨軟肉麻，一個個連滾帶爬逃回子石窟。牡丹看著手中的草帽，想不到這草帽竟有這麼大的神力，她欣慰地笑了。時間一長，山裡的飛禽走獸個個都感激善良美麗的牡丹姑娘。

再說三條巨蟒逃回石窟，張著大口，喘著粗氣。他們心想：這座山上只要有牡丹，以後就不能繼續吞殺生靈、為所欲為了。他們正在發愁，一條又黑又醜的馬蛇子從石縫裡鑽了出來，它貼到玉京白的耳邊悄聲說：「大王，你還不知道吧，明天一早牡丹就要把你們趕下山去殺掉！」玉京白一聽真是怕極了：「老弟，那怎麼辦呢？」「沒有別的辦法，只有在天亮前先把牡丹殺掉！」玉京白聽信了馬蛇子的讒言，決定殺死牡丹。到了深夜，玉京白領著玉京藍、玉京黃偷偷地鑽進了牡丹的石屋，三個人一擁而上，用碎草堵住了牡丹的喉嚨，用椴麻捆住了牡丹的手腳。牡丹從夢中驚醒，拚命地掙紮著。看著牡丹痛苦的樣子，哥哥發出了一陣陣獰笑。他們把牡丹拖到離三泉山很遠很遠的一條小河旁，把牡丹扔進了河裡，便得意洋洋地駕起狂風揚長而去了。

卻說在水裡的牡丹，一瞬間，突然想起了草帽，她心裡默唸著「草帽，草帽……」果然，草帽從空中飛來，隨著牡丹心裡的呼喊，悠悠旋入水中，輕輕地托起了牡丹，緩緩地向下流漂去。

在這條小河與江水匯合的地方，也就是現在丹江與珠爾多河匯合的地方，住著一個叫珠爾多的小夥子。這一天他打獵回來，到河邊洗臉，突然看見河面一頂草帽托著一個姑娘。珠爾多急忙跳入水中，把姑娘搭救上來。回到家裡，他輕輕地把牡丹放在自己鋪著麂皮的木床上。牡丹姑娘睡呀睡呀，一直睡了九天九夜，珠爾多在牡丹身邊守呀守呀，一直守了九天九夜。第十天，太陽剛一露臉，牡丹慢慢地睜開了眼睛：「啊，我這是在哪裡？」她困惑地望著這古怪的木棱房，看著牆上掛著的閃亮的弓箭，撫摸著蓋在身上的暖融融的棉被，她好奇地看看這兒，看看那兒。這時，珠爾多端著一碗熱騰騰的人參木耳湯走了進來，他那黑紅的臉膛上掛著欣慰的微笑，走到牡丹姑娘面前，羞澀地低著頭說：

「姑娘，喝一點兒湯吧……」牡丹望這和藹可親的年輕人，她不知該說些什麼。珠爾多把湯放在牡丹的手裡，懇求地說：「喝吧，姑娘，你一定餓極了。」牡丹望著珠爾多誠摯的目光，下意識地把湯端到嘴邊，兩行熱淚掉進碗

裡，一股暖流熱到心裡，她這才知道，天底下還有這樣的好人！

在珠爾多的精心護理下，牡丹全好了。被碎草扎破的喉嚨又能唱歌了，可是牡丹一句也唱不出來，臉上總是掛著層層陰雲。珠爾多每天打獵回來，總是給牡丹帶來很多好看的花，可是牡丹姑娘還是悶悶不樂，因為她忘不了三泉山上那些受難的生靈，更忘不掉她與三個惡魔的刻骨仇恨。她常想：珠爾多能替我去除掉惡魔嗎？牡丹在困惑中等待著，等待著……

一天晚上，珠爾多從林中打獵回來，他望著早已迎候在房前的牡丹姑娘，深深地沉浸在幸福之中。他情不自禁地用箭頭撥動著弓弦，唱起了動聽的山歌：

　　　　　山青青咿喲，水藍藍，
　　　　　山山水水咿喲，緊相連。
　　　　　山青青咿喲，不離水，
　　　　　水藍藍咿喲，不離山。
　　　　　咿喲，咿喲，咿洛哈，
　　　　　　山水好比哥與妹喲，
　　　　　　阿妹永在我身邊……

牡丹聽了珠爾多的歌聲，心中燃起了愛情的火焰，她拿起身邊的太平鼓，也輕輕地敲打著唱了起來：

　　　　　星閃閃咿喲，月圓圓，
　　　　　星星月亮咿喲，緊相連。
　　　　　星不閃咿喲，月不亮，
　　　　　月不亮咿喲，星不閃。
　　　　　咿喲，咿喲，咿洛哈，

咿喲，咿喲，咿洛哈，

星月好比哥與妹喲，

阿哥永在我身邊……

　　山笑了，水笑了，杜鵑亮起了歌喉，魚兒躍出了水面……牡丹深情地望著珠爾多漲紅的笑臉，眼睛裡閃動著幸福的淚花。珠爾多輕輕地替牡丹擦去淚珠兒，和牡丹並坐在樹墩上：「牡丹，你能不能告訴我，什麼事讓你這樣的苦悶和憂愁呢？」牡丹緊緊地握住珠爾多粗壯有力的大手，把自己的一切一切都告訴了他。珠爾多聽著牡丹的傾訴，氣得五臟六腑都要裂開了，他把拳頭攥得「咔吧咔吧」直響，忽地站起來紮緊了虎皮圍腰，繫緊了腿帶，拿起了弓箭，他恨不得立刻衝上三泉山，把三個惡魔劈成萬段，化為齏粉。牡丹見此情景，攔住了熱血沸騰的珠爾多：「阿哥，要除害，要報仇，可不能性急，要想戰勝惡魔，就要有比惡魔更高的本領。」

　　從那以後，珠爾多每天早起晚睡，刻苦練功。他練呀練呀，直練得強弓拉滿能射掉百丈古松上的松果；健步如飛，能追上林中奔跑的馬鹿。牡丹看在眼裡，喜在心頭，她想到：除掉惡魔的日子不遠啦，除掉惡魔的那一天，也是她與珠爾多要成親的那一天，這一天眼看就要來到了。為了這一天的到來，珠爾多付出多大的辛苦，牡丹又替他擦乾了多少汗水呀！

　　征服惡魔的這一天終於到來了。珠爾多裝束整齊，帶著強弓利箭，牡丹背著聖祖留給她的草帽，在朝霞燦爛的清晨，雙雙上路了。他們穿林越澗，疾走如風，逢山開路，遇水搭橋，正晌午時，他們來到了三泉山下。珠爾多和牡丹站住腳往山頂一看，玉京白、玉京藍、玉京黃他們正在石窟裡活剝一隻羚羊，羚羊的一聲聲慘叫像一把把刀子紮著牡丹和珠爾多的心。珠爾多怒不可遏，拉起強弓，搭上利箭，弦如滿月，矢如閃電直向山上射去。「嗖」的一箭射中了玉京白那好聽信讒言的耳朵，玉京白大叫一聲，「啊，牡丹！」話音未落，「嗖──」第二箭飛來，正射中玉京藍撕破牡丹百羽裙的手上。玉京黃見勢不

妙，奪路欲逃，還沒等他抬腿，「嗖——」第三箭飛來，正射中玉京黃踏碎牡丹梳妝台的腳，三個人一聲吼叫，又變成三條巨蟒，帶著箭傷，惡狠狠地向牡丹和珠爾多撲來。珠爾多毫不畏懼，一鼓作氣。「嗖！嗖！嗖！」連發三箭，三個惡魔見珠爾多勇猛異常，便吐出一團團雲氣，想借雲氣籠罩乘機逃跑，珠爾多手提弓箭奮力追去。牡丹怕珠爾多單槍匹馬遭了傷害，就從背後取下了草帽，輕輕地說了聲，「草帽！草帽！」隨著牡丹的話音，草帽從她的手中騰空而起，依著牡丹姑娘的心意箭一樣向山頂飛去，這草帽飛到山頂，旋在半空之中，轉眼間草帽越來越大，越來越大，大得遮住了天日。在這遮天蓋地的草帽下邊，暴雨如傾，雷電交加，道道閃電直向惡魔擊去，三個惡魔膽顫心驚，又無路可逃，只好鑽進萬丈石窟。這時，草帽從半空飄然而落，嚴絲合縫地蓋住了三泉山，三個惡魔被壓在石窟之下，永世不得翻身。

從此，三泉山變成了帽兒山。人們為了紀念這對勤勞勇敢的夫妻，將他們居住的江河匯合地方，命名為牡丹江和珠爾多河。

現在，凡是到這裡來的人都能看見帽兒山的石崖下有三眼淌泉，水從岩石的裂縫裡滴滴答地落在三泉眼上。人們說，這是三個惡魔的眼淚，它們想用悔恨的淚水洗去在人間犯下的罪惡。所以，人們命它為「淚泉」。

韓再環（蒐集整理）

馬蹄山的傳說

翻過松柏成蔭的帽兒山頂，沿著果樹成行的山麓，往西走二十里路，有一座聳立在海蘭江畔俯瞰著細田平原的高山，叫馬蹄山。

那馬蹄山因形似馬蹄而得其名，同時人們叫它馬蹄山還因為它有這麼一段故事。

故事發生的年代不是盤古開天地那麼久遠，但算起來距今也有好多年了。那時，現在的馬蹄山只是個小山崗，山坡下有個方圓十里的池塘。那池塘下方和南面是一大片肥沃的耕地，就在離池塘不遠的地方有一座高大的瓦房，住著占有這片平原的大財主。

不知是哪年哪月，有一天，那財主坐在屋簷下正舉目放眼平原，突然有一個長得像黃牛般結實粗壯，又高又大，兩眼如燈的年輕人，背著背架走進了院子。那小夥子一進院，就放下背架，然後走到財主跟前舉手作揖懇求道：

「小人早失父母，為生存餬口不得不到處流浪，從很遠的地方來到這裡，求大人可憐我這個孤兒，收留我在這裡幹活吧。」

那財主看著背架上掛著的討飯瓢和破衣衫，一句話也沒說。小夥子見狀，跪在地上又哀求道：「小人像綿羊一樣老實聽話，又像黃牛一樣勤懇能幹，哪怕是幾天，也請您先留下我吧。」

這番話把吝嗇的財主說動了心，他又仔細打量起眼前的年輕人。果然，雖說衣著襤褸，但面容俊秀，又長得壯如黃牛，幹起活來肯定是把好手，於是他說：

「好吧，你就按我的吩咐好好幹活吧。幹得好我就收留你，以後還給你娶媳婦。現在，你就住在那間耳房裡吧。」

這樣，光棍小夥子就成了財主家的長工，從第二天起就下地幹活了。

老財主雖說收留了他，可還是不放心，第二天他悄悄跟在小夥子身後來到

地裡。小夥子果然沒說大話，幹起活來又快又好。鋤草時，別人還沒鏟淨地頭，他卻像鋤頭底下生了風，鋤到草倒，一會兒工夫就躥到地那頭了。他就這樣也不休息，一整天下來，不叫吃力也不喊腰疼。傍晚收工時他打回的柴火，在他肩上背著就像馱了一座小山。

老財主像是泥土裡挖出了珍珠，草堆裡撿到了水銀似的，高興得合不攏嘴，他在家人面前半是炫耀自己半是誇獎長工地說：

「哈哈，都說我是吝嗇鬼，沒人願給我當長工，可是你們瞧，我雇了個什麼樣長工啊！」

老財主說著又繪聲繪色地講起小夥子幹活的情景來。說的人越說興致越高，眉飛色舞，聽的人也越聽越入迷，全神貫注。這些人中尤其是財主的女兒被深深吸引了，目不轉睛地聽著。

那老財主四十歲才生下這個獨生女，長得沉魚落雁、閉月羞花。這會兒女兒聽了父親的話，不知怎麼，非常渴望能親眼見一見小夥子。一天她背著父親，裝作在院子裡散步，偷偷往耳房裡張望。可是沒看見長工，卻看見了耳房前盛開的各種從未見過的鮮花。千姿百態的花朵香氣襲人。房簷下掛著一個鳥籠，一隻不知名的小鳥在籠中清脆地鳴囀。從那天起，財主的女兒就每天偷偷溜出來，觀賞盛開的鮮花，又伴著鳥兒一起歌唱。這樣觀花賞鳥過了一天又一天，她想見見長工小夥子的心情也一天比一天迫切了。

這一天，財主的女兒暗暗發誓，非要見到小夥子不可，於是從傍晚時分起，她就守候在耳房附近。夕陽西下，身高九尺的長工小夥子背著小山似的柴火捆走進院子。只見他放下背架，從懷裡捧出金黃色的小黃鶯，放進鳥籠裡，然後兩眼含笑地進了耳房。直到這時財主女兒還像丟了魂魄般失神地瞅著小夥子，站在原地一動不動。

自那以後，財主的女兒往外跑得更勤了，因為這樣她可以有更多的機會見到小夥子。剛開始每逢小夥子對她行禮問安，她就羞得抬不起頭來，可日子一長，也互相說起話來。最後每天小夥子背著柴火一進院子，姑娘就迎上去按下

他手中的家什，這樣情來意往，萌動了愛慕之心，長工小夥子和財主的女兒深深相愛了。

小夥子雖說整日辛勞，每天收了工就盼望著姑娘在院子裡迎接他，於是那步子邁得三步並作了兩步。姑娘呢，白天就恨日頭走得慢，夕陽剛落山就到院裡迎候小夥子，每到傍晚，小夥子在草房裡吹著笛子，思念姑娘，姑娘倚著院裡的長廊，凝視倒映在水池中的月亮，傾聽悠揚的笛聲。兩人就這樣苦苦相思著，到了深夜，財主夫婦一入睡，財主女兒就悄悄溜出來，和小夥子一起或在耳房，或在垂柳飄拂的池塘邊玩。

世上沒有不透風的牆，一天傍晚，財主女兒剛從耳房出來，就被她母親撞見了。母親一見女兒從耳房裡出來，當即驚嚇得暈倒在地，在富貴貧賤的世上，千金小姐和長工青年相愛，這種大逆不道豈能容忍！可是母親又怕性情暴躁的丈夫會傷害女兒，只好緘口不言。她從第二天起就天天纏著丈夫要他辭去長工。開始，財主只是責怪夫人怎麼竟要拔掉搖錢樹，可是見夫人再三催促，不免起了疑心。恰巧一天半夜聽到夫人在夢中自語，便當即推醒夫人，刨根問底起來。夫人無可奈何地把女兒跟長工相好的事情說了。財主一聽，暴跳如雷，操起一把斧子吵嚷要殺死女兒和長工。夫人慌忙阻攔道：「老爺千萬不可妄動……殺了女兒，傳出家醜，這個家就算完了，為什麼要光著腳往石頭上踹呢？」

「那你說該怎麼辦？」

夫人在低嗓門說：「今天眼看就天亮了，還能怎麼辦？不如準備一下，明晚更深人靜的時候，殺了他們扔到池塘裡去。」

財主聽了，這才放下了手中的斧子。

天亮後，長工小夥子又照常下地了。可是今天幹起活來，不知為什麼事事不順手，心裡總像懸著一樁心事。頭天晚上財主女兒告訴他說母親已有所察覺，若父親知道了就更會招來大禍，不如趁早一起逃跑。可是兩個人一起往哪裡逃，逃出去又怎麼過日子呢？一個人走吧，又不忍撇下心愛的姑娘。長工小

夥子只覺得眼前發黑，一整天都愁眉不展。

太陽不知不覺落到了西山頂。正在這時，一匹白馬四蹄揚塵箭也似的向長工小夥子奔來。馬到面前，沒想到從馬背上跳下來的是財主女兒，她焦灼萬分地說：「快，快上馬，我們一起逃跑吧，今天再回家就沒命啦。」

長工小夥子如遭晴天霹靂：「小姐，這話怎麼說起？」於是，姑娘一五一十，把昨晚無意中聽到的父母的計劃全盤托出，小夥子聽罷說道：「小姐，你是富家出身，怎麼能跟我過一輩子窮苦日子？我一個單身漢，活在這世上也無異於死，沒什麼可常牽掛的。我寧肯拼得一死，也不再落入他們手中。只要小姐丹心不變，那我們兩人今生結不成的姻緣，待到黃泉時也不為晚，眼下，你快走吧。」小夥子話音未落，姑娘合掌跪地，道：「投人胎來到世上的都是人，並無貧富貴賤之分。小女至今已經鐵了心，你要走，就領著我一起走吧。」

長工小夥子一聽，真是句句飽含血淚，字字錘在心上，不覺撕心裂肺。

這時，只見遠處塵土飛揚，財主家的眾人馬追過來了。小夥子兩眼噴著怒火，一咬牙托起姑娘翻身跨上白馬。那白馬矯健地騰空躍起，縱蹄飛奔，猶如劃起一道電光。雪白的四蹄　啪飛出火星，揚起一路的滾滾煙塵。

前邊是小夥子和姑娘騎的白馬在飛馳，後邊是財主家的人馬在緊迫。前邊揚鞭，後邊也催馬，前邊急如星火，後邊更是窮追不捨。

就這樣跑出一段路，突然前面出現了又寬又深的十里池塘。小夥子和姑娘不得不勒馬停下。面對這池塘，欲飛不能，要蹚又蹚不過，這十丈深池，進去就會當水中冤鬼。可若是往回走，更無異於伸長脖子挨刀砍。

兩人正在焦急萬分，老財主和家丁們的馬蹄聲已聲聲可聞，甚至老財主聲嘶力竭高喊「站住」的聲音也聽得清了。財主女兒不禁對空長嘆道：「老天爺無眼喲，真誠相愛成了罪名，眼看我們要雙雙淪為冤鬼，老天爺怎不睜眼看一看哇！」

姑娘話音剛落，突然，白馬猛地一蹬後蹄，騰空躍起。隨著一聲驚天動地

的馬嘶，人馬一起飛過了十里池塘。緊接著，白馬又揚起前蹄猛蹬岸邊的山岡，乘勢縱上天空。那財主在後面把這一切看得真切，心急火燎地只顧揚鞭催馬，不料連馬帶人一頭栽進池塘，成了倒楣的水鬼。

從那以後直到今天，沒有再見過長工小夥子和財主的女兒，不知他們在哪裡同享著琴瑟之樂。可是他們騎的白馬騰空躍起的那座山岡上卻留下了白馬的蹄跡。所以人們把那座山叫作馬蹄山，並代代相傳著長工小夥子和財主姑娘的故事。

金漢明（講述）

朴昌默（蒐集整理）

龍頭山的傳說

　　遠古時代，在茫茫的東海東部，有三個衝天水柱，像火山爆發一樣，沒日沒夜地從地下往外噴射。這裡整日是惡浪滔天，狂風怒吼，烏雲翻滾，遮天蓋地，陰沉不見天日。女媧娘娘補天之後，看到這三口海眼給乾坤造成的災難，甚為嘆息，便把補天剩餘的五彩石渣將海眼堵住。從此，斷絕了水源，地上的海水回歸了東海。混混沌沌的世界消失了，金燦燦的太陽出來了。這裡露出了陸地、大山與河流，產生了萬物，出現了生機勃勃的新世界。女媧娘娘堵海眼的那幾塊仙石，變成了雄偉壯麗的九鼎鐵叉山。女媧娘娘為乾坤做出如此大的貢獻，造就了萬物，造就了人類，天地間有誰不贊成，有誰不擁護呢？偏偏就有些孽障恨之入骨，妄圖推翻九鼎鐵叉山，把這來之不易的溫暖世界重新變成汪洋大海，把人類和萬物毀滅於浩瀚的狂濤之中。其中就有一條原來被沉在海底的孽龍，至今還不死心。

　　據說它是東海龍王的一個外孫，從小嬌生慣養，長大後脾氣暴躁，不幹正事，經常打架鬥毆，龍宮中沒有一個不煩它的。因為它打傷了龍王的孫子，把龍宮攪得一塌糊塗，東海龍王一怒之下把它打發到這個環境惡劣、偏遠荒涼的地方，命它鎮守這片海域，並下令，不把這片大海治理好，不准回東海龍宮，想借此改改它的惡習。

　　誰知，這條孽龍來此之後，覺得天高皇帝遠，不服天朝管了，更是隨心所欲，無法無天，專門勾結妖魔鬼怪，在這片海域橫行霸道，為所欲為，利用自己的權勢欺壓部族，對部下說殺就殺，當作酒餚吞噬，其他魚鱉蝦蟹更不必說，隨時都有生命危險，嚇得這些水族終日惶惶不安。而且，它動不動就興風作浪，呼風喚雨，攪得水族們無安寧之日，逼得它們紛紛向東海龍王告狀。龍王十分惱怒，多次下旨召它回宮，可它拒不從命，仍然我行我素，為非作歹，變本加厲地殺戮敢於反抗的部族。東海龍王憤怒至極，親自出馬給它降罪，把

它鎖在海底，待其認罪之後再另行處理。

萬萬沒料到，女媧娘娘來堵海眼，海水消退的那麼快。這條孽龍的刑期還沒滿，又被困到陸地上了。孽龍恨透了女媧娘娘，恨不能一頭把九鼎鐵叉山拱翻。它面對著山的主峰，兩隻圓眼惡狠狠地瞪著鐵叉山。想當初，它以每年三尺三的速度向九鼎鐵叉山逼近。不知走了多少年，眼看距離越來越近了，住在山上的長眉李大仙舉起拂塵，只一甩就把它釘在那裡了，並在它面前劃出一條鴻溝，擋住它的去路，不准再向前半步。就是現在距拉法山北十二里，位於新站鎮河東的龍頭山。從此這條孽龍再也不能移動分毫，面前那條鴻溝變成一條河，嘩嘩的清水不住地流著。它遺憾地瞪著無可奈何的眼睛怒視著巍峨的九鼎鐵叉山聳立在人間。

現在，來到新站鎮河東的靠山屯，仍然可以看到這座活靈活現的龍頭山，頭上石眼石鼻栩栩如生，氣勢洶洶地衝著拉法山用勁，還有一股誓不罷休之勢呢。

青龍山的傳說

在雪山飛湖湖畔，有個「龍順旅遊度假區」。在度假區賓館對面，有座山巒起伏的山嶺，當地老百姓都叫它「青龍山」。那麼，這座山為什麼叫「青龍山」呢？說起來，這裡還有一個動人的故事呢！

相傳很久很久以前，長白山上的天池，煙波浩渺，碧水蕩漾。長白十六峰環繞四周。池內龍宮歌舞昇平，安泰平和。天池老龍王通過山下的眾多山泉，將天池水送向大地，送向人間，滋潤著長白山下萬畝良田，使黎民百姓過著豐衣足食的日子。

可是，這幾年天氣突然炎熱起來，大地乾旱，人畜缺水，百姓的日子過不下去了。怎麼回事呢？原來，天宮的天狼星因向布庫裡的佛庫倫求婚不成，把怨氣撒向了長白山，便在長白山下施展火魔，興風作浪，禍害百姓。弄得百姓們苦不堪言，怨聲載道。天池老龍王得知這事兒後，焦急萬分，忙把兒子們召集來，商量怎麼辦。龍子們七嘴八舌，紛紛獻策，有的說加大山泉湧水，有的說把幾個山泉通起來布水……老龍王一個勁兒地搖頭。這時，老龍王的小兒子小青龍站起來說：「光靠山泉布水遠遠不夠，要把天池水直接送向山下，遏制住天狼星的火魔，才能解決這麼嚴重的乾旱呀！」老龍王說：「對！現在也只有這麼一個辦法，才能壓制住天狼星的囂張氣焰。可是，這龍門緊固，貼著天宮的封條，千秋萬代不許打開。我們怎麼辦吶？」小青龍說：「爹爹不要著急，我和哥哥們多次到『龍門峰』去玩，發現龍門旁邊就是『天豁峰』，這天豁是當年女媧娘娘補天時留下的幾個豁口，在那裡可以打開口子，把天池水送出去的。」老龍王無奈地說：「打開天豁不是一件容易的事呀！我年紀老了，沒有能力幹這麼大的事了，你們弟兄幾個不要禁錮在這天池裡享清福了，也應該衝出去創一番大事業，為百姓造福哇！」龍子弟兄們聽後面面相覷，誰都沒吱聲。這時，小青龍挺身而出說：「爹爹，你放心！我願意去打開天豁，把天

池水送下山，拯救山下的百姓。」老龍王說：「好吧！你去吧。若要打不開，千萬不要性急，回來我們再想別的辦法。」小青龍含淚與爹爹和哥哥們告別，毅然奔「龍門」「天豁」而去。

來到「龍門峰」「天豁峰」下，小青龍一看，這「龍門」高萬丈，闊千尺，厚百里，一把天鎖牢牢扣住，縱有萬般能耐也奈何不得。再看旁邊「天豁」也是高聳入雲，巍然矗立。只不過在山峰半腰有幾處豁口，形成了幾個山頭。於是，小青龍選擇了豁口最大的地方，開始施展法術，移石填海，劈山開路，不分晝夜，不顧飲食，上演了當初女媧補天的壯烈一幕。

不知不覺，過了七七四十九天，天豁似乎沒有多大變化。又過了九九八十一天，天豁還是沒有多大變化。而山下百姓的哭聲卻不斷傳來，小青龍真是心急如焚呀！誰知，在這個當口，天狼星得知了小青龍準備挖開天豁，送水下山，拯救百姓，恨得牙根緊咬，「哼！敢與我作對，看我不把你燒死才怪呢！」天狼星悄悄來到天豁峰外面，放出火魔，燃起衝天大火，想要烤死小青龍，阻止挖山。燒了七七四十九天，燒得漫天通紅，地漿噴湧，小青龍依然挖山不止。又燒了九九八十一天，把山口燒出了一個斷崖，小青龍忍著萬般苦痛，依然挖山不止。天狼星惱羞成怒，孤注一擲，最後拿出看家本領，想要燃起更大的天火。可想而知，他這一招如果得逞，不但天池受損，山下的百姓也要遭受更大的災難。

這時，小青龍心想：「山下的百姓每天都在遭受乾枯、炙烤的折磨，家破人亡，妻離子散……我不能再猶豫了！我要用生命捍衛天池，保護山下的黎民百姓安居樂業。」想罷，小青龍牙關一咬，將龍頭狠命向天豁峰撞去。霎時，天崩地裂，飛沙走石，天池水猶如脫韁的野馬奔騰洶湧，一瀉千里。流向了莽莽林海，流向了茫茫草原，流向了沃野良田。長白山下的黎民百姓得救了，而那個作惡多端的火魔卻被岩石壓在了地下，形成了溫泉。那個被火魔燒斷的懸崖，形成了瀑布。天池水在「天豁峰」與「龍門峰」之間由「補天石」經「牛郎渡」形成「乘槎河」，流向松花江、黑龍江，流入太平洋。

那麼，小青龍哪裡去了呢？非常痛心的是，小青龍捨身撞崖把龍頭撞得粉碎，龍身隨著激流衝到山下一個風光秀麗的地方，化作了山嶺，永遠留在了這裡。老百姓為了紀念小青龍，就把這座山叫作「青龍山」了。

蔣成義（蒐集整理）

二龍山的傳說（之一）

相傳，一對龍伴侶暢遊了長白山天池後，便北上來到明月溝，在布爾哈通河裡玩起來。突然，傳來喊叫聲：「救命啊，救命啊！」兩條龍舉目一看，河邊不遠處，一個又黑又醜的大漢正緊緊摟住一個穿紅襖、戴紅花的白胖白胖的小姑娘呢。兩條龍飛身上岸，直撲了過去。

公龍仔細一瞅，衝著大漢喝道：「孽種，你跑到這兒來了，快鬆開！」原來，這大漢是東海龍宮龜宰相的兒子龜三，這傢伙仗著老子的權勢，為非作歹，被逐出龍宮。他聽說吃了長白山千年人參能身強力壯、長生不老，便一路尋找而來。真是天賜良機，在這兒就碰上了來洗臉的人參姑娘。龜三「嘿嘿」冷笑著，想把人參姑娘抱到偏僻處，想細嚼慢嚥地美餐一頓。誰知，冤家路窄，竟遇上龍王的兒子兒媳。龜三臉一沉道：「這可不是東海，怕你不成！來，決一死戰！」

兩條龍素知龜三的德行，四目相對，心領神會，一個直奔龜三，一個去救人參姑娘。立時，混戰一團。

整整鬥了三天三夜，龜三跌跌撞撞地跑出百十米倒下了。人參姑娘得救了，可兩條龍也氣息一奄。人參姑娘哭道：「恩人哪，快把我吃了，吃了就恢復元氣了……」公龍說：「為了救你，怎麼還能吃你呢？我們死而無憾。」母龍說：「懲治了龜三，除了一害，你快走吧。我們心滿意足，永遠留在這片美麗的地方了。」兩條龍含笑相依相偎，化作山岡，似龍騰虎躍，生氣勃勃，這便是二龍山；龜三縮成一團，變成龜山，圓圓的山包，像要滾動。人們把這奇異景觀，稱為「二龍戲珠」。龜山又像塔，也叫塔山。

人參姑娘沒有走，一直守護在二龍山上，陪伴在二龍身邊。有時，二龍山腳下東邊的布爾哈通河、西邊的福興河，會倒映火紅火紅的人參花。人們說，這是「二龍護參」，也叫「參伴二龍」。二龍山公園人參姑娘雕像，就是那個

被二龍救護的人參姑娘的化身啊。

二龍山的傳說（之二）

很久以前，在一座秀麗的山腳下有一個名叫二龍的小夥子，同母親相依為命過著艱苦的日子。

他雖然夜以繼日地辛勤地勞作，還是供養不好年老的母親，家裡總是缺吃少穿。他想擺脫這種困境，但想不出什麼好主意。

有一天，他同老母親商量之後，決定上山去燒木炭。

二龍離開家鄉到了深山老林，開始燒木炭。一晃幾年過去了，他廢寢忘食地幹活，又省吃儉用，竟攢下了一百多兩銀子。

手中有了錢，他首先想到了年老衰弱的母親，決心好好地孝敬老人家，二龍心急火燎地走上了回家的路。當他走到一處僻靜的山坡時，突然閃出一個彪形大漢，不由分說向他臉上猛打一拳。二龍摀住被打得火辣辣的臉，迷迷糊糊，不知發生了什麼事，接著又被那個傢伙用破布堵住了嘴。這時，又躥出一個漢子，從二龍的腰間解下了錢袋子。

當二龍醒來時，兩個山賊早已跑得無影無蹤。他茫然自語道：「媽媽，可憐的媽媽，您把我養大成人，我卻沒有很好地孝敬您。這次我燒木炭掙了點錢，滿以為可以好好地孝敬您，讓您過上舒心的日子。可是，誰想那喪盡天良的強盜，使我又變成了窮光蛋。媽媽，我該怎麼辦啊？」他悲慟欲絕，越尋思越悲憤難忍。他想：「我有什麼臉面回家見老母親，與其這樣狼狽不堪地回家，不如在這兒死掉算了。」

於是他爬上一座懸崖，從頂上往下望去，一條彎彎曲曲的大河沿著山根汩汩流向遠方。二龍鞠躬跪拜，喃喃道：「可憐的媽媽，請您饒恕我這個不孝的兒子吧，請您多保重，我走了。」當他剛閉起雙眼準備往下跳的時候，突然有人在背後拽住了他的衣服，並親切地說：「年輕人，你有什麼想不開的心事嗎？自尋短見可使不得，使不得。」

二龍回頭一看，是一位面孔慈祥的老漢，於是哭著向老漢訴說了剛才在路上發生的事情。老漢聽完，苦笑了一聲，說：「嘿，這麼點小事兒還想死？我這裡正好有一百兩銀子，你帶回去好好地孝敬母親吧。」

二龍很受感動，婉言謝絕老漢的好意，老漢卻硬把錢袋子塞給他。他想問問老漢的姓名住址，老漢說：「不值一提，不值一提，河東的李老漢誰人不知？」然後轉身而走。二龍望著老漢遠去的背影，默默地說：「老人家，我不會忘記您的，我一定會報答您的救命之恩。」

走了幾天，二龍回到家裡，母親真是喜出望外，端上熱氣騰騰的山菜湯，一邊讓兒子喝，一邊詢問兒子在外的情況。二龍說著說著，眼前浮現出路上遭搶劫、被老漢相救的情景，不由自主地掉下了眼淚。母親驚奇地問：「孩子，你怎麼哭了？」於是二龍把路上發生的事情一五一十地告訴了母親。母親說：「孩子，那位老人真叫人感動啊！根據你說的那位老人的衣著打扮來看，也是窮人，可哪來的那麼多錢？如果是賣力氣掙來的錢，那該多不容易呀。我們千萬不能花這些錢，一定要如數奉還。」二龍連連點頭說：「母親說的是，我明天就去找老人家。」

第二天一大早，二龍帶著錢上路，他三步並作兩步走，當來到山坡路時，發現兩具屍體。但靠近一看，只見一人被刺死，刀插在脖頸上；另一人滿臉刀痕，看來是流血過多而死。兩具屍體旁邊還有一個錢袋子，正是自己那天被人搶走的。二龍打開錢袋子查了查數，不多不少正好一百兩銀子。他感到奇怪，是誰殺死了他倆，為什麼錢還放在這裡？二龍想了半天，才恍然大悟：「啊，我明白了。兩個強盜搶走了我的錢，結果兩敗俱傷，誰都沒有逃脫死的命運，該死，該死。」

二龍本來心地善良，雖然很憎恨強盜，但又不忍心讓兩人橫屍荒野，於是動手把他倆埋在山坡上。

接著，他急忙趕路。太陽快要升起的時候到了河東村，一打聽，很容易地找到了李老漢家。

「一大早誰來找我呀？」

「您好老人家。」

「你是……」

「您不認識了？我是二龍啊！」二龍恭恭敬敬地向老人家作揖磕頭。老漢認出他來，說：「你怎麼又來了？是不是錢不夠用？」

這時，老漢的老伴走出來，哭喪著臉說：「小夥子，你說這個老頭子糊塗不糊塗？我家也是窮得叮噹響，連鍋蓋都提不開呀。前些日子把女兒送給官宦人家當丫鬟，才有了錢，還說是借的，以後要還哪。老頭子把錢全給了你，小夥子，你別嫌我嘮嘮叨叨呀！」她把家境如何如何困難，如何如何把女兒送去當丫鬟等事講給二龍聽。

二龍很受感動，說：「大爺、大娘，你二位老人家恩情我永世不忘。老人家給我的錢，今天我全部帶回來了，請你們收下。」李老漢著急地說：「不，這錢不能要，你的處境比我還困難，還是拿回去吧。」二龍說：「請老人家放心，我的錢也找回來了。」二龍把昨晚母子倆的說話內容和今天早晨在路上遇到的事情，一一告訴了兩位老人。

老兩口聽完後喜形於色，驚嘆不已，說，「古人說得好，善有善報，惡有惡報。」

二龍奉還了銀子，並用自己的錢贖回了老漢的女兒。李老漢兩口子高興得二話沒說，把姑娘嫁給了二龍。

兩家皆大歡喜，二龍因禍得福，母子相聚，又娶了稱心如意的媳婦；李老漢慷慨解囊救人，女兒跳出火坑，又有了姑爺。從此，兩家都過上了幸福美滿的生活。

後來，人們為了紀念心地善良的二龍，便將他居住的那座山命名為二龍山。

▌二龍山的傳說（之三）

很久很久以前，在長白山麓，勤勞的人們過著豐衣足食、悠然自得的生活。

有一年，長白山天池突然出現兩條黑龍，經常為難人們。從此，民不聊生。更令人痛心的是每年都要獻出兩個妙齡少女，不然黑龍就要興風作浪，不是沖走一大片一大片的莊稼，就是沖垮一幢幢房屋。隨著歲月的流逝，不知有多少如花似玉的姑娘葬送了性命。

這一年，該輪到阿花和阿麗充當黑龍的祭品了。阿花和阿麗都長得漂亮，心地善良，十分孝順父母，又都是獨生女，所以被父母視為掌上明珠。

厄運當頭，兩個弱小姑娘只有日夜哭泣。

「為了全村的生命與財產，獻出我們性命，值得。我走了，年老多病的父母由誰來服侍呢？」這是阿花和阿麗的共同心聲。

轉眼間舉行祭祀儀式的日子就到了。天剛亮，兩個姑娘抱著父母撕心裂肺地哭叫著：「爸爸、媽媽，女兒沒有盡到孝心，就這樣走了，請你們多保重。」她們又向大家告別：「我們走了，請父老鄉親多照顧我們的父母……」

說罷，兩個姑娘摀著淚臉走向祭壇。

鄉親們跪在祭壇前，默默地為姑娘祈禱。

不一會兒，兩條黑龍帶著腥風臊氣，張著血盆大口，從天池飛奔而來。兩個姑娘緊閉雙眼，戰戰兢兢地等候著即將來臨的死亡。

突然，天上轟的一聲巨響，一個頭戴金盔，雙目炯炯發光，身披銀甲，腰佩寶劍的年輕魁梧的壯士出現在鄉親們面前。壯士走起路來「咚咚」作響，腳下的石頭被踩成碎石粉末；舞起劍來，寒風陣陣，電光閃閃。

壯士對黑龍大聲呵斥道：「妖怪！你們這樣橫行霸道，傷害人命，天理難容！我，長白山壯士，今天特來懲治你們兩個害人精，快乖乖地跪下受死吧！」

壯士力大無比，但兩條黑龍也並不弱。壯士緊握寶劍，向黑龍逼去。

霎時，天池上空煙霧瀰漫，雷聲滾滾，劍影飛舞，銀光閃爍，壯士和兩條黑龍大戰起來。雙方扶搖直上，騰雲駕霧，在天上拚搏，鬥了十幾個回合，一時難分勝負。

人們在地上揮拳叫喊，為壯士助威，空谷傳響，好不氣派。

到了六六三十六回合，壯士運足內氣，大喝一聲，利劍斬向兩條黑龍，兩個黑龍的頭和身子轟隆一聲掉落在地上。

「快，快撒灰土！」壯士向鄉親們呼喊。

隨著壯士的呼喊，阿花和阿麗兩個姑娘兜起一裙沙子和灰來撒在被砍下來的兩個黑龍的頭上。

誰知，被斬斷的兩條黑龍還不死心，蠕動著身軀想把壯士和鄉親們捲進天池裡。在這一剎那，壯士用寶劍挑起兩條黑龍的身子往北甩了出去，兩條黑龍的身軀慢慢地消失在空中。

從此，長白山上再也沒有黑龍作怪了，人們又可以安居樂業了。被壯士用寶劍斬斷的兩條黑龍的身軀落在明月溝的中間，凝固成聞名遐邇的兩座山——二龍山。

▍吐月山的傳說

有一年，一個大臣到甕聲砬子來視察。

他斗大的字不識半筐，還不懂裝懂，說起話來使人哭笑不得。他到了甕聲砬子後，一不問公務，二不問下情，卻天天飲酒作樂。一次，他在宴會上醉醺醺地向衙吏問道：「今天夜裡為什麼沒有月亮？太掃我的興致了！」那個衙吏大惑不解，想：「現在是什麼時候了？還想看月亮！這位大臣在初一想看月亮，不是喝糊塗了，就是一個大傻瓜，我何不逗他一下。」

於是，衙吏對大臣說：「大人，您想看月亮嗎？我倒有一個主意。」

「什麼主意？」

「您瞧一瞧前面不是有一座大山嗎？」

「嗯，我看見了。」

「這座山可通神了，它不僅能吞雲吐霧，而且還能吐出月亮呢！」

「能吐出月亮？好啊，你現在馬上去告訴它吐出月亮來！」

「大人有所不知，您想讓它吐出月亮來，您就得破費上供啊。」

「上供？」

「古人說得好，有錢能使鬼推磨，有吃才有屁，有樂才有利。您不破點財，它怎能為您效勞呢！」

「你說的當真？」

「小人豈敢誑騙大人。」

「應當給多少錢？」

「先拿五百兩試試吧，興許它能吐出月亮來。」

「好吧，你先把這五百兩銀子拿去送給它吧。」

「大人，您真痛快。」衙吏說罷，接過五百兩銀子立即退出去了。

過了兩天，衙吏回來了。

「你把禮送去了？」大臣問。

「是，已經送上去了。」衙吏回答。

「結果怎麼樣？」

「大人，請您瞧瞧山那邊。」

大臣順著衙吏手指的方向望去，確實有一個峨眉般的上弦月從山峰那邊徐徐升上來。

大臣情不自禁地驚嘆道：「果然吐出來了，不過太小了，太小了。能不能讓它再大一點兒？」

「大人，常言道一分錢一分貨，五百兩銀子吐出這麼一牙彎月，已經很敬重您了。」

「哈哈，是嗎？我要看大一點兒的月亮，應出多少錢？」

「您再出一千兩，也許能看到比這大一點的月亮。」

「好吧，我再出一千兩。」

「是！」衙吏帶著一千兩銀子高高興興地回家去了。

過了七天，衙吏來到了大臣的住處。

「怎麼樣？」大臣急不可耐地問。

「大人，您看。」衙吏指著山那邊說。

大臣看到了月亮，點點頭說：「噢，果然大多了，大多了。」

但是大臣看了半天，又不高興了，連說：「還是不夠大，不夠大。」

「大人，您要看多大的月亮啊？」

「我要看圓圓的，圓圓的。」大臣手比畫著說。

「您要看圓圓的，那也不難，您只要多出點兒錢就可以啊！」

「我要看又圓又大的，你說，我該出多少錢？」

「我看一千五百兩差不多。」

「好吧，我給你。」

「是。」衙吏拿著錢高高興興地走了。

十五日傍晚，衙吏急匆匆地來到了大臣面前。

「錢送去了？」大臣問。

「是，大人請看！」衙吏指著山頭說。

一輪磨盤大的月亮掛在山頂上。

「哈哈，山吃了我的錢，吐出了月亮，哈哈……」大臣手舞足蹈地說。

從此，人們把這座位於明月溝南邊的高山叫作「吐月山」，意即明亮的月亮從此山吐出。

五峰山的傳說

　　站在二龍山上往南望去，在煙霧繚繞的遠處，隱約可見五個高大的山峰並肩而立，使人感到既親切又威嚴，這就是五峰山。

　　很久以前，這裡原是一個三面環山的盆地，土地肥沃，風調雨順，人們豐衣足食。

　　但是，好景不長。有一天，一群盜匪突然闖進來，打家劫舍，殺人放火，無惡不作。本來很安寧的村莊，開始經常受到盜匪的騷擾和襲擊，人們過起提心吊膽的日子。怎麼可以抵禦盜匪的騷擾呢？誰都想不出好的辦法來。

　　那時，村子中央有一戶人家，老兩口領著五個兒子過日子。這五個弟兄，個個身強力壯，有勇有謀。一天夜裡，五個弟兄做了同樣的夢：五個兄弟正在商量如何打退盜匪的侵擾，有一位神仙走過來，說：「你們年紀輕，能為全村人分憂，是值得稱讚的。」

　　五個弟兄很感激，向神仙磕頭施禮。

　　「盜匪每次都是從東面峽谷口闖進來的，如果你們五個兄弟能擋住谷口，盜匪就無能為力了。」神仙說完，便消失在七色彩虹中。

　　五兄弟知道了防賊的方法，高興得手拉著手跳了起來，從夢中醒過來了。他們你一言，我一語，都是同樣的一個夢，好不奇怪，就去請教父親。

　　「你們五個弟兄同時做了一個同樣的夢，很不尋常，是上天的造化。從明天起，你們五個不要管家的事了，一心去防盜賊吧。」父親向兒子們吩咐。

　　第二天，天濛濛亮，五兄弟手拿刀斧，老大站在中間，再按年齡左右依次排開，擋住了谷口。

　　天大亮了，一群盜匪揮舞刀槍，向谷口衝來，五兄弟沉著應戰。鄉親們也紛紛拿起家什趕來，為五兄弟助威。五兄弟揮刀掄斧，好不威風。盜匪鬼哭狼嚎，抱頭鼠竄，敗下陣來。但盜匪不死心，向五兄弟連連射箭，利箭好像碰在

銅牆鐵壁上紛紛墜地，擲出的刀槍碰在五兄弟的身上，「哐噹」一聲斷成兩截兒。盜匪一看，嚇破了膽，再也不敢來侵擾村莊了。

可是，為全村人的安全英勇擊退盜匪的五兄弟卻凝固在峽谷口，變成並排屹立的五塊巨岩。他們不管風吹雨打，冬去春來，威風凜凜地站在那裡注視著前方，仍在為鄉親安全站崗放哨呢。這就是我們現在看到的「五峰山」。

小孤山的傳說

　　長白山是滿族的發祥地。長白山下有個小孤山子。據傳說，原先沒有這座山，這塊兒是個深水泡子。在泡子北住一戶姓齊的，在跑馬占荒的年代，他把四周的土地圈為己有。他就成了長白山下有名的財主。他家唯一不順心的事兒是缺個兒子。人們都說這是由於那狠毒的財主婆做損，損去了。也有人說：「那老刁婆若當上婆婆，不能有兒媳婦的活路。所以她這輩子就別想當婆婆了。」老刁婆聽了氣得簡直要發瘋。老天還真成全她，不久她真就生了個兒子。為了堵旁人的嘴，兒子一滿月，她就開始張羅娶兒媳婦。可是她的名聲太臭，張羅了兩三年，全村人沒有一家願意跟她結親的。後來她託人，好歹在很遠的地方訂下一個叫秀姑的農家女兒。秀姑長得俊俏，就是家很窮，她額娘一生受夠了貧窮的折磨，一定要把女兒嫁個富裕人家。聽媒人一說，這門親事就訂成了。老刁婆說她家人手少，訂婚就過門兒。所以頭天定了親，第二天就把姑娘帶走了。臨走時，老刁婆見秀姑啥也沒拿，就說：「娘家怎麼窮，也不能提溜十個手指頭到婆家去，這也不合乎咱們在旗人家禮節呀。沒有大騾子大馬，也應有個毛糰子（牲口）騎著；沒有箱箱櫃櫃，也應弄個罈罈罐罐捉著。又不是寡婦，怎麼能空手到婆家來呢。」

　　她額娘一聽沒辦法，就把僅有的一頭小毛驢兒和一個用了幾輩子的泥瓦盆兒陪送了姑娘。

　　十五歲的秀姑一到婆家就遭罪了。女婿才三四歲，得她拉扯這個孩子。老刁婆成天鴨子腿兒一撐，擺起婆婆的款式來，專門琢磨著怎麼使喚媳婦。秀姑忙得腳不沾地，沒黑夜沒白天幹活，還答對不滿意這位刁婆婆。挨打挨罵就成了她的家常飯。一立規矩，就站多半夜，腿都站腫了。秀姑真是哭道來哭道去。這婆家的東西倒不少，可是一件也不屬於她。這裡沒有親人，在鍋頭灶腦摸摸從娘家帶來的小瓦盆兒，就像看到了額娘，倍覺親近。所以不管多勞累，

她也把它刷得乾乾淨淨，擦得明光鋥亮。有時她還把自己的委屈說給小瓦盆聽，好像它懂事兒似的。時間長了，婆婆察覺了，就罵道：「窮娘家陪送個破瓦盆，給我做尿罐子我都不喜用，還拿它當什麼好寶呢！」

說著上去就是一腳，把盆踢壞了，只剩下大半截盆碴子，還逼著秀姑立刻把它扔出去。秀姑哪捨得，她偷偷地把盆碴兒放到驢圈的旮旯裡。小毛驢來到這裡，也因主人不得臉，跟著受了不少委屈。每天除了秀姑給它割點草以外，什麼也吃不到。有時割草回來晚了，耽誤了幹活，還得挨打。所以小驢兒也常挨餓，眼瞅著它一天比一天瘦。秀姑很可憐它，就偷著抓一把豆子，放在這盆碴兒裡泡上。過了一會兒就漲了小半盆，她就給小驢兒倒在槽子裡了。小驢吃了高興地直甩尾巴。秀姑對小驢說：「可惜呀，沒法使你經常吃上這豆料。」她說完回頭看看那瓦盆。咦？怪呀！那瓦盆裡又有了小半盆的豆料；秀姑非常驚奇。她忙把這小半盆也倒進槽子裡，又把小盆碴兒放到旮旯去。過一會兒，盆碴兒裡又有了半小盆豆料。這時秀姑那高興勁兒就不用提了。她興奮地跟小驢兒說：「這回可好了，你再也不能挨餓了。」誰成想，這時那老刁婆走進了驢圈，看到那破瓦盆沒扔掉，沒容分說，劈頭蓋臉地把秀姑好頓打。打夠了就把破瓦盆扔進了門前的小深水泡子裡。婆婆走了，秀姑哭著對小驢說：「你又該挨餓了。」

說也奇怪，門前的小水泡子扔進那破瓦盆之後，泡子邊上就長出一圈兒鮮嫩的青草。秀姑就割這青草來喂小驢兒，小驢兒吃得挺胖。可是秀姑卻被這刁婆婆折磨得瘦骨嶙峋了。不論黑夜白日，隨呼隨到，遲了一步，張嘴就罵，舉手就打。有一次，四歲的小女婿見她打得太凶了，就問他額娘：「你不說她是我媳婦嗎，怎麼總打她呢？」刁婆婆說：「媳婦是牆上的泥，去了舊的，換新的。」秀姑也早看明白了，不等她女婿長成人，刁婆婆就得把她折磨死。

一天秀姑正忙著做飯，小女婿跌倒了，臉摔破了一大塊皮，他狼哇地哭。婆婆就大聲喊著叫秀姑進裡屋去。秀姑一看婆婆手裡攥著一把鋒利的錐子，凶狠地瞪著她。婆婆是要用錐子攮她，她嚇得渾身發抖，不敢進屋。刁婆婆見她

不聽召喚，就奔秀姑撲來。秀姑一看不好，趕忙跑出屋外。婆婆發狠地罵道：「我看你往哪兒跑？跑了今天，還跑了明天啦！」秀姑一想，也真是，跑了今天，跑不了明天，這頓錐子，她是拖不過去的。她越想越怕，越覺得沒有活路。她走出大門，一狠心就跳進了門前的深水泡子。泡子裡立時就像開鍋一樣翻起花來，接著就喊裡咯喳一陣響，長出一座小山來。

老刁婆看到這一稀奇變化，不知是吉凶禍福，就請來一個風水先生。這風水先生，看了老半天，也沒看出個究竟。這時小毛驢叫了，就看這山一動。風水先生馬上鋪下羅盤，仔細一看，看清楚了。他對老刁婆說：「長白山是寶地，處處有寶，這小山兒裡有個聚寶盆。」

老刁婆忙問：「什麼樣的聚寶盆？」

風水先生告訴她說：「是個大半截的瓦盆。別看這瓦盆不起眼，要往這盆裡放進金子、銀子就取不完，拿不了，總拿總有。」

老刁婆一聽腸子都悔青了。她告訴了風水先生，這盆是她親手扔進泡子裡去的。風水先生說：「扔進去容易，往出取可就難了。」

老刁婆恨不得一把將這聚寶盆抓到手裡。她對風水先生說：「不管怎麼難，你也得設法幫我取出這聚寶盆，我會給你一大筆金銀財寶。」

風水先生告訴她：「要取聚寶盆，得打開這座小山。圈裡的這頭小驢兒就是開山鑰匙。你得把它餵飽。我到長白山頂上去找取寶用的東西。」

秀姑死後，小毛驢兒瘦得光剩骨頭架子了。老刁婆來到驢圈，趕忙給小驢兒添草拌料，可是小毛驢兒一口也不吃。把她急得沒法。風水先生從天池邊上找來了爬山虎、穿地龍、黃楊木和臘木條子。他一看小驢還沒餵飽，就幫老刁婆掂對驢飼料。他們找來了各種草，各樣料，小驢兒就是不張嘴。這可把他倆急壞了。風水先生一看，再等，它也是不吃。過幾天這小驢兒若一死，這山就沒法開了。於是就決定現在下手。他用爬山虎、穿地龍把小山兒捆綁好，拿黃楊木當磨桿，把小驢套上。先往左轉三圈兒，就聽呼隆呼隆響，山尖也跟著往左轉了三轉兒。然後風水先生又趕驢往右轉。小驢兒本來餓得打晃了，剛往右

轉了一圈兒，就走不動了。風水先生和老刁婆一齊下手幫著推，好歹轉到了第二圈兒。山開始裂縫了，小毛驢也趴下不動了。把老刁婆急得要哭了。風水先生忙拿起臘木條子猛抽小驢兒後腿。小驢兒疼得受不了，站起來猛勁一躥，掙斷了驢套，一頭跳進了裂開的山縫兒裡。老刁婆和風水先生都傻眼了。就在他們愣神的工夫，只見秀姑騎著小毛驢兒，手擎著聚寶盆，出現在裂開的山縫裡。老刁婆一看忙喊：「秀姑，我的好媳婦，可把婆婆想壞了。」說著她伸手去奪聚寶盆。她剛一探身，就聽「嘎登」一聲，山縫子合上了，把老刁婆的腦袋擠得溜扁稀碎。

從此這座山就孤零零地站在這長白山下了，人們就管它叫小孤山子。也不知又過了多少年，有人在一個大月亮的夜晚，看見了秀姑在這個小山兒上給小驢兒割草，說秀姑還住在這山裡。

張　某（講述）

果　鈞　唐洪源（蒐集整理）

貓耳山的傳說

在長白山西南有個名叫臨江的小山鎮。這地方一面臨水，三面靠山，風景十分美麗。不過，這美中之最還是要數位於城西的貓耳山了。據清末《臨江縣誌》卷三載：「貓耳山高約三里有餘，雙峰插天，形如貓耳，雄壯異常，其巔傳典甚多。」下面，就說說這山的故事。

很久以前，長白山區瘟疫流行，病死的人很多很多。這人世上的橫禍天災驚動了在天堂上看管「百草園」的花貓仙女。她想，這「百草園」裡這麼多名貴仙藥，為何不施捨幾種給人間百姓治病呢！於是便拜跪在玉皇大帝的面前講了自己的想法。不料玉皇聞聽了不但不准，反而拍桌怒斥道：「真是豈有此理！天堂的仙藥怎能予凡人服用？你再膽敢胡說八道，便割了你的舌頭！」善良的花貓仙女雖然求藥不成，但更增添了為民解除疾苦的勇氣。她暗暗拿定主意：明求不成，我就暗偷。不為民謀福，還枉算什麼仙人？

一天，玉皇大帝過生日。玉虎星遵旨去「百草園」挖取仙參為玉皇大帝慶壽。花貓仙女心想，玉虎星曾在八卦山上拜我為師學過藝，眼下可不能錯過這個好機會。她驗過玉虎星的「御牌」，便用金鑰匙打開園門，把他放進園去。不大一會兒，玉虎星抱著一棵仙參走了出來。這仙參不愧是百草之王，碧綠的秸子有手指粗，碗口大的鄉頭好似一朵大紅花，又白又胖的參身活像個大娃娃。就是站在百里之外，也能聞到沁人肺腑的香氣。花貓仙女攔住玉虎星：「徒弟，你跟我學業多年，應知我心地之純潔。驅民疾苦，造福人間，乃是我奉事之聖銘。望你有師徒之情，把這參籽送我幾顆吧。」玉虎星聽罷，環視左右，見無有動靜，便從紅鄉頭上摘下幾顆參籽，遞到花貓仙女手中：「這事非同小可，切望師父自重。」

花貓仙女得到參籽，別提多高興了。她要把這珍貴的參籽送給人間最好的地方。她撥開雲層，看呀，選呀，最後終於瞅中了富饒美麗的長白山區。於

是，她伸開手掌心，把璀璨晶瑩的參籽撒了下去……

不久，長白山出人參的消息傳到了天宮。玉皇大帝聞訊氣得渾身直抖，差點兒暈了過去。花貓仙女料到性命難保，便穿上仙羅裙偷降到人間避難去了。

花貓仙女下凡到長白山上。當她看到自己撒下的參籽已漫山遍野地生根開花，伶俏的棒槌雀兒圍著她歡快地鳴叫時，高興地把天堂上的煩惱全忘掉了。她來到天池，碧綠清澈的天池水像一面大銀鏡，倒映出她那美麗的身影。她欣喜地脫下仙羅裙，跳進水裡洗起澡來。那婀娜多姿的情態，連湖面上的水鳥都不飛了，落在石頭上看呆了。

花貓仙女洗完澡兒，已是黃昏時分了，只見天池瀑布下邊飄上了一縷縷炊煙，就好奇地順煙尋去。原來在瀑布旁邊的山坳裡，有個放山人住的「餄子」，裡頭住著一個叫馬林的放山人。這小夥子二十出頭，長得濃眉大眼，魁梧英俊。他心眼兒好使，為人純樸、正直、憨厚。他從小就死了爹娘，全仗著鄉親們拉扯大的。

此時，馬林放山回來，正蹲在灶坑前籠火做飯。花貓仙女悄悄地趴在「餄子」門邊，朝他偷看著。她見馬林長得一表人才，又獨身一人過著酸苦的日子，不免從心裡產生同情愛憐之心。可她又不知馬林心眼兒如何，於是便想尋個法兒試試他的心腸。

再說馬林點好灶火，便拎著水葫蘆去林中打水。剛出「餄子」門，忽然聽到林中有呼喊救命的聲音。馬林撂下水葫蘆，飛步進屋從牆上取下弓箭，大步流星地朝村子裡奔去，他跑到跟前不由倒吸了一口涼氣。呀！只見一條碗口粗的花皮毒蛇，飛快地向一個已躲到樹杈上的女子爬去。那蛇的眼珠子，瓦藍瓦藍地閃著凶光，口裡的芯子一伸一伸地，只差幾寸就咬著那人的腳了！馬林顧不及多想，左手持弓，右手搭箭，咬牙屏氣，瞄準那蛇頭用力射去。只聽「嗖」的一聲，箭頭正中毒蛇的腦袋。箭從它的左眼穿過右眼，結結實實地釘在了樹幹上，毒蛇疼痛難忍，長長的蛇身痙攣地抽打著樹幹，震得樹葉嘩嘩直落。不大一會兒，便口眼冒血地死了。馬林趕緊從樹杈上把那已嚇昏了的女子抱下

來，把她背進餃子裡，放到草鋪上。

油燈下，馬林從枕頭裡掏出一塊熊膽，用開水沖了一碗，掰開女子的嘴，慢慢地灌了進去。這時，他才看清，這女子俊俏極了，活像過年買的年畫上的仙女。姑娘喝下熊膽水，兩頰緋紅，長長的眼睫毛撲閃了幾下，一雙秀麗的大眼睜開啦。她羞羞答答地用被角遮住半邊臉，輕聲說：「好心眼的大哥哥，謝謝您救了我。」馬林難為情地擺手說：「沒啥，沒啥。見死不救，那還是人嗎？」姑娘坐直身子，不斷用眼盯著馬林，把個小夥子看得臉上火辣辣的，說起話來也絆絆磕磕地：「你……你……你怎麼一個人進這老林子來了？」姑娘傷心地一抽鼻子：「找俺爹唄。我從小死了娘，前年爹一人又到這裡放山挖棒槌，到現在也沒個音訊……」馬林同情地嘆口氣：「唉，這世道就是受苦人多呀！我……我也是個孤兒，那苦水更是幾天幾夜也倒不完呀。」

姑娘聽罷，多情的眸子一閃，破涕為笑：「好大哥，咱們都是無家可歸的人，你要不嫌棄，咱倆就一塊過吧。」馬林真是驚呆了！這小夥子今生第一回聽到姑娘求愛的聲音，心裡真像吃了椴樹蜜一樣甜，高興地用力握著姑娘的手直點頭兒。

打那以後，這小兩口就在長白山裡成了家。兩人相親相愛，小日子過得可美氣了。馬林哪裡知道，這俊媳婦正是花貓仙女變的呀！花貓仙女同馬林在一塊兒，嘗到了人間的幸福與歡樂，那寂寞、無聊的天宮生活再也不想了。

樹葉一綠一黃，不知不覺一年過去了。人參也挖了十幾棵，馬林便告別妻子去城裡賣山貨，多情的妻子一直把他送到山下。

馬林出山了，花貓仙女一人在家為他趕做過冬的棉衣。這大中午，忽然狂風大作，把「餃子」上的茅草都吹飛了。花貓仙女出餃子一看，不由大吃一驚。只見玉虎星駕著雲頭，急匆匆地朝她這兒飛來：「師父，大事不好了！你已被土地大仙告發，今天午夜時分，命你必須到天宮服罪。不然玉皇大帝就要施雷放火，把這裡的人參和你丈夫一起燒光。你快……快拿個主意吧！」說罷，玉虎星駕雲回天宮復旨去了。

花貓仙女聞聽，猶如五雷轟頂，萬箭穿心。她眼淚汪汪地想著，為了保護住丈夫的生命和這長白山區的人參，我就是捨出生命也心甘情願。可這一走，將再也看不見心愛的丈夫了。她手拿著縫好的棉衣，眼淚巴巴地朝山下望著，盼著，想臨別再見上馬林一面。她望呀，盼呀，眼睛望穿了，心也盼焦了。一直到天黑，月上柳梢頭，也沒見馬林回來。無情的時光真比流星還快，月牙兒就要行到中天了。她哭著穿上仙羅裙，朝天宮飛去……

馬林賣了參，為妻子扯了幾尺花布，便興沖沖地回到了山上。他推門進屋，見媳婦不在，心中好納悶兒。忽然，他發現牆上有一首詩：

偷撒參籽到人間，冒犯天規死無怨。

唯恨天帝不作美，棒打鴛鴦兩分散。

馬林一琢磨，這詩裡有話呀。再一細看，媳婦為他做好的棉衣，疊得板板正正地放在炕頭上。他這才知道大事不好，心急火燎地跑出屋去。他找呀，喊呀，哭呀，跑呀，長白山找遍了，嗓子喊啞了，眼淚哭乾了，兩腿跑酸了，最後一屁股跌倒在搭救妻子的那棵大樹下。

馬林昏昏沉沉地閉上眼睛，只見一個白鬍子老頭手拄龍頭拐棍兒，笑著把他拍醒：「小夥子，別傷心，你的媳婦本不是凡人，她這次為保全你和山上的人參，一人回天宮頂罪去了。」馬林聽罷，急問，「大伯，你可是仙人？難道我們夫妻今生今世就再也見不上面了？」老頭說：「我是山神大仙。實不相瞞，你妻子花貓仙女已被天帝削去官職，割掉了雙耳，永遠也不會回到人間來了。不過，你不要傷心。她已把看管『百草園』的金鑰匙托我交給你。你要想她，可到臨江城西的山上去，那山頂上已長出兩個一模一樣的峰巒，其實那是花貓仙女被割下的兩隻耳朵變的。你只要坐在兩個峰耳之間，把金鑰匙貼在胸口，便可以同你妻子見面說話了。」老頭說完，扔給馬林一把金鑰匙，便飄然不見了。馬林醒來時，才知是夢。可低頭一看，手心裡果真攥著一把金鑰匙。

他擦乾眼淚，一口氣跑到了臨江城。

　　他到了城西，果然看見山頂上長出了兩個上尖下圓，形如貓耳的峰巒。不少城裡人，都在議論著這件新鮮事呢！馬林爬到山頂，在兩個峰耳中間的崗樑上搭了個窩棚住下了。為了忠實於同花貓仙女的愛情，他從此再也沒娶媳婦，一個人白天在山上開荒種地，晚上就坐在大青石板上，懷揣金鑰匙，同天上的花貓仙女嘮著貼心話兒。

　　打那以後，人們就管那山叫貓耳山，馬林住的那個崗梁就叫馬家崗。你要不信，就到山頂上去看看，馬林坐的那塊大青石至今還在呢。遺憾的是咱們沒有那把金鑰匙，要不，興許還能看到天宮上那美麗善良的花貓仙女呢！

王樹明（蒐集整理）

劍山的傳說

很久以前，有一個姓朴的年輕人住在甕聲砬子東南的山麓旁。

一年夏天，他娶上了稱心如意的媳婦，家裡大擺宴席，載歌載舞，慶賀了一天。

夜深人靜，洞房花燭，新郎新娘如膠似漆。夫妻剛剛入睡，突然有一個眉清目秀、身材修長的老者走到新郎面前，磕頭作揖。

「你是誰？」新郎奇怪地問。

老者又一揖到地後說：「新郎官，我有五個兒子都被抓到你家，將要受到熱湯之苦。萬望你發慈悲，把它們放到大河裡去，救救孩子吧。」

「你的孩子都是誰？什麼時候被抓到我家裡來的？」

「你會知道的。」

新郎覺得很奇怪，東張西望，想尋找老人的孩子，但什麼也找不到，心裡非常焦急，不小心把水杯碰翻了。猛然驚醒，原來是一場夢。他以為只不過是一場夢，沒什麼奇怪的，於是又昏昏入睡。他剛閉上眼睛，眼前又出現了那位老人。

「新郎官，請你一定要救救我的孩子，不然我就後繼無人了。」

新郎官又猛地醒過來，仔仔細細地查看了屋內的每個角落，但什麼也沒有發現，他又躺下睡覺了。他剛一闔眼，那位老人又出現在面前，苦苦哀求救自己的孩子。

如此三番五次，新郎再也無心睡覺了，索性把新娘也叫醒，講講夢中的事情。新娘聽完新郎的話後說：「昨天，有人送來五條細鱗魚，說是留著明天給新郎官熬湯喝，我看這是大細鱗魚顯夢來救自己的孩子，那五條魚現放在廚房的大水缸裡呢。」

「這就對了！」新郎說，「娘子，現在咱倆就把那五條魚放回大河裡去

吧。」

　　新郎新娘穿好衣服，來到廚房，把五條細鱗魚裝在小水罐裡，然後小心翼翼地走了好幾里路，來到一個水深浪靜的河灣，把魚輕輕地放入水中。兩人回到家，便躺下睡覺。矇矓中，那位老人又來到新郎面前。

　　「謝謝你，新郎官，你救了我五個孩子的命，我永遠不會忘記你的恩情。」老人謝了又謝，磕了頭又磕頭，才悄悄離去。

　　歲月如流，轉眼過了三年。這時夫婦有了一對孿生兒子，長得白白胖胖，十分招人喜歡。

　　這一天，全家人團聚給孩子過週歲生日。突然一個和尚闖了進來，惡聲惡氣地謾罵朴氏夫妻，不由分說地要帶走兩個孩子。否則，就要把朴家人斬盡殺絕。

　　「大師，出家人應以慈悲為懷，你為何來沒頭沒腦地罵我，並要帶走兩個孩子？」朴氏問。

　　「哼，你為什麼多管閒事，放走五條魚？你放走了魚，人們又重新以捕撈為業，到處殺氣騰騰，難道還有比這更大的罪惡嗎？今日我來取走你的兩個孩子，就是對你們的懲罰！」

　　朴氏夫婦不知如何好，緊緊抱住兩孩子。和尚從腰間拔出長劍，高高舉起，向夫妻倆猛撲過來。在這緊急關頭，「嗡——」的一聲響，從空中飛來一根鐵棒，正好砸在和尚的手臂上。和尚的手臂當即被打斷，長劍飛向天空，和尚一命嗚呼了。

　　「恩公，讓你們受驚了。」

　　朴氏夫婦順著聲音望去，正是三年前託夢救孩子的那位老人。

　　從那以後這個地方多了一個劍山，那就是和尚的長劍被老人打飛，落在山頂上形成的。

枕頭山和愛情湖的傳說

敦化市沙河沿鄉長富村坐落在水波漣漣的沙河江邊。村前臥著一座不大的山，人們叫它枕頭山。離山不遠的地方有兩個湖緊挨著，人們叫它們愛情湖，枕頭山和愛情湖有一段悲傷的故事。

從前，在這個山清水秀、土地肥沃的地方，住著一戶姓宋的大財主。宋家有個漂亮的獨生女兒，還有一個相貌堂堂、手勤腳快的長工小夥子。姑娘是個絕色佳人，微笑的臉好似明朗的太陽，沉睡的臉恰如皎潔的明月。作為富家閨女，她晚上只能在後屋念詩誦文，白天只能在院子裡刺花繡草。長工小夥子不僅是一表人才，而且力大無比、心地善良，村裡凡有閨女的窮人家都在暗自祈望他能成為自家女婿。他是財主家的長工，白天默默無言地悶頭幹活兒，晚上獨自坐在破草屋的木台階上吹笛消遣。

日久天長，姑娘的唸誦聲在小夥子心裡滲進了無窮的學問，小夥子的吹笛聲在姑娘的心裡激起了愛慕的波瀾。琅琅的書聲和長工的笛聲和諧地混合在一起，好似一曲美妙的樂聲迴蕩在財主家院子裡。不顧貧富貴賤的差異，他倆偷偷地愛戀上了。姑娘瞞著父母給小夥子一針一線縫補舊衣，常常又會為自己的舉止感到羞澀。小夥子利用一切空閒時間，替姑娘精心拾掇花園。院子裡盛開著各色鮮花，引得彩蝶雙雙飛舞。

有一天晚上，姑娘把利用幾個晚上繡成的一個煙口袋送給小夥子作為愛情的信物。煙口袋上繡著一對鴛鴦，兩人心裡燃燒著火一般的熱情，忘記了夜已經越來越深。

俗話說，「沒有不透風的牆」，財主家閨女和長工小夥子互相愛慕的風聲，幾經傳播，終於傳到宋財主的耳朵裡，接著，宋財主夫婦又發現女兒的身子發生了交化。

當時的世道，一個財主家閨女和長工小夥子結成良緣是大逆不道，萬萬不

得容忍的。更何況腰纏萬貫的宋財主，如把掌上明珠嫁給窮光蛋長工小夥子的話，更是覺得無臉見人。宋財主夫婦為了這件事情氣憤難平，睡不好覺吃不下飯，若是讓長工小夥子做女婿，那就有損於財主的體面，若是強行拆散這對情人，女兒的肚子已經顯形，一旦為村裡百姓們得知，就會家醜外揚，惹人恥笑。夫婦倆思慮商議的結果，決定採取毒辣的手段，為了財主家的名聲，只有把閨女和長工小夥子弄死。

宋財主喚來木匠，偷偷地做好了兩口棺材。等到深更半夜，他又指使嘍囉們把閨女和小夥子抓起來放進棺材，並用釘子把棺蓋釘死。用車把兩口棺材拉到山裡，架在乾柴堆上，點火焚燒。火光衝天，棺材熊熊燃燒。突然，火光裡冒出一股粗粗的濃煙，傳來轟隆隆的聲響，隨著聲響，只見姑娘小夥子手握著手，雙雙飛上天空。天空中電閃雷雞，大雨傾盆。奇怪的是雨水匯集到一個方向，在燒棺的山旁形成兩個緊挨著的湖。這是姑娘小夥子的淚水，是他倆純潔真摯的愛情的象徵。成對的燕子輕輕掠過湖面。山勢變得像只鬆軟的枕頭，靜靜地躺臥在那裡。從那以後，人們把因燒棺而改變了山勢的山，稱作是枕頭山，兩個湖稱作是愛情湖，以此來紀念姑娘和小夥子。

金仁順（講述）

雪　鴻（蒐集整理）

七星山和萬寶汀的傳說

在集安縣城的西邊，有一座大山，模樣挺古怪，在那本來就很高的山頂上，又齊刷刷地長出了七個山尖，所以人們叫它「七星山」。緊靠著七星山下有一條大河，叫通溝河。河水流到這裡，像突然掉進一個井裡，黑乎乎地深不見底。這裡有大鯰魚、紅鯉子、長細鱗、黃鱔魚……老鼻子啦。除了這些，還有一般河裡很難見到的水獺、老鱉。所以人們把這個深水泡子叫作「萬寶汀」，通溝河裡的水經過這個萬寶汀流不多遠就匯進了鴨綠江裡。

很早以前，這一帶就流傳著這麼一個故事：

那時候，通溝河裡有個老妖怪，長得很嚇人，是個蛇身子，有七個頭，十四隻胳膊，叫「七頭妖」，它不光霸占了萬寶汀，還總想著和鴨綠江裡的河伯作對，七頭妖經常領著他的兵馬跟河伯的部隊打仗，每一次都要抓來許多魚蝦，關押在一個深不見底的地洞裡，這些俘虜就成了他們宴席上的美味。由於七頭妖剽悍異常，河伯也拿他沒有辦法。

有一次，七頭妖領著兵馬把河伯的水府包圍起來，要河伯交出七個長得一模一樣的美貌姑娘，去給他做伴，不然就要把河伯殺死。河伯被嚇得魂不附體，急忙召集水族百官，商議辦法。水族百官你瞅瞅我，我看看你，心裡都像壓了塊石頭，連個大氣都不敢喘。心想現成的模子倒出來的東西還不全一樣呢，上哪找七個一般模樣的大姑娘？正在這個節骨眼上，只聽得府門外面有人「咚咚咚」地敲起了堂鼓。守門的衛士把那人帶到殿前，河伯一見是一個穿著破衣爛衫的老頭子，便氣憤地喝問道：「你是什麼人，竟敢在這個時候來湊熱鬧！」老頭說：「大王，我原來是通溝河裡的長老，百年前被七頭妖打敗，逃到一個沒有名的小河汊裡隱姓埋名到今天。大王，保衛家邦不光是你們君臣的事情，我們老百姓有時候也能出點力氣呀！」河伯覺得老漢有些來頭，說的話也有道理，便問：「這麼說，你有退兵之策啦？」老頭說：「我修道養性五百

年，為的就是能除害報仇。大王，我有七個女兒，本來是一胎所生，長相也一點不差。」河伯被老頭的一股正氣感動，又聽說他有七個姑娘，頓時喜上眉梢，連忙問，「老頭兒，你的姑娘在哪裡？快快帶來見我！」老頭說；「我的七個女兒就在門外，您要想見，必須答應我一個條件。」河伯問：「什麼條件？」老頭說：「必須把水府的兵權交給我。」河伯聽了，閉著眼睛想了好長時間，最後不得已答應了老頭的要求。

於是，老頭的七個女兒進來與河伯和眾官相見，這七個姑娘走進水府，像天上的七個仙女下凡，頓時府裡亮堂了不少。河伯走下寶座，來到姑娘們面前，細細打量：見她們長得真是一模一樣，個頭也是一樣高低，楊柳細腰，圓圓的臉，大眼睛。就連那頭上的髮髻都梳得一點不差。河伯見了又驚訝，又高興，又嘆氣，他說：「哎，姑娘們哪，你們生在鴨綠江，長在鴨綠江，可惜今天要為咱水族獻身啦！」七個姑娘含著淚跪下來給河泊磕了頭，又抱著父親痛哭了一場，看看時辰已到，便重新梳洗打扮一番，這才坐上轎子走了。

七頭妖得了河伯送來的七個美女，很快就撤兵，得意揚揚地班師回營了。他見這七個美女長得果然一模一樣，心裡十分高興，回到宮裡便傳令手下人，大擺宴席為他慶賀。酒席上，七個姑娘團團圍坐在他前後左右，不住地給他勸酒，大臣們也拿著酒來與他同飲。深夜，宴席散了，七頭妖已經成了醉泥。

這個時候，有個姑娘悄悄從貼身的衣服裡摸出個小紙包，把父親為她準備好的煙袋油子末撒在酒杯裡，然後和姐妹們一起來勸七頭妖喝最後一杯合歡酒，七頭妖醉眼朦朧，美滋滋地看著這七張笑臉，一時高興，也沒聞出什麼味，便揚起脖子喝了下去。原來，這七頭妖是條毒蛇變的，平生最怕煙袋油子，喝下了這杯毒酒，立時便渾身麻木脫了節，不省人事。七個姑娘見他倒下了，口吐白沫，便從懷裡抽出匕首，都使出平生力氣，一齊朝七頭妖的心竅扎去，鮮血像噴泉一樣直流。七頭妖雖然暫時被麻醉，但被這巨大的疼痛刺醒了，它緊緊地攥起十四個拳頭，一邊揮舞，一邊大吼一聲「嗷」地躥上了天空，七個姑娘沒有提防這一著，一順排地坐在七頭妖身上，雙手緊緊握住刀

把，跟著上了天空，她們把匕首在七頭妖的身上猛勁絞動，七頭妖疼痛難忍，鮮血流盡，最後掙扎一陣，一頭從天上栽下來死了，這七個美麗的姑娘也獻出了她們的生命，七個姑娘的身體像天上的七顆星星從夜空上飄飄悠悠地落到通溝河邊的山上。說來也奇怪，這個山尖頓時齊刷刷地長出了七個山尖來。就在這天晚上，七個姑娘的父親按照事先定的密約，帶領河伯的部隊打來，七頭妖的兵馬失去了主將，亂作一團，被打得落花流水，這一帶的大禍害被掃除了。

為了營救出囚禁在深洞裡的七頭妖抓來的俘虜，七姑娘和父親又想出了一個辦法，叫部下用水灌滿了深洞，使被囚禁的蝦兵蟹將能順水爬上來，游回鴨綠江去。

從此，萬寶汀水族又在這裡繁殖後代，養育子孫，鴨綠江也太平無事了。

姜運超（蒐集整理）

老虎背的傳說

從前，漫江上游有個小屯子，屯子裡有個小夥子名叫王繼先，從小跟著爹爹打獵，練了一手好箭法，百發百中，指哪兒打哪兒，是方圓百里有名的好獵手。他爹過世早，就娘倆過日子，靠打獵為生。

這年冬天，繼先身上背著弓箭，頂著風雪到山上去打獵。他穿過草甸子，來到了灌木叢裡，發現了正尋食的兩隻狼。惡狼藍瓦瓦的眼睛緊盯著他，他從身上取下弓箭「嗖」的一聲，射倒了一隻大灰狼，出乎意料的是，那隻狼沒跑，賊溜溜的兩隻眼睛盯著繼先嗷嗷直叫喚，繼先知道這是狼發出的求救信號。不一會兒，從四面八方跑來很多狼，把繼先團團圍住了。他拉弓射箭，前邊的狼被打死了，後邊的狼又上來了。正在這時，突然傳來「嗷——嗷——」的叫聲，野狼嚇得一激靈，撒開腿就跑了。繼先手拎著弓箭，循聲走去，看見一隻小老虎迎面走過來，朝著他點點頭，然後又「嗷——嗷——」地叫幾聲，好像對他說：「沒事了，你走吧。」

小老虎大搖大擺地走了。繼先這次大難不死，是小老虎救了他的命，心裡不知怎麼感激才好。從此，他打獵就不再打老虎了。不知不覺一年過去了，第二年冬天頭一次出去打獵時，繼先來到林子裡的鴛鴦地，聽到不遠地方傳來「呼哧呼哧」的喘氣聲，只見一隻狸花小老虎飛奔過來。啊！老虎脖子底下還有個豺狼狗子，咬住老虎的氣管不放。

繼先一看豺狼狗子咬的是曾經救過自己命的狸花小老虎，真有點急眼了，拿起弓箭一比量，就聽「嗖」的一聲，一箭就把豺狼狗子射死了。小老虎的脖子被咬破了，流血不止。繼先從衣兜裡掏出紅傷藥塗在老虎的傷口上，又從衣襟上撕下一條布把傷口包紮好。他打量一下小老虎，笑呵呵地對它說：「傷口沒事了，你趕快回窩吧。」

老虎晃著尾巴，朝著繼先點點頭，然後轉身朝山裡跑了。

第二天，繼先一人上山打獵，剛進入林子邊的鴛鴦地，就見四五隻麅子從林子裡慌慌張張地跑過來。他張弓搭箭，「嗖」的一聲，一隻麅子應聲倒下了，那幾隻麅子嚇跑了。麅子跑出去不遠，不知道被什麼東西堵回來，又回到了原來站腳的地方，往返幾次，這些麅子都成了繼先的獵物。

這一天打的麅子比過去半個月打的還多。一天，兩天……天天都是滿載而歸，他心里納悶：野獸不會自己往箭頭上撞，一定有人背地裡趕仗，那麼趕仗的人是誰？非得弄明白不可，好感謝人家呀！這天早晨，他來到鴛鴦地又看見一群野鹿跑過來。他聽見林子裡有「呼哧呼哧」的聲音，走過去看看，原來是搭救過他的小老虎在給他趕仗。他對小老虎說：「老虎兄弟，謝謝你！」小老虎朝他點點頭，撒開腿向林子裡跑去了。

繼先打來的獵物全屯子吃也吃不了，剩餘的獵物拿到街裡去賣，賺的錢給大夥兒買衣服、買油鹽醬醋都夠了。可是好景不長，屯子裡不少人得了眼疾，兩隻眼睛紅腫，疼痛難忍，什麼也看不見。他聽屯子裡一位老年人說，長白山天池水能治好眼病，可就是離天池不遠的地方有一條既長又寬的萬丈深淵，就是神仙也過不去。

「我是去定了。」繼先說，「不管怎麼難走，我也要取回天池水，治好鄉親們的眼病。」

那位老人看繼先決心挺大，就告訴他去天池的路怎麼走，囑咐他早去早回，免得媽媽掛念。第二天，繼先帶著乾糧，身背弓箭，朝著天池的方向出發了。他走了一天一夜，來到了老人說的那條萬丈深淵的邊上。耳聽為虛，眼看為實，這條大溝確實像老人說的那樣：十幾丈寬，深不見底。

他在溝邊上走來走去，正在走投無路的時候，救過他的那隻狸花小老虎不知從哪兒跑來了。它用舌頭親暱地舔了舔繼先的手，然後趴在他的面前，朝他點點頭。繼先明白了老虎的意思，就趴在老虎的背上，老虎站起身來，就從溝這邊跳到溝那邊去了。繼先從老虎身上下來，又走了三里路，便來到了天池，舀了一罐天池水，兩手端著往回走。他回到那條溝的邊上，看老虎還在那裡等

著他，便蹲下撫摩著老虎頭，不住嘴地說：「謝謝你！」老虎又馱著繼先跳過溝來。繼先連宿搭夜地往回走，到家裡連飯都不顧吃，就挨門挨戶地給大夥送天池水洗眼睛。天池水真是靈丹妙藥，洗一遍眼皮就消了腫，洗兩遍眼睛就不疼了，洗三遍眼睛就重見光明，什麼東西都能看見了。繼先累瘦了，可是他沒有休息，緊接著又返回天池去取水。老虎看他累得夠嗆，就馱著他走，跑出十幾里地，他覺得頭沉，也沒在意，堅持跑一會兒，突然眼前一陣發黑，便從虎背上摔下來，偏巧腦袋撞在石頭上死了。老虎用前爪撥拉繼先，看他不動彈，就用嘴叼著繼先跑。它跑到萬丈深淵的邊上，急急忙忙就跳，由於一天沒吃食，渾身沒有勁兒，跳到溝中間，「咕咚」一聲，老虎跌到萬丈深淵裡了。

你說怪不，老虎死了，很快就變成了石頭。石頭一個勁兒地往上長，眨眼之間，不光大溝填平了，而且溝面上還橫著一塊又高又長的巨石，巨石上邊很窄，形如虎背，兩邊如刀削一般，石壁上還有隆起的黑色道道，像虎身上的狸花。仔細打量一下，這塊巨石的形狀和顏色多像馱著繼先的狸花小老虎啊！靠天池那邊的虎嘴銜著一塊長條石頭，儘管年久有些風化了，但離老遠看還能看出像個人。人們說這是繼先死了以後變成的。狸花小老虎變成的巨石把進長白山的路和天池連接起來，鄉親們去天池經過這裡時，都覺得像在老虎的脊背上走，所以管這個地方叫老虎背。

文　欣（蒐集整理）

牛郎織女凡間度七夕

農曆三月初三，是王母娘娘的壽誕之日，西王母大設蟠桃盛會，各路神仙都來賀壽。雖然蟠桃園中有三千六百棵蟠桃樹，但蟠桃成熟期太長，最小的也得三千年才熟，中間的六千年成熟，大的得九千年才能熟。因為蟠桃會已經連續辦了數千年，來祝壽的神仙越來越多，成熟的蟠桃供不應求了，王母娘娘不得不下令停辦蟠桃會。若干年後的一日，王母心血來潮，突然又想起置辦蟠桃會的事，可巧，正趕上七月初七。

七月七是牛郎織女會面的日子，飛到天河上來的喜鵲不計其數，一層疊一層，漸漸鵲橋就合在了一起。牛郎牽著一雙兒女，早早等在天河邊，織女匆匆跑到鵲橋前，看到河對岸的牛郎和兩個孩子焦急的神情，更是心急如焚，撩起衣裙如飛燕般踏上鵲橋。牛郎遠遠望見織女在橋上疾步奔來，便拽著兩個孩子如離弦之箭沖上橋面，轉眼之間就趕到鵲橋中間。

牛郎大喊：「織——女！」

織女也喊：「牛——郎！」

牛郎扔下兩個孩子，伸出雙臂去擁抱日夜思念的愛妻，織女也伸出雙手去迎接朝思暮想的郎君。此時兩個孩子同時跑到母親身邊，一個抱住媽媽的大腿，一個扯著媽媽的羅裙，喊著：「娘！娘！」織女見到這兩塊心頭肉，心中一陣酸楚，躬下身來，兩隻手同時撫摸著兩個孩子的頭頂，親親這個，吻吻那個，喊了聲：「我可憐的兒呀！」眼淚便奪眶而出，織女把兩個孩子緊緊摟在懷裡，牛郎也是淚如雨下，勸說道：「織女，你看孩子不是已經長大了嗎，這不都很好嗎？放心就是了。」

「我不是不放心，只是因為見不到你們，我才……」織女難過得說不出話來，牛郎用袖子給織女擦了擦眼淚，說：「咱全家一年能團聚一次，就是咱的福分，一年能見上你一面我就知足了。」

「可惜見面的時間太短，沒親熱夠，喜鵲就得散去。」牛郎嘆了口氣道。「多少年都是這樣，有什麼辦法呢？」

織女突然兩眼一亮，轉悲為喜，問牛郎：「牛郎，你說今天是什麼日子？」

「七月初七唄，咱們相會的日子。」

「還有呢？」牛郎想了半天，說：「不知道。」織女興奮地說：「今天王母娘娘辦蟠桃會，各路神仙都參加宴會去了。」牛郎驚訝地說：「多少年都沒辦蟠桃會了，再說今天也不是辦蟠桃會的日子呀。」織女說：「王母娘娘今天高興，想吃蟠桃了，她說什麼時候辦就什麼時候辦唄。」牛郎又道：「他們辦他們的宴會，和咱們有什麼關係？」

「你怎麼這麼不開竅。都去參加宴會，不就沒人監視咱們了嗎？咱們為啥不趁這個好機會下凡去團圓呢？」牛郎聽了搖搖頭說：「天規那麼嚴，一旦被發現，你可要遭大罪呀！」

「他們的宴會一時半會兒散不了，不能讓他們發現，你別磨了，咱們快走。」牛郎帶著孩子，只得跟著織女走下鵲橋。織女往人間瞧了瞧，說：「有名的地方不能去，找一個不出名，又僻靜，景色好，還不容易發現的地方。」

他們來到天河的盡頭，看下面有一座山峰，在密林遮掩之中，露出一片綠油油地毯，下面還有銀瀑飛濺，空中有百鳥飛舞，好一派祥和景象！織女便帶著他們降落到那片綠茵茵的地毯之上。兩個頑童腳踏寸草，互相追逐，無憂無慮的盡情玩耍。牛郎和織女坐在一棵樹冠如傘的大松樹下，猶如一對初戀的青年男女，互相依偎著，回憶美好的昨天，傾訴著別後的思念之情。一家人就像衝出牢籠的小鳥，重新得到了自由，盡情享受這短暫的幸福。

正在他們沉浸在無限溫馨與歡樂之時，天上飄來幾片彩雲，織女感到不妙，拉起牛郎，吆喝兩個孩子：「快跟我來！」迅速鑽進大森林，跑到千層崖下藏了起來。

不大一會兒，一片片彩雲落到老爺嶺的綠地毯上。只見過來一群仙娥，將

桌椅板凳排好，桌上擺著各種美味佳餚，奇珍異果，一盤盤蟠桃擺在桌子中間。宴席擺好，王母娘娘帶領天上群臣、諸佛菩薩、各路神仙以及各宮各殿大小尊神降落至席間。

沒想到會這麼湊巧，王母娘娘也看中了這塊地毯，今年的蟠桃會就在這塊地毯上舉行，當地的山神土地也著實忙活了好一陣子：宴會開始，大家紛紛落座。王母娘娘饒有興趣地問：「諸位愛卿，蟠桃會已多年未辦，往昔蟠桃盛會均在瑤池設宴，反反覆覆，可能會覺得乏味。今年咱改改規矩，不但日子改了，地點也變了，換個新地方，換個新環境，再換個新方式。諸位不僅要飲用天上的珍饈，更主要的是品嚐下界的美味，大家意下如何？」大家齊呼：「謝娘娘！」王母命將人間的美味擺上，只見有數位仙娥，手捧仙盤，內裝圓棗、楸核、香梨、沙棘、棠果、山葡萄等數十種水果端上來；接著，又端上烹製的猴頭、松茸、胖腿等各種鮮蘑以及黑木耳、銀耳等天上不曾見到的美味菜餚。來一幫力士搬來天上釀不出來的一壇罈陳年老釀山葡萄酒，打開壇蓋，頓時醇香四溢。王母命與諸神滿酒，大家讚不絕口。王母興致勃勃地對大家說：「這次蟠桃盛會，不同往常，我們都在天上，對下界變化瞭解甚少，今朝來到人間，一是品嚐人間的美味，二是欣賞地上的美景，三是體驗一下民間的生活，以後遇事可因地而宜。各位愛卿，請大家盡情享用。」雖然天上的美味嘗不盡，常年食用就不覺得香甜了。久居天上的各位神仙，今天換了口味，覺得樣樣新鮮，大飽了口福。

正在大家興致正濃時，二郎神酒至半酣，他的三隻眼中，突然閃現出牛郎織女帶著兒女下到凡間的影子，他急忙注目觀瞧，看見四人就在左右。他便走到王母身邊，附耳報之，王母大怒：「真是無法無天了，你快快帶人前去將她捉回天庭，不得有誤。」「是！」眾神仙不知發生什麼事，也不敢再貪杯。見王母面帶怒容，下令回宮，眾位各奔他鄉，蟠桃會就此不歡而散。

卻說二郎神帶著哮天犬來到千層崖上空，見牛郎拽著男娃、織女摟著女娃躲在崖下，喊道：「織女，你好大的膽子，王母憐憫你與牛郎的夫妻之情，准

許你們七月七相會，今又得寸進尺，私自下凡，還不跟我速回天庭等候重罰！」織女知道難得逃脫，向二郎神請求：「請大神先回，待我與牛郎交代幾句，隨後就來。」二郎神瞪眼說道：「有話快說，莫要囉唆。」二郎神帶天兵天將升到半空。織女拉著女娃，催促牛郎帶著孩子快走，牛郎說：「我們不能連累你，你就跟他們回去吧。」織女咬牙道：「我已經觸犯了天規，回去也要受到嚴厲懲罰，死活難測，我不回去了。」說著，二人抱頭痛哭，倆孩子在身邊大聲哭叫：「娘，你不能死！」牛郎推著織女說：「不能辦那傻事，留得青山在，不怕沒柴燒。就是你回去了，王母娘娘也不一定能處死你，只要有一口氣，咱們就有見面的機會，你還是跟他們走吧。」說話間，頭上一陣隆隆的響聲，只聽二郎神喊：「織女，話說完了沒有？馬上跟我回天庭向王母交令！」織女堅定地說：「我意已決，就是死我也不回天了！」氣得二郎神哇哇大叫：「那是痴心妄想！」放出哮天犬來咬牛郎和孩子。織女拉著女娃在前邊跑，牛郎拽著男娃跟在後面。別看那條哮天犬平時那麼厲害，可對牛郎織女卻很同情，它只在牛郎織女身後狂吠，不過僅是嚇唬嚇唬而已，並沒上前真咬他們。天狗狂叫，驚醒了一隻雄鷹和一隻神龜，當它們看見天狗追趕的是牛郎織女一家時，就沖上去攔擋哮天犬，二郎神看織女真的不想回去了，哮天犬還有意包庇，一鷹一龜又出來妨礙，一氣之下，就使出一個定身法，將他們的軀體統統定在老爺嶺的岡樑上。

現在千層崖的北側還留有一串石像，靠千層崖哮天犬仰頭狂吠；老鷹和神龜擋住去路；男娃緊跟牛郎身後，前邊是織女摟著女娃，轉過身來喊牛郎和兒子。活靈活現地展示出當時捉拿牛郎織女的情景和牛郎織女一家人難捨難分的淒涼場面。

山頂的苔原上，至今仍留有王母娘娘舉行蟠桃會時坐的石椅、石凳以及慌忙撤走時扔下的物品。

賽棋崖的傳說

　　長白山溫泉的西北有個斷崖。遠看，這斷崖上有兩個老頭在下棋，這一盤棋不知下了幾百年，所以人們都管那斷崖叫賽棋崖。

　　有一天，人們發現賽棋崖上剩一個人了。有好奇地跑去一看，下棋的老頭一個也不見了，崖上是一個仰脖子喝酒的人。這是怎麼回事兒呢？

　　這事兒得從頭說起。有一年，聖明先人和賢德老祖下凡去遊玩。他倆來到這百景競秀、千峰鬥奇的長白山，就流連不捨，於是就坐在這斷崖上欣賞起浩瀚、壯觀的長白山景色來。看夠了，聖明先人從懷裡掏出來一壺仙酒，賢德老祖採來點人參籽兒當酒餚，這二位神仙就一邊喝酒一邊下起棋來。長白山北百里開外的村莊裡有個酒徒，他見酒就喝，從來不掏一個錢兒。常了，人們喝酒都躲著他。可是他整天到各處去踅摸便宜酒喝。他的鼻子也靈，只要誰家一打開酒瓶子，他立刻就能聞著，聞著了就去，臉皮又格外厚，不等人家讓就上桌子，還覥臉說：「我來晚了，自罰三杯。」有的人替他害羞，有的人為他惋惜。好心勸他，他不聽；譏笑、諷刺他，他也不在乎，誰都拿他沒辦法。村裡一些愛喝酒的人，由於煩他，把酒都忌了。酒徒的便宜酒沒處喝去了，他就整天叨咕：「這麼多人家，沒有一家喝酒的，真愁人。」這樣，「愁人」二字就成了他的外號，他也自稱為「愁人酒徒」。

　　有一天，酒徒正叨咕著「真愁人」的時候，南風從長白山頂刮來。酒徒一抽鼻子說：「有酒香！」有人告訴他，那是聖、賢兩位神仙在喝酒呢，凡人是去不得的。他說：「我不管他是聖賢、神仙還是凡人，只要是他有酒，我就得去喝。」說完就奔去了。他走到跟前，二位神仙正在專心致志地下棋，沒注意他。這酒的清香味直往鼻子裡鑽，饞得酒徒直嚥唾沫，可是酒壺正握在聖明先人手裡。他實在忍不住了，就把棋盤邊的人參籽全部放在嘴裡嚼了起來。聖明先人喝了一口酒，去摸酒餚，沒有了。抬頭一看，見一個人站在那裡，就問他

來幹什麼？酒徒趕忙說：「見到兩位神仙在此飲酒，特來作陪。」聖明先人說：「神仙席上的便宜酒，可不能那麼輕易就喝到嘴裡。行個酒令吧，咱們每人把自己名字的頭一個字，寫到地上，再把這個字拆成三個字，重複念一遍，連成一首詩，用來說明自己的要求。然後，從自己身上取酒餚。這些都齊備了，才能喝一口酒。先從我做起。」他說著在地上寫了個「聖」字。他說：「我是聖明先人，被人尊為聖人。『聖』字可拆成口、耳、王三個字。」說完順口念道：「口耳王，口耳王，壺中有酒我先嘗。桌上沒有下酒菜，割下鼻子就瓊漿。」

唸完掏出一把刀，「刺拉」把鼻子割下來了，放在嘴裡，咯嘣咯嘣地嚼起來，然後喝了一口酒，把刀子扔給另一位神仙。這位神仙在聖字下邊寫了個「賢」字，他說：「我是賢德老祖，被人奉為賢人。『賢』字可拆成臣、又、貝三個字。」說完順口念道：「臣又貝，臣又貝，壺中有酒我先醉。桌上沒有下酒菜，割下耳朵來相陪。」

念叨完，「刺拉」把耳朵割下來了，放在嘴裡咔吧咔吧兒地嚼起來。伸手接過酒壺，喝了一口酒，把刀扔給酒徒。酒徒在賢字下邊寫了個「愁」字，說：「我是愁人酒徒，被人喊作愁人。『愁』字可拆成禾、火、心三個字。」說完順口念道：「禾火心，禾火心，壺中有酒我先斟。桌上沒有下酒菜，自身取肴太逼人。咬咬牙，狠狠心，拔下汗毛一大根。」唸到這兒，他用指甲在胳膊上輕輕拔下一根汗毛，用舌尖舔一舔，繼續念道：

「真心疼，痛徹心，這壺美酒我全斟了。」

唸完，一把奪過酒壺，脖子一仰，咕嘟咕嘟喝了起來。賢德老祖說：「世上竟有你這樣吝嗇的人！」酒徒說：「實不相瞞，我今天是跟你們二位天上的神仙喝酒，我才破天荒地拔了根汗毛；跟凡人喝酒，我向來是一毛不拔的。」二位神仙一聽，這人沒法治了，就收拾了棋盤，抬腿走了。因此，現在人們在賽棋崖上只能看到酒徒一個人，守著「聖賢愁」三個字，手裡捏著那壺神仙的便宜酒，還在那兒斟自飲呢。

張鳳岐（講述）
胡　月（蒐集整理）

香蕉崖的傳說

　　香蕉崖是雪山飛湖懸崖峭壁上形神兼備的一處靚麗景觀，遊人至此，無不讚歎。關於香蕉崖，當地百姓中流傳著一個傳說故事呢！

　　相傳，當年唐朝冊封渤海國後，每年渤海國都利用水陸交通赴京城長安朝貢，唐朝廷也回饋大量布匹、糧食和中原蔬菜水果給渤海國，兩地之間商旅不斷，松花江就成了渤海國朝貢的必經之路。

　　話說這一年，渤海國國王大欽茂下令，指派居住在興吉州「寶馬城」的小舅子海力吉爾代表渤海國赴長安向大唐王朝進貢，海力吉爾樂得屁顛屁顛的，這麼好的差事沒想到落到了自己頭上。他立馬按大欽茂的指示，準備好了山珍野味、金銀珠寶等貢品，迫不及待地出發了。走了幾百里水路，又走了幾千里旱路，終於到達了長安。在長安，唐玄宗高規格接待了渤海國使節，頓頓山珍海味，夜夜歌舞昇平。海力吉爾沒想到大唐王朝有這麼些好吃好玩的，真有點樂不思蜀，不想回渤海國了。無奈，約定的時間到了，不願回去也得回去。於是，便帶著唐朝廷賞賜的物品往回趕路了。緊走慢走，趕水路回到了松花江上源。在船上，海力吉爾越瞅著離家越近，心裡想，這物品中那種扒了皮吃的叫香蕉的水果真好吃！在長安天天吃也沒吃夠，眼下快到家了，回到寶馬城，把物品交到王宮，就輪不到我了。何不趁此機會，先拿出點嘗嘗。海力吉爾看看旁邊沒人，便打開了禮品包，拿出一串香蕉，正想掰開吃。忽聽前邊鞭炮齊鳴，鑼鼓喧天，原來興吉州知府奉國王之命前來迎接朝貢使臣來了。海力吉爾一看不好，這要讓知府看到偷吃禮品，那可是欺君之罪。就算自己是國王小舅子，到時也不會給面子的。於是，忙亂中他趁別人不注意，急忙將那串香蕉使勁向岸上扔去，沒想到那串香蕉卻掛到了懸崖上了。至今都沒有人能夠把它取下來，這座懸崖後人就把它叫作「香蕉崖」了。

劉連文（蒐集整理）

羅漢崖的傳說

在美麗迷人的雪山飛湖上，有一處讓遊客讚歎不已的景觀叫「羅漢崖」。其外形有如一排人直立石壁之間，頭上戴的帽子特別像僧人的僧帽。關於羅漢崖，還有一段民間故事呢！

相傳在很久以前，南海普陀寺有個和尚，名叫惠德。這一天，師父把他叫到佛前說：「我佛慈悲為懷，眼下關東一帶荒莽未開，民眾愚鈍，你可前往傳播佛法，普度眾生，救民於水火，望你三年五載速去速回。」惠德跪拜師父，尊師命打點行裝即奔關外而去。不知爬了多少山，也不知過了多少河，惠德來到了長白山下，在山下的娘娘庫「泰安寺」住了下來，他日復一日，年復一年，廣教布施，宣講佛法，勸人行善，博得了眾人的讚頌與好評。

不知不覺三年過去了，惠德想起臨來時師父囑咐三年五載就回去，便向眾鄉親道別，準備第二天就回南海去。誰知，這天夜裡，娘娘庫的百姓跑來，哭天喊地地說，大江下游的「仰臉兒」出了個獨角龍，把江上的木排都掀翻了，放排人都沒回來。快去救救黎民百姓吧！惠德一聽，阿彌陀佛，真得去救救百姓了。他決意暫不回南海，先去會會獨角龍。於是，惠德來到了「仰臉兒」，動之以情，曉之以理，但怎麼也說不動獨角龍。無奈，惠德只好挺身而出，施展法術抵抗獨角龍的施虐。獨角龍掀起狂風惡浪，惠德就作法壓住風浪。保護江上夏季的木排和冬季的馬爬犁平安，這樣你來我往，惡鬥了不知多少個日日夜夜，惠德眼瞅著要支持不住了。在這關鍵時刻，普陀寺的幾位和尚在師父的安排下，來長白山找惠德來了。於是，師兄弟們齊心合力鬥蛟龍，終於壓住了獨角龍的氣焰。獨角龍跑到別處去了，而眾和尚卻化作了一排石壁，留在了雪山飛湖，人們就把這座石壁叫作「羅漢崖」了。

劉遠良（蒐集整理）

歡喜嶺的來歷

通化縣三棵榆樹鄉境內的歡喜嶺，名字還是清太祖努爾哈赤給起的。提起這個名字的來歷，還有段故事呢。

清太祖努爾哈赤剛拉起隊伍時，人數少，力量弱，可是很有戰鬥力，打了不少次勝仗。有一天，他們遇到了大批明軍，努爾哈赤怕喪失了實力，不敢硬拚，便命令隊伍邊打邊退。努爾哈赤的隊伍往後退，明軍緊跟在後邊追擊。努爾哈赤山里路熟，就帶領隊伍穿林子，走小道，三天三夜不住腳，好歹算甩掉了後邊追擊的明軍。明軍一直追到柳邊門，找了老半天，見不到努爾哈赤的影兒，就垂頭喪氣地回去了。

努爾哈赤的隊伍三天三夜米粒沒下肚，餓得前腔貼後腔，走路晃晃蕩蕩，再不吃東西就完了。大夥吵吵嚷嚷地要散夥，各奔他鄉，求個活路。這時候，努爾哈赤髮現嶺上有很多榛子樹，就讓軍士們去採榛子嗑仁吃，不一會兒，大家都填飽了肚子，也提起精神了。努爾哈赤的隊伍在嶺上安營紮寨，駐了半個多月，餓了吃榛子仁，渴了喝山泉水，大夥覺得這種野外生活很有風趣。士氣大振，決心和明軍大幹一場。努爾哈赤因勢利導，率領大軍很快就攻破了邊門，一直打到興京。勝利歸來，路過嶺上吃榛子的地方，休息時努爾哈赤對身邊的大將和軍士們說：「嶺上的榛子救了咱們的命，又打敗了明軍。聽大夥歡歡喜喜地唱著歌，慶賀咱們打勝仗，就管這個嶺叫歡喜嶺吧。」從此，鄉親們就管這個無名嶺叫歡喜嶺，直到現在還這麼叫呢。

隋永欣（蒐集整理）

老爺嶺的傳說

以前，老爺嶺山高、坡陡，也沒有名字，人們都管它叫大嶺。當時在大嶺上住著幾戶人家，其中有個叫王清的年輕人，他上有父母，下有妻子兒女，全家六口人，日子過得挺緊巴。這一年到了放山的時候，王清想上山去挖棒槌（人參）掙點錢，可是放山一個人不行，得找個幫手，找外人又怕不上算，想來想去，他選中了隔壁鄰居張林。張林今年十八歲，孤身一人，為人忠厚耿直，是最合適的人選。王清找到張林一商量，張林滿口答應說：「行，啥時走？」王清說：「說走就走，明天。」第二天，他倆帶上夠十多天吃的乾糧和挖棒槌用的工具，來到村前用木板釘的關老爺廟前，磕了個頭，順著山樑就出發了。可是，在山上轉悠了十多天也沒開眼（沒看見人參），再看看帶的乾糧也不多了，王清可有點沉不住氣了，就說：「張林呀，這次出來十多天了，也沒開眼，乾糧又不多了，今天太晚了，咱們再放一天，後天不管咋地也得回去了。唉！這次出來連口糧都沒掙出來，真沒福，看明天的了。」第二天，他倆吃點乾糧，喝了幾口水又轉悠開了，可一上午過去，他倆還是沒開眼，王清對張林說：「沒多大指望了，下午咱倆分開找吧。」當天傍黑的時候，張林來到一個岡樑上往下一看，猛然發現溝底有好幾棵五品葉，忙喊王清：「王大哥，快來，這兒有棒槌。」王清趕緊跑過來，順張林指的方向一看，可把他樂壞了。但是，溝底到岡樑上有十多丈高，周圍的石頭全像刀削的一樣，乾脆下不去，他倆趕緊砍了幾根圓棗藤子，接在一起順了下去。因為王清膽小，就由他拽繩子，張林下去挖參，張林一點一點地下到溝底一看，好傢伙！在鬆軟的土裡，大約有五十棵棒槌，全是五品葉，張林趕緊動手挖參，這地表面是一層腐爛的樹葉子，非常鬆軟，張林只要用手挖兩下，一提溜就是一棵，鬚子一點都不損傷，沒費多大勁兒，就把人參全挖出來了，一查，整整五十三棵。張林趕緊剝了一大張樺樹皮，又在岩石上剝下了一大塊青苔，把這五十三棵棒槌系在

繩子上，叫王清往上拽，王清拽上來一看，這麼多人參，那高興勁就甭提了，趕緊裝進口袋，然後向下喊：「兄弟，還有沒有了？」張林說「沒有了。」王清說：「那好，我拽你上來。」王清把張林拽到半空時，起了壞心，他把手一撒，就聽「轟」的一聲，張林掉下溝底沒影了，再聽聽底下一點聲音也沒有了。王清這才捧著五十三棵人參，樂顛顛地回家了。

再說張林，掉下懸崖以後，好長時間才醒過來，幸好溝底全是幾百年落的樹葉子，沒摔死，當他醒來時心想，可能是圓棗藤子沒系好掉下來了，王大哥一定很著急，於是他忍痛站起來，衝著上面喊了半天，沒人應聲。他向四周看了看，見前面有一條一尺多寬的石縫，就爬了過去，他費了好大勁兒才擠過去，又發現了六棵大棒槌。他很小心地挖出來，剝了塊樺樹皮和一塊青苔包好，系在腰裡，剛一轉身，把張林嚇了一跳！見離他不遠處有一條水桶一樣粗的大「長蟲」（蛇），嘴裡吐著一尺多長的芯子，正向他使勁。可把張林嚇壞了，躲又沒處躲，藏又沒處藏，正在萬分著急的時候，忽見一個黑臉大漢手拿青龍偃月刀，高喊一聲：「孽畜，休得無理！」那大蛇聽後扭頭撲向大漢，只見大漢一刀下去，這條大蛇就首尾分離了。張林趕緊跪下磕頭，感謝救命恩人並問他的尊姓大名，那黑臉大漢說：「我乃周倉，是關老爺讓我來救你的。」張林聽後忙問：「我王大哥現在哪裡？」周倉說：「他是個見財忘義的小人，休要管他，我先送你回家吧！」

說完周倉背起張林，讓他閉上眼睛，張林就覺耳邊風聲呼呼直響，一袋煙的工夫風停了，張林睜眼一看，自己已站在他們臨行前跪地磕頭的關老爺廟前。他趕緊又跪下磕了三個響頭，然後起身向屯裡走去。進屯路過王清家時，聽見裡面傳出一片哭聲，忙進屋問：「大嫂，這是咋的了？」王清媳婦回頭一看是張林，嚇得面如土色，忙喊：「鬼，有鬼！打鬼！」張林說：「大嫂，我是張林，別怕，我根本不是鬼，王大哥這是咋的了？」王清媳婦一看張林真的不是鬼，是正常的大活人，這才一把鼻涕一把淚地說開了：「你大哥昨晚捧回五十三棵棒槌，到家後說你被野獸挾了（吃了），準備把參賣了，給你買口棺

材，哪想到這五十三棵棒槌到半夜都變成了小長蟲，把你大哥活活咬死了。」張林聽後二話沒說，來到藥鋪把這六棵六品葉賣掉，換回錢來先發送了王清，重修了關老爺廟，並在廟前開了個米店，施捨窮人。從那以後這裡風調雨順，百姓安居樂業，張林的米店生意越來越好，關老爺廟的香火也越來越旺盛。連吉林、蛟河的香客也翻山越嶺到這兒來進香，感謝關老爺除惡揚善，保佑窮人的大恩大德。後來，人們為了說話順溜，又把關老爺廟叫成了老爺廟，把供奉老爺廟的這條大嶺，叫成了老爺嶺。

閻紀友（講述）

胡海濤（蒐集整理）

威虎嶺的傳說

在長白山系張廣才嶺東邊有個小嶺叫威虎嶺。據說，早些年，那兒住著個青年獵手紀福，他長得敦實憨厚，家中有個癱瘓的老額娘。因家窮請不起大夫，已十多年不能下炕了。家中離不開人，紀福也不能到遠處高山大林子裡去打獵，他每天只能在侍候完老額娘之後，晚出早歸，在村前村後踅摸點野雞山兔，維持母子的生活，日子過得十分艱難。儘管這樣，有人卻讓他把常在村前村後轉悠的那隻大老虎打住。紀福回絕道：「我常見它把叼豬、吃馬駒子的豹給咬死，然後把豬或馬駒子趕回村邊。它不傷害人，我哪能打它呢。」

一天，紀福剛走出村不遠，走到一棵高大的落葉松跟前，見一隻老虎趴在樹底下，把紀福嚇了一跳。細一看正是他常碰見的那隻老虎，它已奄奄一息了。一看紀福來了，它就把嘴張開了讓紀福看。紀福一看，一塊老大的獸骨卡住了它嗓子眼，吐不出，嚥不下。紀福明白了，它是想讓他把這塊骨頭給掏出來。紀福對老虎說：「既然你信著我啦，我也就信著你了。」說著把袖子挽到肩膀頭，就把手和胳膊伸進了老虎嘴。可是干抓不住，沒法兒，只好用指頭貼著喉嚨眼猛勁往裡插，老虎晃晃蕩蕩地勉強站起來，十分感激地對紀福點著頭。然後它對這棵落葉松磕了三個頭。磕完，它指指落葉松，指指紀福。紀福明白了，它是要和我磕頭拜把子呀，它是個護村的好老虎，要磕頭，就磕吧，紀福也磕了三個頭，他倆就成了結義兄弟。

紀福見老虎餓得直打晃，就說：「虎大哥，先到我家休息幾天，等將來養壯實了再回山。」老虎點了點頭，就跟他走了。到了紀福家門口，怎麼讓它，它也不進屋。紀福先進屋跟額娘說明白了，不讓她害怕。額娘說：「你都不怕它，我這麼大歲數，還怕啥。」於是就把老虎讓進了屋。

老虎住了幾天，身子硬實了，它也看明白了老額娘是個癱巴，於是就比畫著，讓紀福用刀把它的膝蓋骨割下來，給老額娘治病。紀福哪忍心下手啊，老

虎看紀福不動手，就自己一口將膝蓋骨咬下，讓紀福放在鍋裡熬水，給老額娘喝。沒用幾天，老額娘的病全好了，已能下地給他們哥倆做飯了。紀福高興得不得了，虎大哥也很高興。老額娘說家窮，娶不上媳婦，她又病了這些年，可把紀福拖累壞了。這回她病好了，還能幫他做幾年飯，等他娶上媳婦就好了，老虎聽了點點頭。虎大哥要走了，紀福囑咐道：「你以後隔三岔五地就到家來看看。」老虎點點頭。老額娘流著眼淚說：「我的病好了，虎大哥的腿卻坐了殘疾！」虎大哥一出門故意快跑，給他們娘倆看。它跑起來還是一溜兒風，只是那隻前腿稍稍有些點跛，一出村就不見影了。

送走虎大哥的第二天夜裡，老額娘睡覺輕，聽到院子裡有聲音，就下地推開門。見到當院躺著個人，走近一看，是個昏迷不醒的姑娘。額娘叫來紀福，兩人把她抬進屋，將她救活。一盤問，才知道她是格格，在皇宮裡被老虎叼來的。紀福安慰她說：「你別著急，我一定設法把你送回京城。」紀福天天打來野雞給格格熬湯，這娘倆想盡辦法將養她。

格格平時總圈在皇宮裡突然來到這山村，覺得一切都很新鮮，又十分自由。時間一長，她看出了紀福為人忠厚、可親，把弓箭一背也很威武，她相中了他。於是，她就表露出願意長住在這裡。紀福說：「那可不行，你是格格，我們是窮獵戶，這個家可沒處擱你呀。」他越這樣說，格格越覺得他可愛，她認為朝廷裡那些年輕官員沒有一個這樣好心人。

一天，紀福找到了驛站的公差，把格格的消息告訴了他，讓他迅速傳給皇上。皇上得知格格下落，馬上派人抬著轎來接格格。格格對紀福母子只說一句「後會有期」就告別了。可是格格每到一城，就讓轎伕把貼在城門上尋找她的告示揭了下來，一路上揭了很厚一疊告示，格格把它收藏起來。回到皇宮，皇上和皇后樂得不得了，舉行國宴歡慶。格格問父王：「準備怎樣對待我的恩人？」皇上問，救她的人是個什麼樣的人？格格說是個貧苦的年輕獵人。皇上沉吟了一會兒說：「那就賞他三千兩銀子。」格格不慌不忙地把告示一張張地指給父皇看，說：「這上面明明寫著，年輕人找到我，就可以做駙馬。全國各

處都貼了，作為一個皇上，必須以信義取天下。若是出爾反爾，誰還能聽你的號令。」皇上一聽，這一定格格看中那年輕獵人了，他就派了大隊人馬去接駙馬。於是紀福母子就被接進皇宮，紀福與格格就拜堂成親了。滿朝文武大臣一看駙馬爺是個窮獵人都投以白眼。再加上紀福是個山溝裡的獵人，不懂朝廷的禮節，大臣們更瞧不起他了。紀福一看大臣們拿他不當人看，他後悔不該到朝廷來。格格比他的壓力更大，那些原先討好她想做駙馬的年輕的文武官員，現在一見到他，就伸舌的伸舌、撇嘴的撇嘴，甚至有人背地說：「格格說不定怎麼勾搭上了這個窮獵人，就把他拉進來呢。沒有半點功勞，就當上了駙馬，誰服他呀！」這些話傳到皇上和皇后的耳朵裡，他倆也覺得這事辦得欠考慮，所以朝廷裡上上下下心裡都不痛快。

就在這個節骨眼，守城的武士慌忙跑進來報告，說：「可不好了！老虎衝進了京城，弄得鋪鋪關門、家家閉戶。」皇上一聽，生氣地說：「進城一隻虎，何必大驚小怪，哪位愛卿替我把虎除掉？」話音未落，那些年輕的武將跪了一地，都想爭功打虎，顯示一下自己的本領。還未等皇上點到誰去，就聽一片驚天動地的虎嘯聲，震得金鑾殿直髮顫。緊接著宮牆上伸出一排虎頭。滿朝文武嚇得面無人色。皇上急忙喊：「都給我去打虎！」可是那些武將早已嚇癱在地上起不來了。一個武將說：「一個半隻尚可對付，這麼多虎，怎麼打得了。」

皇上恐懼地說：「照你這麼說，我們就得等著變成老虎糞了！」

聽皇上這麼一說，有幾個年輕的武將當時就嚇哭了。這時，紀福背上弓箭，拉著格格來到金鑾殿上。見此情景，想起他們平時對待他和格格那種傲慢情形，便指著那些年輕的武將說：「你們這些膽小如鼠的人，怎麼靦臉掛著那將印。」然後回頭來對皇上說：「你能行嗎？要去就領著武將們一起去吧。」此時，武將都嚇趴下了。紀福指著地上這些武將對皇上說：「請看，這些膽小鬼，都嚇酥骨了，領著他們頂什麼用！」說完他獨自一個人朝午門去了。他手握弓箭，讓武士把午門大開。武士㧴著膽子把門一開就忙躲到門後不敢動了。

這時，一隻大老虎飛身跳進皇宮。把滿朝文武大臣的眼睛都嚇直了。紀福剛一拉弓，見到老虎跪在他面前磕起頭來。他仔細一看，是虎大哥。他心裡明白了就忙走上前去，小聲說：「虎大哥，一定是你到家去，見我們沒了，又有大隊人馬來過的跡象，你以為朝廷把我們抓來了，你報仇來了。是不？」老虎點點頭。紀福說：「皇上已招我為駙馬，我們母子被接進皇宮來了，你放心回山吧！」老虎轉過身去，走出皇宮，大吼一聲，眾虎像羊群一樣退出了京城。

一場虛驚過後，各文臣武將對當朝駙馬都刮目相看了，皇上在金鑾殿上提起這次虎闖皇宮之事，眾大臣對駙馬那種臨危不懼的勇敢精神都佩服得五體投地。對他退虎的功勞，都說功勞之大，大如泰山。於是皇上就封他為威虎大將軍，統轄長白山一帶的打牲衙門。張廣才嶺東邊這個小嶺，由於出了個威虎大將軍，就被稱作威虎嶺了。

七十二道龍灣的傳說

　　長白山有一道老龍崗，高高低低，彎彎曲曲，也不知道有多長。老龍崗一左一右，有大大小小七十二道龍灣。

　　這七十二道龍灣，有圓的，有方的，也有三角形的，有的有水，有的沒水。水呢，也有的深，有的淺，有的渾，有的清。

　　傳說每一個龍灣裡住著一條小龍，在那裡養傷。小龍怎麼跑到這兒來了呢？說起來話可就長啦。

　　有一年，東海龍王聽說人間乾旱，找來了幾千幾百條大龍小龍，叫它們去開江引水。當時說定要開一條松花江、一條輝發江，都要橫跨東北，奔流入海。東海龍王派了一夥老龍去開松花江，一夥小龍去開輝發江，限令第二年三月三開完。

　　那時候正是伏天，烈日當頭。老龍裡領頭的說：「趁現在土地潮潤，我們趕快動手吧。」大夥一哄聲地同意，一齊鑽出東海，開江去了。那些小龍們把腦袋露出水面一試，毛焦火燎地難受，領頭的說：「不行，現在幹不了，曬也曬死了！先歇幾天吧。」說完，就領著小龍們回來，天天吃喝玩樂，談天說地，開江的事早忘到腦後去了。

　　過了一些日子，有條小龍建議說：「現在伏天都過去了，咱們幹吧！」領頭的伸伸懶腰，打個呵欠，說：「忙什麼？咱們那小江好開！我還沒歇過乏來呢。」它還是天天吃喝玩樂，談天說地，不務正事。

　　一晃幾個月過去了，眼看快要立冬了，大夥都說：「可得趕快動手了！」領頭的還賴在那裡不願動彈。這時候龍宮裡也來催問，並說：「人家松花江已經要完工了，你們怎麼還不動工？」領頭的這才著了忙，一撲棱爬起來，領著大夥出去了。

　　這時候，東北的土地，一早一晚已經上了冰碴兒。小龍們用犄角拱，用爪

子撬，半天開不了多深。有的把犄角拱歪了，有的爪尖撬出了血。領頭的小龍呢，一會兒打一個噴嚏，一會兒咳嗽一聲，說它傷風了，躲在一個水窪裡乾號，催著別的小龍幹。

松花江一天開出好幾里，幹得挺快；而輝發江這邊，磨磨蹭蹭，一天開不出幾尺遠。老龍王聽說，發了脾氣，傳下令來叫小龍們快幹，若是到時不能完工，個個處斬。這下子小龍們慌神了，晝夜不停地拱呀撬呀地往前開掘。

轉眼間冰封雪舞，大地凍得像石頭似的硬邦邦。小龍們黑夜白天，叮叮噹噹手腳不停，可是幹的還是很慢。領頭的小龍東碰西撞，亂號亂叫，急得兩眼直冒金花。

眼看著離三月三一天比一天近了，土地也一天天軟和了，可是小龍們累死的累死，累病的累病，根本幹不動活了。三月三那天，東海龍王帶著文臣武將相出來一看，松花江按時完工，龍王點頭含笑，叫它們回東海去休息；到輝發江一看，龍王可就惱了，江不但沒開完，小龍們還傷損不少。東海龍王嘆了一口氣，說：「罷！就開到這兒吧。能回去的跟我回去，不能回去的就在龍崗兩旁養傷吧。」就這樣，輝發江到底沒開到頭，到現在還是個短短的輝發河，河道彎彎曲曲，河底高低不平，澇年頭就出槽，旱年頭就斷流。

那些累傷的小龍呢，就在老龍崗兩旁開了七十二道龍灣，在裡頭養傷。多少年了，有的把龍灣裡的水喝乾了，渴死了，那個龍灣就成了旱龍灣；有的亂扭亂動，把龍灣撞得曲裡拐彎，有的藏在深深的水底，幾年也不動彈一回。聽說那個領頭的小龍，開江時撞斷了一隻犄角，成了獨角龍，脾氣更加暴躁，動不動就興風作浪，禍害人民。有時候陰天下雨，聽見龍灣裡「嗡——嗡——」地發出悶聲悶氣的聲音，人們都說那是它傷口疼了，正哼哼呢。

李春山（講述）

關文修（蒐集整理）

天宮御花園

　　知道玉皇大帝姓什麼嗎？傳說，他姓張，叫張堅。父親是個小國的國王。國王老來無子，眼看自己的王位沒人繼承，急得老國王整日燒香祈禱。有一天晚上，王后忽然夢見太上老君抱著一個皮膚赤色的嬰兒，說讓王后撫養。王后滿心歡喜地收下了這個小紅孩子，醒來後竟是南柯一夢。說也怪，王后懷孕了，國王高興得感天謝地。

　　一年以後的大年初九，一個赤身赤面的孩兒一生下來，滿室生光，像一個金娃娃，不斷地向四外噴散金色光輝，宮廷上下都以為奇。這孩子不是別人，就是玉帝，但那時候的名字叫張堅。

　　張堅自小就聰明善良，長大了也是仁愛慈悲。父王死後，繼承了王位，他先將皇宮中的財物分發給了窮苦人，讓天下人都有吃穿。然後，他帶領他的臣民把自己的國家治理得國富民強。後來，他見天下安寧了，人民都富裕起來，就把王位讓給了一個有善心的大臣，自己深居大荒山中，這個大荒之山就是長白山。那時候，這山還沒有長白山這個名字。張堅躲在山裡潛心修行，一共經歷了一萬三千二百個劫難，經歷了上千上萬年的修身養性，天工神看中了他，請他進天宮，把東方交給他，他才成為玉皇大帝。

　　玉皇都管什麼呢？相傳，他總管著上中下三界；禮義廉恥和東南西北上下十方；還主管胎生、卵生、濕生、化生這四生，當然還管著天道、人道、魔道、地獄道、畜牲道和餓鬼道。這三界十方四維四生六道的一切禍福，都由他主宰，他是東方至高無上的天神，也是東方極其威嚴的主神。

　　因為他是正月初九生的，所以，每年大年初九人們都要給他過生日，早晚燒香，頂禮膜拜，搭祭壇，供五牲，放鞭放炮，吹吹打打地施三跪九叩禮，祈求「年登歲豐，民天飢餒」。

　　先放下玉皇大帝的事不說。說說北方的居民被稱作「肅慎人」的時候，大

荒山下有個村子，這村子叫什麼名字已經沒人記住了。村裡有一戶人家，住著哥兒倆。那時候，人們還沒有姓氏，可以隨便地姓什麼。這哥兒倆的爸爸聽說玉皇大帝姓張，就想和玉皇攀親戚，讓兩個兒子姓張了，大的叫張大，小的叫張二。別看他倆是一個爹娘生的，但性格卻不一樣，老大老實善良，老二奸詐貪心。因為家裡很窮，他倆都滿十八歲了，但還沒說上媳婦，老父親又早。死去了，老母親惦記兩個兒子的婚事，把一雙眼睛都愁瞎了。

村上有個姑娘叫丁香，張大和張二都看上了她，他倆就折一枝柳枝向她求婚。因為那時候的人十分崇敬柳樹，認為人類和萬物都是柳神佛佛（滿語：母神）生的，所以，求婚時小夥子就給姑娘送鮮綠的柳枝。

丁香把哥兒倆的柳枝都接下來，對他倆說：

「去大荒山吧，那裡有真正的寶物，誰找到了寶物，用到最該用的地方，我就嫁給誰。」

這時候，已經進入了八月，正是進大荒山的最好時節。愛情的力量是無窮的，張二張羅著要去，張大也想去，但一看老母親雙目失明的樣子，就邁不動腿了。

老母親聽說了這件事，就催促兩個兒子快動身。

「大哥，媽都讓去了，咱就去吧。」

「二弟，你去吧，我不能扔下咱老媽，寧可不要媳婦。」

「老大呀，媽不用你擔心，有東屋你嬸嬸照顧，你倆就一塊兒去吧，也好做個伴兒，省著讓媽擔心。再說了，不管是誰找到了寶物，把丁香姑娘娶過來，媽一高興，眼睛就會好的，丁香來，也有人能侍候我了。聽媽話，快跟你弟弟一塊兒去。」

媽媽既然這樣說了，張大只好千叮嚀萬囑咐鄰居嬸嬸，千萬照顧好媽媽，等他和弟弟回來。

哥兒倆進了山，翻過了一道道嶺，趟過了一條條河，穿過了一片片森林，走了三五一十五天，也沒找到寶物，也不知道什麼是丁香說的可以派上用場的

寶物。糧食吃光了，就摘野果，吃野菜，好在是秋天，山果完全可以填飽肚子。

一天，老二抓回來一條活蹦亂跳的紅鯉魚，對老大說：

「哥，給，快把魚煮上。好幾天沒沾著葷腥了。」

「哎呀，這麼大一條魚？多好看呀，二弟，怎麼它還流淚呢？」

「哥，你囉唆啥呀，我去找乾柴，你把魚收拾收拾。」

張二一走，張大怎麼也不忍心宰那條魚，見魚可憐巴巴的樣子，他把刀放下了，捧起魚跑到了河邊，一撒手就把魚放進了河裡。那魚一見水，尾巴一甩，翻了個觔斗，把腦袋露出了水面，朝張大點了點頭，就鑽進水裡游走了。

張二一回來，見魚被放了，氣得朝哥哥大喊大叫。

「二弟，別生氣了，不管怎麼說，那魚也是一條生命啊。」

「你放他一條命，我倆就快沒命了！咱們餓著吧！」

又有一天，一隻梅花鹿媽媽卡在了一隻大樹杈上，前後腿都懸空了，怎麼掙扎也下不來。兩隻小鹿圍著那棵樹「呦呦」地叫，眼巴巴地望著半空中的媽媽。張大一看就明白了，那隻鹿媽媽去樹旁山崖上給它的一對孩子摘鹿啣草，一不小心摔下來，被樹杈夾住了。

「快，哥，拿刀來，這隻鹿夠咱吃好幾天了。」

「二弟，咱救那母鹿吧，你看，那一對小鹿多可憐，就像咱哥兒倆，它們不能沒媽媽呀。」

「你少發慈悲啊，快把刀給我。」

「刀？我沒帶呀，放河邊的馬架裡了，你去取吧。」

張二瞪張大一眼，轉身去取刀。那兩隻小梅花鹿立即跑過來，蹭著張大的腿「呦呦」叫，雙眼角都潮濕了。

張大摸摸小鹿，然後就噌噌地爬上了樹，他抱住母鹿的兩隻前腿，一使勁兒就把母鹿擁到了樹下，母鹿一翻身站了起來。兩隻小鹿歡喜地去親鹿媽媽，母鹿親吻了自己的孩子，然後，就朝從樹上下來的張大跪下了前腿。

「還不帶著你的孩子快跑啊，看，我二弟回來了，快起來，快跑。」

母鹿領著小鹿戀戀不捨地走了，走一步一回頭。

「哥，鹿呢？」

「你剛走，它就自己掙脫下來，領著小鹿跑了，看，那不是嗎？」張二順著張大指的方向一看，那隻母鹿領著小鹿正往這邊張望呢，張二馬上拎著刀向鹿追去。

張大心想，枉費心機，你還能追上鹿？果然，不大一會兒，張二氣急敗壞地回來了。把刀往地下一扔，躺在了草地上不理張大。

哥兒倆又走了一天，走累了，才來到一座土峰下。張大不聲不響地搭好了過夜的窩棚，把摘來的山果掏出來，大的、熟的都放到了弟弟的身邊，自己吃小的爛的。這時，已經是月光皎潔的深夜了，突然，聽到土峰頂上有好幾個人把盞痛飲，吟風詠月，暢懷大笑。哥兒倆十分納悶兒，在這深夜裡，有誰會在山頂上飲酒作樂呢？他倆決心弄個明白。

第二天，正是八月十五月兒圓的日子，圓圓的月亮把寂靜的山林照得通明，像塗抹了一層銀光。這時候的張大和張二，躲藏在土峰頂上的一個石洞裡。他倆沒心情賞月，只是靜靜地盯著山頂。子夜時分，只見幾位白髮銀絲的老人飄下來，身著白衣白褂，圍坐在一塊平平的大青石周圍，一個老者先發話說：

「今天別吟詩了，春華秋實呀。玉皇讓我們春天將寶物撒下這大荒山，秋天來數一數，看有沒有收穫？好向天宮匯報。咱們就數數這裡的寶物比去年多了還是少了：石寶仙人、獸寶仙人、草寶仙人、菌寶仙人、果寶仙人、樹寶仙人，你們按我說的順序把結果道來。」

「哥，聽見沒？這是天意，神仙來告訴咱們寶貝在哪裡了。」

哥兒倆仔細聽著，石寶仙人說話了：

「各顏色的石頭比去年都多出來一塊兒，看，這青石是黑寶玉，這黃石是金子；這白石是銀子；這藍石是瑪瑙；這綠石是翡翠，多出的放在哪裡呢？」

先說話的老者說：「都放到紫霞峰吧，那兒是玉帝的寶石庫。」

獸寶仙人說：「今年，長白山裡的虎、熊、鹿、貂都減少了，原因是人們知道了虎骨、熊膽、鹿茸、貂皮是寶，就進山來獵殺。」

先說話的老者說：「都怪織女呀，她要不把祕密帶到人間，這些寶貝也不會少。蜂、哈士蟆、獐、松雞什麼的少沒少？「

獸寶仙人說：「這些沒少，還增加了一些。」

先說話的老者說：「但願天宮別再把這些寶物的秘方傳到人間呀。」

輪到草寶仙人匯報了，他說：「人參、紅景天、不老草、靈芝、刺五加、黃蓍、五味子什麼的中草藥比去年增加了。」

菌寶仙人站起來說：「松茸、猴頭蘑、木耳、元蘑、黃榆蘑、金針蘑、榛蘑、香菇什麼的也增加了。」

先說話的老者說：「玉帝不又讓你帶一種叫念珠的真菌嗎？長得和木耳差不多，這可是寶藥啊，你把它放到鹿鳴峰上的泉溪邊上吧，這是一種最好的明目藥，你要放好。」

果寶仙人說：「長白山特有的寶果比去年增多了。」

樹寶仙人說：「樹寶也沒減少。」

先說話的長者說：「把增加的都放在適合這些寶物生長的地方去吧。」

草寶仙人說：「長白山四處是寶，就是沒有鮮花呀。都說綠葉配鮮花，可這裡就有綠葉，玉帝為啥不把花寶仙人派下來種點兒花呢？」

先說話的老者說：「玉帝最喜歡花了，他捨不得把天宮御花園的花放到人間。咱回天宮把長白山的這一缺陷向玉帝說說，最好他能答應，那時長白山才是風光秀麗的寶山了。」

張大和張二把諸仙人的話聽得清清楚楚，張二死死地記住了紫霞峰上的那些寶石，張大卻死死地記住了鹿鳴峰泉溪邊的像木耳一樣的那種寶藥。

天剛要放亮，神仙走了，他倆走出山洞，用山泉水洗一把臉，就去找寶。

「二弟，咱媽的眼睛有救了。咱去鹿鳴峰吧，去找叫念珠的寶藥。」

「我看去紫霞峰吧。哥，咱找到了那些寶石，日子就好過了，再買好藥給媽治眼睛，什麼眼病還治不好？」

「不，我得去找寶藥。」

「那好，咱倆分頭走，但可先說好，誰找到寶物歸誰。哥，你聽清沒有？」

「行，老二，我只要寶藥，你去拿寶石吧，我不和你爭。十天後，咱們在入山口見，到時咱一塊兒回去，要不媽該著急了。」哥兒倆就此分手了。

回頭再說丁香，自從哥兒倆走後，她每天都到張家來，幫助鄰居嬸嬸照顧張老太，把張老太樂得喜笑盈腮，天天盼兒子回來。不管是哪個兒子，只要把丁香娶到家，她就心滿意足了。

丁香也盼哥兒倆早點兒回來。其實，丁香早喜歡上了憨厚誠實的張大，她預料到，張大找回的寶物會讓她滿意。她每天都到村頭的小河邊去，一邊洗衣服一邊朝東張望。

這天，天晴日朗，丁香上身穿紅綢短袖緊身小襖，下穿蔥綠色的寬筒褲，外披一件半透明的白色羅紗長衣裙。梳著烏亮的雲卷頭，腦後烏黑的長髮從俏麗的肩頭鋪到腰間。粉紅臉面上的柳眉杏眼、斗鼻和櫻桃一樣的小嘴鑲得端端正正。她比天仙豔麗，比天仙鮮活，那雙注滿秋水的眼睛比仙女更會說話。

漂亮的丁香一邊洗衣，一邊往遠處望。突然，她見東面的路上飛奔過來一個黑點兒，黑點越來越大。她心中一陣緊張，怎麼回來一個呢？不管是她喜歡的張大還他不喜歡的張二，都該回來呀。如果有一個不回來，張老太的病……她不敢往下想了，她奔跑著迎上去。

丁香剛拐過一片樹林，就見一個人騎著快馬來到了她的面前。

啊！不是張家哥兒倆。丁香一見那人下了馬，朝她走來，馬上轉身，快步往回走，

「姑娘，我叫張堅，是從很遠的地方來的，能討口水喝嗎？」那個自報叫張堅的男人說。

丁香轉身抬頭一看，心中暗暗驚奇，從來沒有見過這麼英俊的青年男人。個頭不高不矮，但十分健壯，站在那裡像鐵塔。紅紅的方臉膛，一對兒慈悲的丹鳳眼，濃黑的睫毛使他的目光充滿了感染力。黑髮卷在頭頂，一條紫色的頭巾披在後肩上。丁香一眼就看出他不像凡人，別看他和村裡的年輕人穿戴得差不多。丁香猜對了，他不是別人，正是玉皇大帝張堅。張堅聽說人間有種種苦難，他不相信，就私自下到人間來微服私訪。

其實，神仙也不是完全沒有情義的，如果沒情，玉帝怎麼會有西王母娘娘和那麼多女兒呢？如果沒義，玉帝就不會為天下伸張正義了。有情有義的玉帝見到丁香這個村姑便一見鍾情，他覺得丁香比天上稚嫩纖細、飄飄欲搖的仙女強上百倍，他喜歡上了丁香。

丁香也覺得這個男人也不討人煩。肅慎的男人女人生來好客，出於禮貌，她向玉帝施了禮，說道：

「貴人從遠方來，小女失禮。這裡有山泉水，村民都喝這水，但此水很涼。貴人如不喝涼水，只好隨小女回村了。」

玉帝趕緊說：「謝姑娘不棄路人，願跟姑娘回村解渴。」

玉帝隨著丁香進了村。村人一聽說來了個貴人，都紛紛來到丁香家，玉帝藉機詢問了許多人間的事。瞭解到人間為奪權爭利，戰亂太多，百姓受盡了戰爭之苦；旱澇不均，民不聊生；貧富不均，富人吞盡廣大窮人的血汗……玉帝都一一記在心裡。玉帝本想留下來多住些日子，為了丁香。但他不敢，因為西王母娘娘對他下了死令，不許他在人間過夜，說人間的鬼怪會消滅玉帝的神威。

他向鄉親們告別了。出於禮節，丁香領來了外人，還必須送走外人。玉帝和丁香分手時，他從袖口中拿出一枝四葉的柳條，遞到丁香面前說道：

「這四片葉子，一片代表房子，一片代表田地，一片代表金銀財寶，另一片是代表我對你愛慕之心，我想娶你。這四樣，我都會滿足你，你收下吧。」

「不不不，使不得，我……」丁香慌忙推辭。

「丁香姑娘，你先收著，我會派人來，你好好考慮考慮，四九三十六天後，你要不答應我，我就……」玉帝說著，硬把柳葉塞進丁香手中，然後打馬飛奔而去。

丁香追了幾步，急得直跺腳，她心裡很不是滋味。她只好把柳枝插在了村東那株大柳樹上，自己默默地回村去了，又去張家照顧張老太。

第九天時，突然來了個騎飛馬的人，他對丁香說：

「我是張堅老爺的信使。老爺問姑娘想好沒有？我把給你的房子帶來了。」

丁香說：「張堅老爺能給天下所有窮人都蓋一所房子嗎？回去告訴他吧，我不要房子。」說完，她從插在大柳樹上的那枝四片葉柳條上撕下一片葉，遞給了信使。

又過了九天，那個特使又來了，對丁香說：

「老爺問你想好沒有？我把萬畝土地帶來了，請姑娘收下。」

「我不能收，他能把土地分給天下所有窮人嗎？讓窮人也有飯吃、有衣穿。」丁香說完，又撕下一片葉子給了信使。

九天又過去了，信使來說：「姑娘，你不要房，不要地，這些金銀財寶總該收下吧，張堅老爺讓我送來……」

「別再說了，他要真有那麼多財富，就讓他平分給天下貧民吧，讓貧民也過上好日子。」丁香說完，又把第三片柳葉給了信使。

四九三十六天就要到了，丁香著急了，張家哥兒倆還沒回來，不知道那個張堅說的四九三十六天後，不答應他，他會怎麼辦？但她認定，只能是凶多吉少，自己的安危沒什麼，只怕牽連全村人。因為從張堅本人和信使身上能看出，張堅絕不是一般人，也許是一個國的國王，如果是，就會因此發起戰爭，老百姓就不會安寧。丁香在忐忑不安中又度過了九天。

信使說：「你到底答應不答應？」

丁香說：「我不能答應啊，在張老爺來之前，我已經接受了別人的愛，現

在，我的心上人正在長白山中，請你轉告張老爺，我會永遠記住他的，相信他是個好人，你把最後這片柳葉還給他吧。」

信使說：「你知道張堅是誰嗎？」

丁香說：「不管他是誰，即使他是玉皇大帝，我也不答應，做人要講誠信，我已經接過了別人的柳枝。」

信使說：「向你求婚的就是玉皇大帝，他來民間私訪，看中了你，想封你做下宮娘娘，可你不識抬舉，你知道後果嗎？」

丁香說：「他真是玉帝？那就更好了，玉帝以慈悲為懷，更應該體諒人。這樣吧，我不管後果是什麼，反正下宮娘娘我不當，你給玉帝捎去八個字吧，就說我給他的。」

信使說：「哪八個字？」

丁香說：「利樂眾生，行天之道。」

玉帝的信使走了，丁香蹲到地上哭起來，她不知道自己為什麼哭？莫名其妙的。反正她倚著那株大柳樹，痛痛快快地哭了一場。

「丁香──丁香。」

丁香突然聽到有人喊她，她激靈一下站起來，見一個衣衫襤褸的男人已經站在了她的面前。

「啊，是張二？張二，你們可回來了。張二，怎麼就你自己？張大呢？」

「丁香，這回咱發財了，我找到了許多寶物，今後咱可以吃香的喝辣的了。丁香，走，快回村，讓你開開眼。」

「張二，我問，你哥哥呢？」

「別提他了，咱快回村，我給你看金銀財寶。」

「不，你快告訴我，他在哪兒？要不，我就不跟你回村！」

「好好好，我告訴你行吧。他他掉山澗裡了死……了！」

「啊！掉山澗了？張大哥，嗚……」

張二把丁香騙了，張大不是自己掉山澗裡的，而是被張二推進了江裡。

十天前，張大早早從鹿鳴峰上下來，他找到了像木耳似的名叫念珠的寶藥，就在山口處等弟弟張二。等啊等啊，終於見弟弟回來了。張大一見張二，十分高興，給張二又拿山果又舀水。他告訴弟弟，他把寶藥找到了，回去給媽媽服了，媽媽眼睛就會好了。張二像是沒聽見似的，眼珠直轉。

哥兒倆往回走，路過於一條大江，江很寬，來時他們渡江的木筏子還在江邊。張大第一個跳了上去。張二知道這條江通海，江很深，他奸詐地一笑，也跳了上去。木筏子到江中心的時候，張二一下子撲上去，把哥哥推進了水中……

丁香信以為真，她沒有懷疑張二說的話，雖然張大死了，但她還是想念張大。她不想跟張二結婚，她想到了玉帝張堅。她問張二，你拿回了寶石，要派什麼用場？張二說，先蓋房子，再買地，再買一些牛馬，和丁香舒舒服服地過日子，給老母親治好病的事他隻字不提。丁香說，如果你要把一部分財寶分給窮鄉親，再給老母親治好病。她就履行諾言，嫁給他。張二左尋思右尋思，尋思了半天，終於答應了。丁香一看，沒辦法了，張二找回來的寶物既然能分給鄉親，就嫁給他吧，不然，玉皇張堅也要來糾纏，於是她嫁給了張二。

沒想到，張二一把丁香娶到家，就變了卦。他先大興土木，蓋起了像宮殿一樣的房子，然後，又購置土地，用種種卑鄙的手段把窮人手中的土地用低價買過來，還僱用了不少丫鬟、長工，他成了村中獨一無二的大財主。更可恨的是，他不但不給老媽媽治病，連自己親媽家的門都不登，別說接媽媽來享福。他還不許丁香去媽媽家。丁香一看張二這個樣子，知道自己上當了，天天哭得死去活來。女人嘛，嫁雞隨雞，嫁狗隨狗，她這個剛強的女子，也不得不叫苦連天。

那天，丁香偷偷地拿了許多好吃的，去看望張老太，張老太拉著丁香的手說：「孩子，我大兒子沒有死，他要回來接我了。」

丁香以為老太太想大兒子想瘋了，也沒在意，只是偷偷地抹眼淚。丁香萬萬沒有料到，沒過幾天，她又偷偷地來看張老太，張老太那兒是人走屋空，去

問鄰居嬸嬸，嬸嬸也不知去了哪裡，只說今早聽到一陣陣狗叫。

張大真把母親接走了。他沒有死，他被親弟弟推進河裡後，一條紅鯉魚馱住了他，紅鯉魚馱著他，游進了一座宮殿。張大萬分驚奇，正在愣神的時候，一個甕聲甕氣的聲音傳進耳中：

「前幾天，我的小女兒紅龍女出海到松花江裡去遊玩兒，被你親弟弟捉住了，多虧你搭救，她才活命了。今天，我算出你親弟弟要加害於你，我叫小女去救你，把你接到東海龍宮來。張大呀，你就在這多玩幾天，吃足玩夠再回去，我龍宮中有的是寶物，任你選吧，你要什麼，儘管說。」

「東海龍王在上，小民不想在這兒我多待一刻，也不要任何寶物，只想讓龍王快些送我回去，好用我找到的念珠寶藥治好我媽媽的眼睛。」

「那好吧，我再給你一樣寶物，這是神農放在我這裡的一本天書，叫《神農本草》，你拿去吧，這本書會對人間有用的。」

張大拿著東海龍王敖廣給的寶書，紅龍女又把他送了回來。紅龍女告訴他，他弟弟已經成了財主，也娶了丁香，讓他偷偷地把老母親接出來，到一個叫胡吐力（滿語：福）的地方去過日子。就這樣，張大回到家，把老母親偷偷地背走了，來到了長白山西坡那個叫福的村子裡。

不說張大怎麼治好了媽媽的眼睛，又怎麼用那本天書教給村民認識不少草藥，成了一名十里八坡有名的神醫。單說這張二，他用僅有的一點兒寶石就置下了萬貫家產，過上了安逸的生活。這時，他越來越看不慣丁香了。有一天，他遇到了一個叫海棠花的女人，就把這個女人領回了家。正趕上丁香拿著瓢給一個要飯的舀米呢。張二一見，大發雷霆，立即讓家奴把結髮妻子趕出了家門，海棠花代替了丁香。

天下合該有奇巧的事兒，丁香走投無路了，沒臉回家，因為鄉親們把她和張二一樣看待，誰也不理解她的苦衷。她想跳河了此一生，剛想往河裡跳，就覺得有什麼東西拉她的褲腿角，一回頭，見是兩隻可愛的梅花鹿。正愣著呢，一隻大母鹿飛跑過來，一下子就趴在了她的腳下。她看出來了，母鹿和小鹿都

示意她，讓她騎上去。她猶豫一下，就下意識地爬到鹿背上。誰知，母鹿馱著她飛也似的奔跑起來，她只覺得耳邊風聲陣陣，嚇得她閉上了眼睛。

夜裡，秋風把落葉颳得到處都是，張大做個怪夢，夢見丁香被埋在秋葉裡。他剛想去救她，就被母親的喊聲驚醒了。

「兒啊，快去，丁香姑娘來了，快接她進屋。」

「媽，你睡迷糊了，丁香是二弟的媳婦，怎麼會到這兒來？」

「兒呀，媽聽到了她的聲音。快，兒呀，去開門，她真來了。」

張大一想到剛才的夢，又見媽這麼說，趕緊下地去開門。秋月下真的站著丁香。可把張大驚住了。丁香也「啊」地大叫一聲，然後就摀住了臉，號啕大哭起來。

「丁香，真的是你？快進屋，不怪媽媽說，你真來了，你怎麼來的？」張大一連串地問。

「張大哥，我對不起你呀，嗚……」丁香轉過身哭著說。

「呦呦……」兩隻小鹿跑到張大的身旁，一邊一個，蹭他的兩腿。

「哎呀，是你們把她領過來的呀？快，都進來，都進來。」張大抱起兩隻小鹿，親個不夠，母鹿走進了院子裡。

「丁香——丁香！快進來，快進呀！媽想死你了。」張老太也不知啥時站在了屋門口。

「媽媽——嗚……」丁香撲進張老太的懷裡，哭昏過去了。

玉帝聽信使說，丁香完全拒絕了他，十分生氣，決心要報復丁香：他派信使打聽丁香是否還在村裡，信使回報，說丁香嫁給了一個有錢的人。玉帝一聽，龍顏大怒，馬上調來雷神和火神，去丁香家放天火。「咔嚓」一聲雷響，「刺啦」一道閃電，張二家的房子被擊著了，大火漫天，家人四處逃竄。張二抱著頭往外跑，好不容易保住條命，但眼看著自家的財產全被燒光了。海棠花一看，張二變成了窮光蛋，就逃得無影無蹤了。說來也怪，著大火的第二天，張二給官府老爺的金銀財寶都變成了黑色的、黃色的、白色的、藍色的和

綠色的石頭，一錢不值了。官府的老爺都找上門來，把石頭全砸到了張二的身上。最後，張二把盤剝來的土地給了官府老爺，他才算撿條命。

玉帝一聽說大火沒有燒死丁香，就想，這真是個命大的女人。

突然，他想起丁香送給他的「利樂眾生，行天之道」八個字，他更覺得她絕非一般女人。所以，心裡更惦念她了。

再說張大和母親聽了丁香敘述了自己的遭遇後，就理解她了，母親做主，讓丁香和張大圓了房。丁香原本就是個聰明伶俐的女人，張大學透了《神農本草》，他每天不是給鄉親們看病，就是走進長白山裡去識別草藥。他照著書上畫的草藥樣子，一樣一樣地嘗著滋味，體味著藥力的作用，然後，他就說給丁香。丁香一字一句地記下來，不長時間，就整理出一本一本的藥書來。那隻母鹿領著兩隻小鹿也在張大家落了戶。鹿又生鹿，不幾年，竟成了群。張大用鹿茸治病就不用再上山打鹿了。就這樣，張大和丁香，孝順著老母親，過上了豐衣足食的日子。母親九十多歲的時候，才離開了人世。

單說天上一日，地上十年，玉帝心裡放不下丁香，這天，玉帝打聽到了丁香住在長白山西坡的福村，決定下界再去會一會這個不平凡的人間女子。

天下無巧不成書，玉帝打扮成一個書生的模樣，找到了張大和丁香的家，院門開著，院裡傳出了一男一女的對話聲。

「你叫我奶奶，我就給你一碗爛菜幫子熬疙瘩湯吃。」丁香的聲音。

「我叫我叫，丁香奶奶，行行好，給我點吃的吧。」那個男人可憐巴巴地乞討著。

這個男的不是別人，正是狠心的張二。張二家財產被燒光了，就到處討飯，像有鬼牽著一樣，今天討到了張大的家。哥哥張大沒在家，家裡就丁香一個人。丁香一見是他，氣就不打一處來，她想羞辱他，就逼他叫「奶奶」。張二叫了，吃了爛菜湯，肚子飽了，才記起什麼叫羞恥。他一見丁香，又見這是自己親手推進河裡的親哥哥的家，他無地自容。這時，玉帝邁著方步走進來，張二一見來了外人，更怕丁香揭自己的醜，就一頭鑽進滾熱的灶膛裡，不一會

兒就憋死了。玉帝和丁香慌了手腳，急忙去救張二，張二已經化作一股煙，順著炕洞爬出煙筒，飛天上去了。

玉帝望著那煙，說道：「張二自焚，罪有應得，本該下地獄，念在和我張堅同姓的分上，也看在丁香姑娘俠膽忠義，張大樸實善良的分上，我就封張二為灶王官吧，讓人們把他的畫像帖在灶台上，每天都煙熏火燎，讓他天天自省，也教育天下人，不可見利忘義胡作非為。」

張二進灶膛這天是臘月廿三，正是小年，玉帝就把這天定為灶王節。讓他在這天到天上去，向玉帝匯報這一年人間的禍福，張二從此成了玉帝在人間的耳目：

「是你呀，玉帝，沒想到，我們又見面了，上次休怪小女無禮，請受小女一拜。」

「請起，丁香姑娘送我的八個字，讓我明白了為天下君王的道理，此次來，只想拜謝丁香姑娘，請受我張堅一拜。」

「不敢當，快收禮，擔當不起呀。玉帝呀，張二雖然歹毒，但不管怎麼說，他也是我郎君張大的親兄弟，我本想羞辱羞辱他就算了，沒想到他……小女跪下了，請玉帝賜罪。」

「請起，免罪。丁香姑娘，今後有什麼要求就向張二灶王說吧，我會滿足你的一切要求。」

「謝玉帝。」

張大給人看病回家來，丁香哭著把家中發生的事說了。張大沒有埋怨丁香，他默默地做了個木牌，寫上『灶王張二』，供在了北牆上，算是對親兄弟的諒解和懷念了。

張二這位灶王爺，雖然是玉帝親口所封，人們知道他的德行，都很看不起他，又怕他在玉皇面前搬弄是非，所以，每年臘月廿三都得把他送上天，三十傍晚再請回來。有的人知道他是怎麼死的，就在送他上天之前，供上一碗爛麵湯來羞辱他，還唱兒歌：「灶王爺，本姓張，一年一碗爛麵湯。」

有一天，張大連滾帶爬地進了家，他全身浮腫，眼睛腫得都無法看東西了，他一頭紮在炕上，對丁香說：

「我嘗藥中毒了，必須熬長白山百花液才能解毒。」

丁香嚇壞了，見丈夫昏死過去，抱著張大搖晃著哭叫。鄰居們聽說需要百花液，就都奔上了長白山。可是，前面神仙都說了，長白山哪有什麼花呀。大夥兒四處尋找，也沒采到幾朵，別說湊夠一百朵了。沒有辦法，還是熬了這幾朵花湯，給張大喝了，雖然醒不過來，但能夠維持生命。

丁香每天愁眉苦臉，不知道怎樣才能救丈夫，所有解毒的藥都用過了。這天，她一眼看到了張二的灶王牌，一算時間，明天就是臘月廿三，是張二灶王爺升天的日子。平時，丁香連那牌瞅都不瞅一眼，今天，為了丈夫，她跪在了牌位面前，求道：

「張二灶王，看在咱們夫妻一場的分上，救救你親哥哥吧。請你代我傳個話，就說我丁香向玉帝要一塊百花園，把百花園放到長白山上。張二灶王，我給你燒香了。」

玉帝也兌現了諾言，悄悄地把西王母娘娘的後花園割下一塊交給了張二，讓張二速帶回人間去，放在長白山西坡上。

第二年春夏交界時節，長白山有了百花，丁香領著眾鄉親，上了山，一看，真是百花競放，一大片高山花園鋪在了高山苔原上。丁香和鄉親們採集了一百種花，熬成了百花液，給張大服上了，張大馬上解了毒。張大醒了，丁香卻倒在了張二灶王的牌位旁。

後來有人傳說，丁香成了長白山百花仙子，她的芳香瀰漫了整個東北大地。

關門砬子的傳說

　　關門砬子是橫跨鴨綠江的一座大石砬子，遠看，像一扇緊關著的大石門；近看，關門砬子並不關門，它中間有個齊刷刷的豁口，綠緞子似的鴨綠江水從豁口飄然而下！

　　在早年，關門砬子確實是關著門的。那時候，鴨綠江從長白山天池流下來，經過九口十八哨，撞到關門砬子上過不去了，最後拐過頭來向北流去。在這座關門砬子的背後有個村子，這村子上不挨江，下不靠河，村裡百十戶人家平時種地做飯只靠幾眼井，過著「滴水貴如油」的日子。

　　這一年，正趕上多年不遇的大旱，日曬如火，樹乾地裂，那幾眼井早就見了底。別說種地，連老百姓喝水都得爬三十六節天梯，翻過百十丈高的關門砬子，到砬子後的鴨綠江裡取水，不少人為取水摔倒在砬子下喪了身。

　　村裡有個叫黑牛的小夥兒，他從小沒爹沒娘，是靠左鄰右舍把他拉扯成人的。黑牛心地善良，他不忍心讓鄉親們受苦，就自告奮勇要上關門砬子鑿石打洞，把鴨綠江水從關門砬子那邊引到村裡來，救鄉親們度過旱年。鄉親們聽說後，都很高興，大夥兒把捨不得吃的乾糧湊在一個背簍裡，把捨不得喝的水倒在一隻葫蘆裡，給黑牛帶上，送他上了關門砬子。

　　黑牛往關門砬子上沒黑沒白地鑿呀，打呀，手磨起了血泡，臉曬脫了層皮，黑牛還是不歇手。一簍子糧吃光了，葫蘆裡的水也只剩下一口啦，可黑牛還是不下山。他一心打通關門砬子，把鴨綠江水引到村子裡。

　　這天晌午頭，黑牛又飢又渴，終於昏倒了。

　　太陽下山時，黑牛醒了，他聽見耳邊有個聲音在喊他，睜眼一看，原來是一條扁擔粗細的白長蟲。黑牛感到奇怪，就問：「白長蟲，你從哪兒來？」

　　白長蟲說，「我是黃海老龍王的三公主，九年前順鴨綠江出來遊玩，游到這個地方遇見了山怪，它要搶我做它的妻子，我不肯，就被山怪壓在關門砬子

下，罰一千年期，沒想到你鑿洞引水，正好打到了我的身邊，把我救了出來！」

黑牛說：「那你就快回家去吧！」

白長蟲眼淚汪汪地說：「我身上還鎖著條鏈子哩，走不了哇！」

黑牛一看，果然不假，白長蟲身上拴著一條銀閃閃的鎖鏈子，一直通到一根鐵柱子上。黑牛掙紮著站起來，掄起大錘，使足力氣，照鎖鏈子猛砸下去，只見銀光四射，鎖鏈子被砸開了。

白長蟲還是不走，它說，「我已經九百年沒喝一口水了，沒有水我一步也走不動呀！」

黑牛舔了舔乾裂的嘴唇，抓起自己的水葫蘆遞給白長蟲，白長蟲接過葫蘆，把剩下的那口水都喝了下去。說來也怪，白長蟲喝了水以後，迎風而長，一眨眼工夫就長成一條銀翅銀鱗的白龍，它在黑牛面前搖頭擺尾，還是不肯離去。

黑牛又問：「白龍，你咋還不走？」

白龍說：「你救了我的命，是我的救命恩人，我要好好報答你，我給你一條龍鬚，得到它，你可以百病不生，長生不老。」

黑牛一聽，連忙搖了搖頭。

白龍又說：「我給你一片龍鱗，得到它，你就可以得到數不盡的金銀財寶、珍珠瑪瑙。」

黑牛還是搖搖頭。

白龍又說：「我嘴裡有顆龍珠，我把它給你，你就能娶到世界上最漂亮的姑娘做妻子。」

黑牛的頭搖得更厲害了。

白龍奇怪地問：「那你要啥？」

黑牛答道：「要是你真肯幫忙，我只求你把關門碴子打開，引過鴨綠江水，救救村裡的鄉親們。」

白龍被黑牛的善心感動了，點點頭，擺擺尾，表示願意幫他打開關門砬子。

當天晚上，一更裡江面上起了大霧，黑乎乎的，對面看不見人；二更裡江水猛漲，幾里地外都能聽見水聲；三更剛過，就下起瓢潑大雨來，霹靂閃電中，一條銀翅銀鱗的白龍從天而降，伸出利爪，向關門砬子抓去，只聽「咔啦啦」一陣巨響，關門砬子被抓開了個豁口。白龍一躬身，馱起黑牛，騰雲駕霧地飛走了。

第二天，雨住天晴，雲消霧散，綠緞子似的江水從豁口直瀉下來，澆灌著乾裂的土地，救活了枯苗，使村裡的鄉親們又過上了太平日子。從那以後，為了不忘捨命引水的黑牛，鄉親們仍然把這個砬子叫關門砬子，一代傳一代，直到現在。

付文德（講述）

呂明輝（蒐集整理）

甕聲砬子的傳說

安圖縣城裡有一個石砬子，立在道旁邊，這就是有名的甕聲砬子。

早些年，這兒是一片藍色的汪洋大海。只在一條山溝裡，住著三十幾戶人家。每當月亮升起來的時候，溝裡就照得明晃晃、亮堂堂，因此人們就給這條溝起了個名字叫「明月溝」。

這裡土地肥沃，人又勤快，可是莊稼卻十年九不收。因為在那片汪洋大水裡，住著個蛇精。它是一個又凶狠又歹毒的傢伙，三天兩頭興風作浪，發水淹溝，害得明月溝的人們一年年缺吃少穿。

在明月溝的南頭，住著個名叫韓砬子的小夥子，長的膀大腰圓，渾身是勁。他三歲時，爹爹上山挖棒槌沒回來，媽媽上山去找，又在半道上被水蛇精給搶去了，於是砬子就成了孤兒，俗話說得好：「窮人遠近一條心。」砬子全靠鄉親們的扶養，才長大成人。他看到水蛇精年年禍害人，又聽說媽媽就是被這個妖怪給害死的，便決心為媽媽報仇，為鄉親們除害。

卻說這年秋天，莊稼長得很好，谷穗奪拉到地，高粱紅似火。人們眉開眼笑地打繩磨鐮，準備收割。一天晚上，韓砬子在大月亮地裡磨鐮刀，忽聽那片大海震天動地響起來。他心裡猛然一動，把鐮刀一扔，操起大板刀，拎起硬弓長箭，便朝水邊跑去。大老遠就望見那水排山倒海滾滾而來，一個巨浪跟著一個巨浪，水花濺起老高。不一會兒，只見水蛇精果然搖頭擺尾地鑽出水面，它張開大口，吐著血紅的芯子，嘎嘎地怪叫著。韓砬子恨得把牙咬得咯咯直響，拉弓搭箭，用力射去。水蛇精一聲狂叫，一個觔斗栽進浪中；可是它挺身一躍，大水又逼上來。韓砬子邊戰邊退，終於敗了下來，於是眼看快到手的莊稼，有不少讓大水給淹了。回到溝裡，他和鄉親們一講，有一個小夥子一跺腳說：「走，咱們和它拼了！」老年人卻說：「人多才好辦事，不能憑單槍匹馬闖啊。那精靈不容易對付，先找幾個人頂它一陣，好搶著把沒淹的那些莊稼收

回來。」

第二天晚上，韓砬子帶領十個武藝高、水性好的小夥子，早早就來到水邊等著。原來這水蛇精白天不敢露面，只有晚上才肯出來。為了報那一箭之仇，水蛇精果然又掀起巨浪，率領蝦兵蟹將驅水而來。隱在暗處的小夥子們立刻亂箭齊發，把水蛇精打得大敗而逃。水蛇精心中又恨又怕，自言自語道：「憑我活了八百多年，難道就栽到他們手裡？管他黑夜白天，明天早晨給他來個冷不防。」第二天，天剛一放亮，溝裡的小夥子們跟水蛇精戰了一夜，都乏了，此時睡得正香。水蛇精趁機發起大水，又淹了不少莊稼。

大夥醒來一看，個個氣得頓足捶胸，發誓要和這個妖精拚個死活。韓砬子說：「光著急不行，得想個辦法才是。大夥辛苦了一年，全指望這地裡莊稼，無論如何，也不能讓水蛇精給糟蹋。我看這麼辦，大夥都搶收莊稼，我一個人也沒啥掛心的，就給大夥打更。要有風吹草動，我再喊你們。」大夥一聽，便都忙著割莊稼去了。

韓砬子到水邊轉來轉去，挑了一個可以眼觀六路、耳聽八方的山腳，坐在那裡觀察水面。一天過去了，兩天過去了，倒也平安無事。這天太陽剛剛落山，火燒雲把水面染得通紅。忽然，水面微微泛起層層水紋。原來水蛇精以為，這幾天沒啥動靜，人們準會麻痺大意，現趁吃晚飯的工夫，再撈一把。韓砬子一見連忙跑下山來報信，大夥立刻奔向水邊，截住水蛇精。幾個棒小夥子和那妖怪廝殺起來，只攪得水濁浪混。韓砬子抽個冷子，拎起大刀，向水蛇精的芯子砍去。那妖怪疼得尖叫一聲，轉身就跑。韓砬子一把捏住它的脖子，把它拖上岸來。俗話說得好：「好蛇架不住三甩。」韓砬子猛力一掄，可是這水蛇精生得又粗又大，哪裡掄得動？砍斷了，一轉眼它又接上了。在岸上，它左滾右翻，東轉西拐，只鬧得沙飛石走，最後，還是溜掉了。

大夥一看都很發愁。韓砬子說：「愁啥？我死也要盯住它！」他讓大夥趕緊回去吃飯、幹活；自己照樣坐在那個山角傍，看著水面。他已經有幾天幾夜沒闔眼了，不由打起盹來。忽然，一個白鬍子老頭走過來對他說：「甕中裝妖

蛇，填水架烈火。對外若開口，化成大石頭。」連說三遍，用手一推韓碴子道：「看，漲水了！」韓碴子嚇得忙睜眼細看，人影俱無，方知是夢。只見雪白的月亮，把大水照得一片光亮。不久，水波又微微蕩漾起來。韓碴子忙下山喊人，並告訴大夥抬著土甕，扛著柴火，呼呼啦啦地來到水邊。

水蛇精鑽出水面，一看土甕臉色大變，連忙收水回巢。人們見這都很奇怪，就向韓碴子探問根由。這時韓碴子心裡犯難了：怎麼辦呢，是告訴還是不告訴？想起白鬍子老頭的囑咐，他不由地打了個寒噤；可是轉念一想，要消滅水蛇精，光靠自己不行，只有大夥都知道了根底，勁頭才能擰到一塊去呀。想到這裡，他便把白鬍子老頭說的頭兩句學了幾遍，人們一聽歡喜異常。韓碴子又翻身奔向山岡。月亮落下去了，天放亮了。韓碴子站在山角上，望著茂盛的莊稼、忙碌的人群，心裡充滿幸福。不知為什麼，他覺得渾身一陣難受，手腳也陣陣麻木，便在石頭上坐下來。這時，大水又突然猛漲起來。韓碴子多麼想跑下山給大夥送信呀！可是他怎麼也動彈不了啦，眼看著水蛇精搖頭擺尾地鑽出水面。他一急，便高喊：「甕甕！」水蛇精一聽，嚇了一跳，當它看到沒什麼動靜，便擁著水浪率領著水族向岸上湧來。

正在割地的人們聽到韓碴子的喊聲，拿著刀槍，帶著甕、柴就往水邊跑去。半路上，劉大爺囑咐眾人把土甕遮掩住，免得讓妖怪看見逃脫。韓碴子看到人們沒拿甕來，便又高聲大喊：「甕甕！」還沒等住口，他已完全變成石頭了。

水蛇精左看右看，不見土甕，心中大喜，怪笑一聲，就直躥岸上，向眾人凶惡地撲來。劉大爺一揮手，人們把水蛇精團團圍住，刀槍棒棍，一齊打來。水蛇精如何招架得住，尋個空隙就往外闖，哪知道人們正敞著甕口等它呢，水蛇精一頭鑽進甕裡，急得忙想方設法往外掙。人們便加水的加水，封口的封口，架柴的架柴，點火的點火，一口氣便把妖怪煮死了。已經變成石頭的韓碴子，坐在山角上，不由咧開嘴，發出「甕甕」的笑聲。

從此，明月溝的人們過起安寧幸福的日子。勤勞善良的人們，常常想著韓

碴子，他也總是和鄉親們「甕甕」地又是說又是笑。為了紀念他，人們就把山角上這塊石，叫「甕聲碴子」。

花砬子的傳說

　　長白山腳下，緊靠二道松花江上游，有一個大砬子。這砬子又高、又陡、又圓。一年四季百花盛開，啥時候都能採來一把鮮花，興許還能找著人參，挖著天麻呢。所以，大夥都管它叫花砬子。

　　相傳，原先花砬子上並沒有花草，只是長了一片老松樹。砬子坡上是密密麻麻的灌木叢，砬子南邊是塊平地，長滿蒿草。不知哪一年，闖關東奔長白山的十幾個山東老鄉會合在一塊，看這砬子依山傍水，松樹翠綠，草木旺盛，是個好地方，便在平地搭起了窩棚。一來二去，這裡煙火日增，成了個砬子屯。捕魚打圍的、放山採藥的、開荒種地的，幾十戶人家各得其所，人丁興旺，五穀豐登，好不熱鬧。

　　可誰知道，二道松花江水越來越渾，變得又苦又澀，魚沒了，連江邊的水草都爛死了，砬子上的松樹灌木一天天蔫巴了，鳥獸再無蹤影，地裡的莊稼呢，一年不如一年。再看看人吧，大人的各個關節往外鼓、往外脹，成個大骨頭疙瘩，彎曲活動可費了牛勁；小孩呢，彎腿小手短胳膊，光長腦袋不長個兒。屯子裡呢，時常來股黑風，遮天蓋地，腥氣撲鼻。等風過後，不是這家少了雞狗，就是那家缺了豬羊，有時人也被捲走了。老人說，這砬子屯風水變了，都得了大骨節病，又出了妖怪，趕緊挪地方吧，就這樣不出一年，砬子屯就剩李老大家了。

　　這李老大不到五十歲，膀寬腰圓，是個捕魚打圍的好手。老伴去年讓黑風颳跑了，只剩個姑娘叫丫蛋。丫蛋長得眉清目秀，五官端正，可十六歲了，還只有水缸高，腦袋差不多有斗大。

　　這天一大早，李老大嘆著氣說：「丫蛋，鄉親都走了，就咱一家兩人也夠嗆，收拾收拾也走吧。」丫蛋「嗯」了一聲，忙拾掇東西。李老大帶上腰刀，說：「翻過這砬子，直奔長白山裡吧，眼下快入秋了，餓不死人。」要是過

去，李老大腿一晃，背起丫蛋，兩袋煙工夫就爬上砬子，可現在不行了，身子一動，大骨節三響，腰痠腿疼。丫蛋一步邁不了一尺。唉，爺倆起早貪黑才走二十里，總算爬上砬子，順著溝趟子找個地窖子住下了。

等天剛麻亮，李老大受了風，半身不遂。丫蛋不知如何是好，嚇得直哭。李老大咬著牙想翻身坐起，不中啊，他出口長氣說：「別咋呼，別怕。爹還認識幾種藥，爬也能找著，興許就治好了。丫蛋先給爹弄點水喝吧。」丫蛋流著眼淚拿著瓶子去找水，哪兒有水呀？她在榛柴棵子、柞樹林裡亂穿，衣服褲子刮個破破爛爛。一不小心，她被野葡萄藤子絆了一跤，「哎喲」一聲摔倒了，雙手卻緊抱住瓶子。冷丁，有人把她扶起來了，她左右一看驚得呆住了。咋啦？只見左邊是個穿紅襖紅褲戴紅花的姑娘，右邊是個穿青襖青褲戴黃花的姑娘，兩個姑娘可俊啦。戴紅花的忙問：「小妹妹，摔壞沒有？」戴黃花的忙說：「上這兒來幹啥？」丫蛋定了定神，便把砬子屯和她爹有病的事講了一遍。戴紅花、戴黃花的都哭了。戴黃花的說：「都是那個錢串子造的孽！」戴紅花的揉揉眼睛說：「唉，別提了，快給弄點藥吧。」兩個姑娘一轉身不見了，不一會兒又來了。戴紅花的手裡拎包捆得好好的東西，說：「拿回去熬熬，能治癱巴，還治大骨節病。」戴黃花的手一指說：「小妹妹，這兒有個井泉子。」說完，兩個姑娘轉身就走，丫蛋才想起來，忙喊：「兩位姐姐，姓啥呀？」戴紅花的說：「我姓申，她姓田。」說話工夫，在砬子頂上不見了。丫蛋打一瓶子水，拿著那捆東西，急急忙忙地奔回地窖子。這一來一去都快晌午了，急得李老大爬出地窖子，支著腦袋，正等著呢。一見丫蛋手沒空，李老大笑了。丫蛋忙把瓶子遞過來，李老大只喝了一口，就覺得涼甜解渴，渾身痛快。丫蛋蹲在旁邊，邊打開包，邊講剛才的經過。等打開包一看，呵，人參、天麻，還有其他藥材。李老大一看這正是治病的好藥啊，忙說：「丫蛋，這是人參、天麻姑娘顯靈，快磕頭。」爺倆磕完頭，丫蛋好歹把李老大弄進地窖子，忙找家什熬藥。說也怪，旮旯就有一隻泥罐。

丫蛋把藥熬好，給爹爹端上，李老大只喝了三小口，就覺得肚熱發飽，便

說：「不說還治大骨節嗎，你也喝點吧。」丫蛋哪肯，連說：「留給爹治病啊。」李老大再三催促，丫蛋也喝了三小口。這工夫天已經黑了，爺倆覺得又累又困，不知不覺睡著了。一覺醒來，天光大亮。李老大翻身坐起，覺得渾身是勁，手腳利落，大骨節全沒了，忙站起來一看，嘿，丫蛋變成了身材苗條的大姑娘了，那破衣破褲子小的都沒法穿了。李老大忙說：「丫蛋，快，再謝謝兩位姑娘。」李老大邊磕頭邊叨咕道：「按山裡的規矩，兩位姑娘如果有事，只管講，俺爺倆一定想法辦。」話音剛落，兩個姑娘便來到眼前。

原來，這碴子上祖居人參、天麻，看著這裡人煙興旺，兩個姑娘很高興。近幾年，這裡突然竄出一條土球子(一種毒蛇)，它靠吸吮長白靈芝、不老草汁液、吞噬鹿茸漸漸成了妖。喝過的二道松花江水，它爬過的山嶺溝汊，都有毒氣。水土有毒，人就得大骨節病。這傢伙不但興風作怪，禍害生靈，還天天纏住人參、天麻姑娘。再過七天它就吸乾了人參、天麻姑娘的汁液。如果兩個姑娘完了，長白山也就絕了人參、天麻，土球子就成了不死的妖怪了。

李老大聽了，忙說：「俺一定救兩位姑娘，保住長白山的寶物。怎麼也要為大夥除害。」兩個姑娘齊聲道：「老人家和小妹記住，米三斗、水七缸，豬羊肚裡裝，在這兒喊叫三聲，來找我們兩姑娘。」爺倆連連點頭。兩姑娘看丫蛋穿的又破又短小，便把頭上的花摘下幾瓣，往丫蛋衣褲上貼。說也怪，那花瓣竟連成一片，成了正合身的花衣花褲，五光十色，好看極了。

這時只見碴子北邊一片烏雲奔來，兩姑娘忙說：「不好，快走。」說著把李老大爺倆推到個樹窟窿裡，一閃不見了。那烏雲帶著腥風，倏地就停在地窖子上邊。只見一條一尺來長的土球子衝來，一躬身就長到幾丈長，把身往一棵大樹上一盤，腦袋對著地窖子一晃，血紅的芯子往地窖子裡一探，又一躍身，直奔碴子頂而去。李老大握著腰刀，還沒來得及想什麼，土球子早已不見了。丫蛋嚇得直哆嗦，緊偎在李老大身邊。爺倆細聽一陣子，好像聽著兩個姑娘在哭泣。

好半天，烏雲飛走，日暖天晴。爺倆鑽出樹窟窿，望望碴子頂，想著兩個

姑娘的話，不敢在此久留，便慌慌忙忙地趕路。這回爺倆走得可灑脫，翻山越嶺，傍黑就來到了三道屯。

這三道屯，看樣有三十多家。爺倆進屯一打聽，唉，跟碰子屯光景一樣，現只剩七家，也正準備投奔他處呢。爺倆覺得肚子「咕咕」響，真餓了。李老大便對一白鬍子老頭說：「老爺子，有吃的沒有？」白鬍子老頭一看，認準是要飯逃荒的，便說：「有，有，進屋來。」不一會兒，那六家的男女老少全來了。為啥？一個要飯花子領個挺俊的花姑娘，都想看看。爺倆吃罷飯，李老大說：「大夥都得了大骨節病，俺這兒有些藥能治。」大夥一聽，都笑了，連連搖頭。可細瞧他爺倆的身板手腳，又有點半信半疑。李老大和丫蛋忙拿出藥罐熱藥，李老大說：「一人三小勺，治不好明兒個搬家，不一樣麼？」這話挺在理，大夥喝了三小勺。第二天一早，七家人都好了，大夥圍著李老大倆千恩萬謝。李老大連連擺手，把土球子作怪，人參姑娘、天麻姑娘受難的事講完，說：「米三斗，水七缸，豬羊肚裡裝，是啥意思？」大夥一時哪能猜著。

常言道：「人戀故土。」大夥病好了，誰也捨不得拋家外逃。白鬍子老頭說：「有怪大夥抗，有寶大夥保。你爺倆的事就是大夥的事，安心在這兒吧，那個謎想法破吧。」就這樣，一晃過了三天。

話是無腿的風。一個要飯花子領個花姑娘能治大骨節病，花姑娘比天仙還美的消息，轉眼就傳到了三十里外的松江屯。

這天剛黑，三道屯來了輛四馬大車，車上搭著篷布。從車上跳下兩個矮瘸子，一拐一拐地進屯打聽，說松江屯也有大骨節病，請花子和花姑娘去看看。李老大摸不清這「花子」和「花姑娘」是誰，可是一聽說是治大骨節病，便說：「這藥用了兩回了，試試吧。」從此大夥都管李老大叫花子，管丫蛋叫花姑娘。白鬍子老頭看花子和花姑娘收拾藥罐，剛要上前勸阻，花子說：「治病要緊，去去就來。」

馬車跑得飛快，進了松江屯，直奔一個土牆大院，爺倆被領進一間小屋。還沒等喘口氣，兩個矮瘸子說：「快點吧，弄藥好治病啊。」花姑娘低聲說：

「爹，這……」花子忙道：「快，好快回去。」等藥熬好了，兩矮瘸子端了就走，門「咔」鎖上了。爺倆悶在葫蘆裡，不知是啥景。

等第二天一早，兩個矮瘸子一拐一拐來了。花子忙問：「藥不好使？」一個說：「好使，好使，掌櫃的好啦。」一個說：「掌櫃的不給我們吃，快，掌櫃的有請花姑娘。」爺倆更不明白了，便跟著進了上屋，只見一個尖頭痲臉鼠眼的小老頭坐在圓椅上。兩個矮瘸子點頭哈腰道：「王掌櫃，這就是花姑娘。」那叫王掌櫃的「哼」了一聲，耗子眼一轉，倒吸一口涼氣，哎喲，這花姑娘太美啦。他忙站起來，乾笑道：「嘿嘿，多謝你們倆治好我的病。我看，花子就留這兒，我養你老；花姑娘嘛，嘿嘿，另有安排。」

這個王掌櫃，外號叫王耙子，開了一個燒鍋，一個油坊，一個粉坊，還有幾十坰好地，為人奸狠毒壞。他見藥能治病，哪捨得給窮夥計，連狗腿子也撈不著。他留著藥，準備自己和孫子、女兒用。這不，他把藥罐擺在桌子上，看著花姑娘，咽嚥唾沫，「嘿嘿」兩聲，對兩個矮瘸子使使眼色，走出了屋。兩個矮瘸子滿臉奸笑，說：「花子，福來了。王掌櫃意思是，花姑娘給掌櫃當小的，今晚就入洞房……」花子腦袋「嗡」一聲，氣得直咬牙，一股火上來，他衝著兩個矮瘸子左右開弓「啪啪」兩耳光，花姑娘抱起藥罐，喊道：「爹，快跑！」爺倆剛出屋正巧王耙子往屋裡進，王耙子一看，忙喊：「來人哪！」花子一急，一拳頭把王耙子打個跟頭，這傢伙翻身抱住花姑娘的一條腿。花姑娘又急又怕，冷不丁用另一隻腳用力猛踢。這一下子，王耙子撒開了手，鬧個鼻口躥血，他號道：「來人哪，抓花姑娘！」爺倆不敢奔前門，左彎右拐，來到後院土圍牆邊。花子翻身上了圍牆，牆外就是二道松花江了。花姑娘抱藥罐子怎麼也上不了牆。花子忙說：「快扔啦！」花姑娘說：「不能留給這個畜牲！」花子揚手將藥罐扔進江裡，江水嘩嘩泛起白沫，一會兒就水清透明了。據說，從這兒開始往下游，二道松花江水也再沒毒了，魚兒又繁殖起來，沿江兩岸的人們也沒有大骨節病了。

再說花姑娘剛上圍牆，後邊狗腿子追上來了，可都是一拐一拐的，怎麼也

追不上。王耙子蹦著高喊：「快拿傢伙打！」爺倆一聽「撲通撲通」跳進江裡。王耙子帶人趕到江邊，看花子花姑娘逆水而上，心想：「不得到花姑娘豈不枉為人一場」，忙帶人沿江追趕去抓。

花子、花姑娘游了一會兒，趕忙上岸。花子嘆氣說：「山裡有妖，人裡有怪。快去想法救人參、天麻姑娘，再去別的地方吧。」現在，花姑娘有點後怕，連連點頭說：「爹快上三道屯吧，」爺倆到了三道屯，大夥都迎上來，白胡老頭說：「那個謎猜著了。」花子、花姑娘連忙問：「是啥？」白鬍子老頭說：「米三斗，水七缸，是造酒呀。豬羊肚裡裝，是把酒裝到豬羊肚、腸子裡，對不對？」爺倆一聽連連點頭，對呀，毒蛇吃了豬羊肚什麼的，不就醉了嗎。花子點著頭自言自語道：可現造酒得多少天？不趕趟了。」花姑娘忙說：「爹，那咋辦？他們撞來……」大夥一聽挺納悶，忙問個究竟。花子把去松江屯的事一講，大夥可氣壞了。白鬍子老頭一擺手說：「我看這麼辦，快點準備去砬子的東西。王耙子若來再說。」花子忙說：「那酒、豬羊……」大夥又講起來，這個說有酒，那個說有豬有羊的。當下，殺豬宰羊的，收集陳酒的，嘿，三道屯忙活起來了。

七個小夥子，幫著花子、花姑娘抬著，挑著那些灌好酒的腸和肚，直奔砬子。到了地窖子邊，大夥把東西放下，個個都喘著氣，淌著汗。花子摸摸腰刀說：「小夥子，快回去，多虧大夥幫忙。等完事後俺一定去謝謝鄉親。」七個小夥哪裡肯走，都要在這兒守著。花子忙說：「你們在這兒，人參、天麻姑娘不能來呀。」其實，花子是怕出危險，硬是要支走小夥子。七個小夥子一聽，只好遠遠地躲在一邊。花子和花姑娘剛要喊人參、天麻姑娘，只聽「忽」地一聲風響，土球子已來到地窖子邊。它把尾巴往大樹上一卷，吐著芯子直奔腸和肚。花子一見，忙推花姑娘說：「快躲開！」花姑娘忙說：「爹，你快跑！」這爺倆你推我讓，誰也沒走。土球子腦袋一晃，噢，還有兩人哪，來吧，它把血口一張，「嗖嗖嗖」三聲，把花子爺倆加那堆東西全吞進了肚。土球子搖了搖身子覺得挺飽，趕快往大樹一盤，上下左右勒起肚皮來。

花子、花姑娘哪受得了，只覺得身骨變穌，皮肉溶化，可一時還沒糊塗。花子掏出腰刀，把那堆東西全捅開了。這下土球子猛地覺得渾身發熱，頭腦昏沉，慢慢從樹上滑下來，直溜溜地醉過去了。花姑娘強挺著說：「爹，割個口子咱們好出去。」花子一聽，對呀，他兩手握刀，拚命地在一個地方來回劃，眼看就割開土球子的皮了。這土球子一疼沒動彈，二疼沒翻身，最後那幾下子它可覺出來疼了，身子一伸屈騰空飛起。這時，花姑娘正在張開雙手，幫爹爹用腰刀劃。爺倆一用力，劃開了一個大縫子，爺倆一頭從縫子裡掉下來。爺倆剛摔到地下，人參、天麻姑娘來了。一個姑娘抱一個，飄飄悠悠地直奔砬子頂。不一會兒，砬子上開滿了五顏六色的花。

再說王耙子順著江直追到砬子邊，只見砬子上花花綠綠，花子和花姑娘正站在砬子頂上，旁邊還有兩個俏姑娘。王耙子樂得直咧嘴，耗子眼一眨，揮揮手，帶著狗腿子拚命往砬子上爬。王耙子剛要爬到砬子頂，就「啊」一聲跌倒摔死了。屍首一氣　轆到江邊水裡。幾個狗腿子一看，早嚇得往回逃。那三道屯來的七個小夥子，望得真真切切，只見砬子上萬紫千紅，江邊王耙子變成一塊板石。七個小夥子正不知如何是好，三道屯男女老少全趕來了。七個小夥子一講，大夥一瞧，花子、花姑娘正擺手讓大夥回去呢。人參、天麻姑娘也在揮手。接著，一閃都不見了。從那以後，這砬子就叫花砬子。有大骨節病的人到這兒，準能採著藥治好病。

那塊江邊的大板石，大夥都叫王八石。到如今，姑娘來洗衣服還叨咕：「王八石，平光光，棒槌狠砸你脊樑，吭噹噹，樂壞了花子花姑娘。」這時花砬子上的百花開得更豔啦。那條土球子呢，飛了一陣就摔下來死了，變成一條彎彎曲曲的山嶺。起初，都叫它蛇盤道嶺，慢慢地就成了盤道嶺。至今，走在七彎八拐的盤道上，還不時有一股股的酒味呢。

張振興（編）

望江樓的傳說

　　從臨江縣城沿著鴨綠江邊往下走，大約十里地遠，就能看到有一個立陡的大砬子，這砬子足有五六丈高。這個砬子的名字就叫「望江樓」。提起望江樓，在鴨綠江邊還流傳著一個動人的故事呢。

　　傳說在很早以前，這砬子只有兩三丈高，從砬子頂上只能望去三四里地遠。砬子根底下住著一戶人家。這戶人家有一個姑娘，生得聰明伶俐，眉清目秀。心眼兒好，又能繡一手好花，大夥都叫她花妹。花妹和村子裡一個叫水哥的小夥子定了親，小夥子勤勞樸實，心地善良，長得也出眾，水哥自小就跟父親進山打獵，下江捕魚。練得一手好箭法，一身的好水性。鄉親們都說水哥和花妹是天生的一對，老人們給選了個吉祥日子準備給他倆完婚。水生和花妹歡喜得就甭提了，鄉親們也為他們高興。可是天不作美，村子裡忽然鬧起了瘟病，不少人都病倒在炕上，上不了山、下不了江。炊煙稀少了，村子冷落了，鄉親們都唉聲嘆氣，愁眉不展。

　　水哥看著村子裡這一片荒涼的景象，心裡難受極了，到處為大夥求醫找藥。凡能求的醫，他都求到了；凡能找的藥，他都找遍了，鄉親們的病就是不見好。後來，聽一個老把頭告訴說·「長白山的冠冕峰上有兩棵寶參，寶參的籽能治百病，但很不容易找到。」

　　為了替鄉親們治病，水哥顧不了這些，他備好了弓箭，磨快了板斧，準備到長白山取寶參籽來給鄉親們治病。

　　花妹聞訊趕來，含著眼淚囑咐水哥要多加小心，水哥笑著安慰花妹，讓花妹放心，並告訴花妹說八月十五這一天一定回來，讓花妹在江邊上等著他。水哥和花妹戀戀不捨地分手了，他背著乾糧，帶著弓箭上路了。

　　水哥順著鴨綠江邊日夜不停地走啊，走啊，走過了一座座山，繞過一道道嶺，走累了，喝點鴨綠江水，就渾身是勁；腳上打起了血泡，伸進鴨綠江裡洗

洗，就不覺得痛了。就這樣走啊走，走了七天七夜，他好不容易來到了長白山。

　　長白山原始林子裡，有著許多凶禽猛獸，參天的古樹奇形怪狀，不時傳來豺狼虎豹的吼叫聲。水哥在林子裡砍了幾根木頭，搭了個小馬架子。白天帶著弓箭出去尋找寶參籽，晚上在馬架子前，點起篝火來驅趕野獸。水哥的乾糧吃完了，就把打來的野獸烤著吃，口渴了就摘點野果子解渴。就這樣，一晃十幾天過去了，長白山的十六座峰他都走遍了，可是連個寶參籽的影子也沒看見。

　　這一天，水哥鑽進了一片原始老林子，剛進林子，就覺得有一股清香味迎面撲來，遠處一縷縷雲霧飄渺，好像進入了仙境。水哥正在納悶，突然一個棒槌鳥在水哥頭上清脆地叫著：「棒槌！棒槌！」水哥抬頭看看棒槌鳥，心想，有棒槌鳥的地方就有棒槌，寶參籽一定在這片林子裡。水哥加快了腳步，跟著棒槌鳥向林子裡走去。走啊，走啊，突然從林子深處躥出一條白額吊眼的東北虎，吼叫著向水哥撲來，水哥一驚，急忙一閃身子，虎撲了個空。老虎回過頭來又向水哥撲去，水哥機靈地就地一蹲，又把那猛虎閃開了。這下可激怒了東北虎，它大吼一聲，用尾巴向水哥猛掃過去。水哥早躲在一棵大樹後面，拔出弓箭向東北虎射去，東北虎中箭連疼帶驚，一蹦丈把高，張著血盆大口恨不得一下把水哥吞下去，水哥迅速搭上箭向猛虎射去，這一箭正好射中虎的咽喉，一聲慘叫，在地上打了幾個滾就不動了。

　　「棒槌！棒槌……」棒槌鳥清脆的叫聲又在水哥耳邊響了起來。水哥擦了擦汗，拿起弓箭，隨著棒槌鳥的叫聲又向林子裡走去。走啊，走啊。突然，前面飛沙走石地颳起了一陣陰慘慘的狂風，刮得水哥站立不住。狂風過後，躥出一條好幾丈長的大蟒，身上閃著刺眼的光，見得水哥睜不開眼。水哥急忙躲在一棵古樹後面，從腰中拔出板斧，等大蟒躥到跟前時，水哥用力向大蟒狠狠地砍去，只聽「撲哧」一聲，砍掉了大蟒的半截尾巴，大蟒一怔，拖著血淋淋的尾巴，瞪著紅紅的眼睛，嘶嘶地吐著芯子，噌地一下向水哥身上猛撲過來，說時遲，那時快，水哥一閃，往下一蹲，只覺頭上帶過一股冷風！大蟒從水哥頭

皮上躥了過去。水哥一個趔趄，不等大蟒回過頭來，舉起大板斧向蟒肚子一連砍三斧，大蟒痛得在地上直打滾，水哥趁機照他頭部又連剁幾斧子，大蟒的身子在地上扭動了幾下就不動了。水哥撿起弓箭，擦了擦濺在額頭上的血跡。剛想坐下喘口氣，聽見棒槌鳥又在前面不遠的地方叫了起來。水哥顧不上休息，順著叫聲又向前走去，走啊，走啊，他來到了林子深處，棒槌鳥的叫聲突然停止了。

棒槌鳥的叫聲一停，水哥就失去了尋找的方向，急得他在林子裡團團轉。突然他覺得背後被誰拍了一下，水哥猛地轉過身來，原來是一位白鬍子老公公。老人樂呵對水哥說：「你真是一個勇敢的小夥子。怎麼一個人跑到這老林子裡來了呢？」水哥上前恭恭敬敬地施個禮，然後把他要為鄉親們治病尋寶參籽的事告訴了老人。白鬍子老公公又拍拍水哥的肩膀，哈哈一笑不見了。水哥正在納悶，白鬍子老公公又出現在水哥面前，伸手遞給水哥幾粒鮮紅鮮紅的參籽：「剛才是我叫棒槌鳥把你引到這兒來的，又讓東北虎和大蟒去試試你的膽量。吶，小夥子！把這幾粒寶參籽帶回去吧，給鄉親們吃了病就會好的。」白鬍子老人笑哈哈地把參籽塞在水哥手裡。水哥又驚又喜，連忙跪地拜謝。等他抬頭看時那白鬍子老人早就不見了。水哥站起來把寶參籽用乾糧布包好，揣到懷裡，趕到了三江口，砍了些木頭，做成木排，順著水路往回走了。

水哥放著木排在鴨綠江上漂呀，漂呀。躲過了一個又一個暗礁，繞過了一個又一個急流險灘，離家越來越近了。水哥心中多麼高興啊！他猜想著，花妹見了他是怎樣高興；鄉親們吃了寶參籽是怎樣起了炕，下地勞動；村子裡又是怎樣地熱鬧起來……想著想著，水哥不覺笑出了聲。突然從岸邊的柳毛子裡躥出一隻快船。船上坐了六七個人，打扮得人不像人，鬼不像鬼；一邊高喊著要買路錢，一面向水哥這面划來。這顯然是一夥強盜。他們專門搶劫放排人的錢物和挖參人的參。水哥知道他們是來者不善，連忙拿起弓箭向他們射去，其中有兩個被射中倒下去，掉到了江裡。但因小船離得太近，其餘四五個人已竄到木排上同水哥廝打起來。一來寡不敵眾，二來水哥一個多月也沒吃過一頓像樣

的飯，沒睡過一個囫圇覺，所以，他沒有多少力氣搏鬥了，最後被強盜打昏在木排上，搶去了他懷裡的寶參籽。

一陣江風吹來，水哥睜開了眼睛，見江盜搶走了寶參籽，便不顧一切地掙紮著站起來。忍著全身的疼痛，一縱身跳到了江水裡，憑著一身好水性，一個猛子扎到小船底下，使盡全身力氣，掀翻了小船。把幾個江盜都扣到了江裡。說也奇怪，不一會兒那個包參籽的小紅布包卻從江底浮了上來，順著水渦直打轉。水哥急忙游去，一把抓起來。打開一看，寶參籽一粒也不缺，水哥小心地把寶參籽又重新揣到懷裡，向木排游去……

這時天已黑下來了。水哥把木排靠了岸，想到附近人家找點吃的。可是水哥掙紮著往前爬了幾步，就再也爬不動了。水哥低頭看看懷裡的寶參籽，心想，吃兩粒寶參籽，傷就會好的。可是又一想，不行。家鄉那麼多的父老兄弟都等著它救命哩，我怎麼能只顧自己呢！這時水哥把參籽緊緊地握在手裡，轉身又艱難地向木排爬去。水哥只想早點把參籽送給鄉親們，打算連夜往家趕。天又黑，江又滑，水哥掙紮著好不容易抓住了木排的邊沿，剛把參籽放到木排上，腳底下一滑，木排順水又漂走了。水哥再也沒有力氣去追趕了。他望著遠去的木排，含著眼淚小聲地念叨著：「寶參籽呀，寶參籽！明天就是八月十五，花妹一定在江邊等著我。如果你真是寶的活，就讓木排漂到花妹跟前，讓鄉親得救吧……」

八月十五這天，太陽還沒出來，花妹就站在門前的石砬子頂上向江上游張望著。她盼望水哥早點回來。可是直到太陽落山了也不見水哥的影子。花妹正在焦急地盼望著，突然看到遠處漂來了一個木排，花妹急忙下了石砬子，來到了江邊；木排直朝花妹漂來，花妹高興地想一定是水哥，不覺興奮得滿臉緋紅。可是等木排靠近時一看，原來是一個空木排。花妹失望地坐在江邊掉下了眼淚，花妹抹著淚水，忽然發現木排上有一個紅布小包，便急忙打開查看，裡面包著幾粒鮮紅鮮紅的人參籽。再仔細一看，這紅布包不正是水哥包乾糧用的嗎？上面還有花妹親手繡的一對鴛鴦呢。花妹一驚，心思，難道水哥他……花

妹不敢想下去了，她手捧著寶參籽，望著江面，眼淚像斷了線的珠子似的。水哥呀，你在哪裡呀！但是，花妹不相信水哥會遭到什麼不幸，她多麼希望他能突然出現在自己的眼前！花妹流著眼淚把參籽帶回了家。

　　鄉親們吃了寶參籽，病都好了。可是水哥還是沒回來，鄉親們都懷念著水哥，他們到處打聽水哥的下落，花妹盼啊，盼啊。天天從早到晚都站在石砬子上，向江面上游眺望著，花妹嫌看得不遠，就從砬子底下往上搬石頭。一塊一塊地壘起來，再站在石頭頂上眺望。只要有木排打這兒經過，花妹總要下去打聽打聽水哥的消息。一天天地過去了，一個月一個月地過去了，花妹的眼睛望穿了，腿站腫了，搬來墊腳的石頭也越壘越高了可還是一直沒有得到水哥的音訊。花妹想念著水哥，整天愁眉不展，飯不進茶不喝，一天天地消瘦下去了。爹娘開導她，鄉親們來勸她，可是又有什麼用呢？

　　這一天，正是花妹和水哥訂下的結婚日子啊！早晨太陽還沒出來，花妹的身影就又出現在砬子頂上。剛才還是瓦藍瓦藍的天空，突然間電閃雷鳴，風雨交加。頃刻間，江水咆哮起來，花妹全身上下都被雨水淋透了，可是花妹一點也沒覺得冷，就像岩石一樣一動不動地站在那裡，望著鴨綠江上游的江面。她多麼希望這時水哥能突然出現在她的眼前啊！想著，想著，花妹不禁失聲哭道：「水哥呀，水哥！你在哪裡呀？要是能見上你一面，我就是死了也心甘情願……」花妹話音沒落，剎那間江面上捲起了一個一丈多高的大水柱，水柱越升越高，一會兒就到跟花妹站著的那塊岩石一樣高。從水柱裡閃出一道彩虹，水哥背著弓箭從彩虹裡走了出來，向花妹奔去。花妹正在那兒發愣，一看水哥已經微笑著走到跟前，就一下撲到水哥的懷裡，高興地掉下了眼淚。

　　雨越下越猛了，水哥把花妹摟在懷裡，用自己的身子給花妹遮著風雨。慢慢地花妹覺得身子發僵，變成了一棵又粗又壯的松樹幹，水哥變成了松樹的枝葉遮在樹幹上，給樹幹遮擋著風雨。

　　原來是水哥和花妹的人品感動了石砬子底下的一個水神，水神為了成全水哥和花妹成為夫妻，使他倆變成了一棵大松樹，站在石砬子頂上，後來人們就

叫這個石砬子叫「望江樓」了。從那以後，每逢八月十五這一天，人們必定要到望江樓上來，憑弔這對善良勇敢的青年人。花妹搬的墊腳石頭，都和砬子長到一起了。不過仔細一看，還能看到些痕跡。站在上面，順著鴨綠江水面，一眼能望出去十幾里，把鴨綠江的瑰麗風光盡收眼底，一覽無餘。

王志友（講述）

白君玲（蒐集整理）

梳妝台的傳說

　　長白山梯雲峰頂上，有座探頭砬子叫「梳妝台」。為啥叫「梳妝台」？

　　很早以前，有一年三月三，天宮瑤池王母娘娘開蟠桃盛會，連著熱鬧了三十三天后，她就帶著仙女遨遊四海。七月七這天走到這裡，這兒的山頭高，彩雲纏在半山腰，天池像面八寶翡翠鏡，綠瑩瑩，亮晶晶的，王母娘娘一看可樂壞啦。她坐在石台上，照著鏡子，一面梳頭，一面和仙女們說：「把這座石台裝扮裝扮，種上瓊花，栽上靈芝草，咱們年年七月七到這兒遊山觀景。」

　　仙女們聽她一說，就一齊動手，有的種花，有的栽草，不一會兒就種出一大片花草。

　　王母娘娘遊覽後，就駕著彩雲走啦。因為王母娘娘坐這兒梳過頭，後來，大夥兒就把這座石台叫「梳妝台」。

　　在長白山下娘娘庫住個窮小子姓王，人家都叫他二憨，長得彪彪虎虎，憨憨厚厚，滿身是力氣。王二憨有個偏癱老娘，為了生活，他二十出頭兒就給財主當長工，除了幹地裡活計外，還要上山挖參、打獵。財主不給他吃飽飯，三天兩頭兒餓得他肚皮貼在脊樑上。王二憨是個孝子，聽說梳妝台上長著靈芝草，能治百病，吃了長生不老，就打算在挖棒槌的空當兒，採幾棵靈芝草，給老娘用。

　　一天，他侍候好老娘後就進了山，走了十多天，才來到梯雲峰。他忍著餓忙著往梳妝台上爬，嘴裡叨咕著：「能採幾棵靈芝草給俺娘治病，該多好！」正說著，就見從梳妝台上走來一個長得像花一樣的姑娘，她放下長袖說：「你拽住我的袖子，我把你拉上來。」王二憨有氣無力地拽住姑娘的袖子，忽忽悠悠就飄到了梳妝台上。上來一看，一大片血紅的靈芝草，他稀罕壞啦。姑娘說：「餓了吧？」說著採了幾棵靈芝草遞給二憨。

　　二憨接過來，沒捨得吃，他說：「俺娘還等著這藥治病呢。」姑娘一見，

又彎下腰採了一把遞給二憨說：「這些給你娘治病，你娘吃了，病就能去根兒。」二憨這才吃了幾棵靈芝草，立時，神清氣爽，心明眼亮，渾身是勁，姑娘用長袖把二憨送下了梳妝台。王二憨把靈芝草拿回來給娘吃了，他娘的偏癱病果真好了，二憨再看老娘，滿面紅光。

再說財主，他本是娘娘庫的土皇帝，家大業大，騾馬成群，不如意的是老婆子得了癆病，骨瘦如柴，長年躺在炕上。他聽說王二憨治好了他娘的病，就急忙跑去問王二憨。

二憨不會撒謊，就把到梳妝台採靈芝的事跟財主一五一十地說了。財主一聽，心想：世上還有這麼靈的仙草，我得多採些回來。他帶兩個夥計，按二憨指點的路進了山。走了十多天，來到梯雲峰。他急著要採靈芝草，也沒顧上喘口氣，就往梳妝台上爬。爬呀爬，爬到探頭位子後，再也爬不上去了。沒法兒，他就讓兩個夥計砍樹做梯子。梯子做好後，往石台頂上一搭，他又顫顫悠悠往上爬。就要爬上頂兒了，只見台上一片鮮紅的靈芝，他急不可待，伸手就要採。這時，從梳妝台上走來一個俊俏姑娘。財主一看這姑娘長得像朵牡丹花兒，就愣愣地盯著她，心裡琢磨能娶她做二房該多好，再把這片靈芝草也採回去……他正想著，只見那姑娘一甩袖子，起了一陣狂風，把財主刮沒影兒了。

從這兒，梳妝台的故事就流傳下來了。

譚永閣（講述）

張　平（蒐集整理）

珠寶崗的傳說

　　傳說在很早很早以前，南方有一個識珠寶的老客，姓方，叫方海東。他為了廣搜天下珠寶，跋山涉水，不遠千里，來到了長白山地面。他先在長白山周圍的幾個小城鎮走了走，買了一點都是當地的土特產品，沒有真正值錢的珠寶，很不死心。

　　那年間，可以說長白山是一個林海，行人，抬腿就上山，樹密不見天！這個鎮子到那個鎮子，相隔幾百里，不但要穿大林子，還要上山爬嶺過大崗。中途還要生起大火打小宿，弄不好或許碰上毒蛇猛獸，可懸乎呢！方老客為了買到珍寶，不顧危險，便向密林深處的甸子街走去。途經三百里的老林子，只有毛毛道兒，什麼車也不能通，只好步行。三百里，用步量，又是山路，至少也得四整天，還得兩頭貪點黑。

　　這一天，方老客行至一個大崗上，太陽貓進了林子裡，天有點要黑了。大林子裡，什麼山牲口都有，弄不好興許麻達山，便趕早找個背風的地方點燃了松明，準備過夜。別看方海東是有錢的珠寶老客，在這大林子裡可沒有七個碟子八個碗，只能掏出乾糧就著白水吃。

　　這是個月黑天，除了林中篝火是紅的以外，四週一片漆黑，什麼也看不見，使人毛骨悚然！方老客又是第一次走這大林子，不得不格外小心，防止意外。他吃飽了，喝得了，守著松明火坐著，一雙眼睛不住地向四外看著。猛然，他發現在不遠的地方射出一道亮光，雖然有濃枝密葉擋著，但挺亮。他琢磨著這裡邊一定有點蹊蹺，得探一探。於是，他悄手躡腳地向發光地方走去。誰知快到亮光跟前了，那亮光猛地熄滅了，晃得方海東急忙閉上眼睛，蹲在那兒停了下來。待了一會兒，他慢慢睜開眼睛，咦！亮光又出現了。大概離著近的關係，亮光顯得更亮了！方海東仔細觀察，發光處有一堆大臥牛石，石頭摞石頭，疊得像座小山，光是從縫裡射出來的。難道這堆石頭裡有寶石，放出這

麼大的光，那可就是無價之寶了，只要得到，下半輩子什麼也不用幹了，連子孫後代都沾光！

說也奇怪，忽然，亮光再也不出現了。方老客這年五十多歲了，擺弄珠寶二十多年，見過不少珍貴珠寶，也算有些經驗。他琢磨：要是石頭發光，不會時明時滅，可能是什麼動物射出的亮光。那能是什麼呢？都說老虎的眼睛上發光，聽說那是藍光，再說，離這麼近，是虎也能看見，也不敢靠近。還有螢火蟲發光，那是微光，亮光沒這麼大，也射不那麼遠！這下可把方老客憋糊塗了。他這後半夜，一直想到天亮，也沒得出個正確的答案。

天大亮了，方海東回到原來的地方啃了一氣大鍋餅，喝了陣山泉水，連歇也沒歇，又來到發光的石堆跟前，東瞅瞅，西看看，想找出點門道。他猛然發現，在石山的東南角上，一人多高的蒿草中被壓出一條道，石山根有一個洞，洞口有水缸粗。方海東順著道尋拔，二里之外有一條河，這條道一直通到河邊，岸邊是一個很深的水坑。

方海東看了一陣子，沒有啥新的發現，他又順道往回找。找到洞口，往裡一瞅，黑洞洞的，什麼也看不見，只是一陣陣向外冒涼氣，冷颼颼的。按洞的大小，方海東完全可以爬進去，只要進去，就能探個虛實。可他不敢，這可不是鬧著玩的，萬一遇上什麼妖怪，想跑都來不及，還是小心為好。於是，他躲開洞口，在不遠處悄悄爬上了一棵大樹。他想，有些精靈是不會上樹的，在這上面觀察更保險些。他騎在個樹杈上，身子藏在枝葉裡，一雙眼睛注視著洞口。

方海東一宿沒有睡覺了，眼皮一陣陣發澀，不知不覺地睡著了。不知睡了多長時間，他覺得耳旁嗚嗚直響，驚得立刻睜開了眼睛，一看，起風了，左右的樹直晃。他急忙摟住樹幹，想退下來。可他又發現遠處的樹不動，好像一點風也沒有。這是為什麼呢？他又決定不下樹了，看看究竟是咋回事兒！

風越刮越大，明顯地看出，這股風是從洞裡冒出來的，還有些腥氣！方海東立刻緊張起來，從懷裡拔出防身劍握在手裡。

又等了一會兒，風聲更大了，好像要把這所有的樹都颳倒似的。這時，從洞裡爬出一個缸口粗的大蟲。這蟲黑地白花，芯子伸著，一對銅鈴般的眼睛鼓鼓著，張著血盆大口，向大河爬去。

方海東明白了：晚上的亮光就是從這蟲的一雙眼睛裡射出來的。它一閉眼睛，亮光自然也就沒了。他識貨，這是一對夜明珠，價值連城，可說是無價之寶！

方海明悄悄往高處爬，爬得高看得遠。他發現這條大蟲爬到河邊，把頭伸進水坑裡，喝一陣歇一氣，又喝一陣，又歇一氣，喝飽了，伸展開來，躺在河邊的沙灘上，放出一道道刺眼的金光、銀光。

曬了一陣子，這條大蟲順原路又鑽進了洞裡，風漸漸停了，方海東出了一身冷汗。

方海東偷偷從樹上下來，回到了原來的地方，連餓帶嚇，渾身像散了架子。他琢磨，怎麼能治住這條蟲呢？只要殺死它，一對珠子就能到手，就可以發財還家了。要是治不住它，命也就沒了。

方海明打掉了去甸子街的念頭，決定住下來對付這條大蟲。他一連七天，都是晚上去看有沒有亮光，白天去看大蟲什麼時候去河邊喝水、曬太陽和睡覺。他發現，上半夜有亮光，下半夜沒亮光。這說明上半夜大蟲睜著眼，下半夜大蟲閉上眼睡覺。他還發現每天上午日頭三竿時大蟲到河邊喝水，曬太陽。晌午進洞，下午不出來。

方海東掌握了大蟲的生活規律，想出了個治它的辦法。他把防身劍綁在兩根木頭上，悄悄來到石洞旁，眼瞅大蟲進洞後，把木頭埋在洞門口的土裡，用石頭壓上，外邊露著三寸刀尖！

這天下午，方海東足足地睡了個飽。晚上，他又爬到樹上去觀察。依然從洞裡放射出亮光，到半夜，亮光又熄滅了，說明大蟲閉眼睡覺了。第二天，方海東騎在樹上，屏住呼吸，全神貫注地觀察著洞口的動靜。不一會兒，風漸漸大了，樹也晃動起米，大蟲從洞裡開始向外爬了。當它碰到刀尖時，一時性

起，越痛越向前爬，越爬越痛，當它發現樹上有人時，吱的一聲尖叫，躥出去有三丈多遠，向大樹撲來用芯子去吸方海東。方海東只覺得兩條腿像有人往下拽似的，嚇得他渾身直哆嗦，拚命抱住大樹幹。

大蟲拚命地往樹上躥了幾躥，由於流血過多，尾巴擰在大樹上，轉了幾圈，不動了。方海東在樹上看了又看，認準大蟲確實死了才從樹上下來，挖出防身劍，剜出大蟲的兩隻眼睛，一刻也沒停，連宿搭夜地趕回南方了。從此，人們就管這個地方叫珠寶崗。

金龜島的傳說

在雪山飛湖下游的湖面上兀立著一座圓圓的小島，人們都叫它「金龜島」。說起來，這裡還有一個傳說呢！

相傳在很久很久以前，長白山的風光非常美麗迷人。天宮瑤池有什麼，這裡就有什麼，於是長白山便成了各路神仙，放鬆身心的洞天福地。然而，好地方總是會惹起爭端，常有三仙女飛臨圓池沐浴，借聖水美白肌膚長生不老，居住在七星泡的黑蛇怪就垂涎池水功效，常趁仙女不在時偷泡池中祛瘙癢除腥臭，結果一池碧水被它弄得混濁骯髒。三仙女為趕走黑蛇怪便施展各種法術，但都被黑蛇怪一一化解，仍賴著不走。無奈，三仙女只好向天池老龍王告了黑蛇怪一狀。結果，黑蛇怪被趕出了圓池。但它不思悔改，不回自己老家安分守己，卻順著二道白河漂到了雪山飛湖這塊風光旖旎的寶地，又賴著不走了。礙於同宗的面子，天池老龍王也不好再說什麼。可是沒過多久，好吃懶做、惡習難改的黑蛇怪又作起惡來，攪得四鄰不安，百獸惶惶，山神土地河仙都到天池龍王那兒告狀。天池老龍王狠狠把黑蛇怪教訓一番，可只要龍王一離開行宮，雪山飛湖就又成了黑蛇怪為非作歹的殿堂，趕它它不走，訓它它不聽。老龍王一看，不出狠招是制不住它了，思來想去只有自己的六兒子的法術能鎮住黑蛇怪，於是他命令道：「霸下吾兒，你已馱碑修行了幾萬年，已經法力無邊，你把碑放到圓池邊，刻上『天女浴躬處』，哪些偷窺的就不敢去冒犯天女了，然後你去雪山飛湖替爹教訓教訓那個黑蛇怪，之後你就在那兒鎮守吧！」

這品質其實就是一隻大神龜，它來到雪山飛湖後，三下五除二便將黑蛇怪擒在手中，纏到自己腰上，形成了湖中的「玄武」。從此，雪山飛湖便成了長白山下一處風光秀麗、安泰祥和的風景名勝。那隻神龜也永遠鎮守著這塊風水寶地，形成了「金龜島」。

唐曉偉

吉林文庫　A0703B01

長白山傳說　第一冊

主　　編　莊　嚴

版權策畫　李　鋒

責任編輯　楊家瑜

發 行 人　陳滿銘

總 經 理　梁錦興

總 編 輯　陳滿銘

副總編輯　張晏瑞

編 輯 所　萬卷樓圖書股份有限公司

排　　版　菩薩蠻數位文化有限公司

印　　刷　維中科技有限公司

封面設計　菩薩蠻數位文化有限公司

出　　版　昌明文化有限公司

桃園市龜山區中原街 32 號

電話 (02)23216565

發　　行　萬卷樓圖書股份有限公司

臺北市羅斯福路二段 41 號 6 樓之 3

電話 (02)23216565

傳真 (02)23218698

電郵 SERVICE@WANJUAN.COM.TW

大陸經銷　廈門外圖臺灣書店有限公司

　　電郵 JKB188@188.COM

ISBN 978-986-496-301-0

2018 年 1 月初版

定價：新臺幣 480 元

如何購買本書：

1. 轉帳購書，請透過以下帳戶

　合作金庫銀行 古亭分行

　戶名：萬卷樓圖書股份有限公司

　帳號：0877717092596

2. 網路購書，請透過萬卷樓網站

　網址 WWW.WANJUAN.COM.TW

大量購書，請直接聯繫我們，將有專人為您

服務。客服：(02)23216565 分機 610

如有缺頁、破損或裝訂錯誤，請寄回更換

國家圖書館出版品預行編目資料

長白山傳說 / 莊嚴主編.-- 初版.-- 桃園市：

昌明文化出版；臺北市：萬卷樓發行,

2018.01

　冊；　公分

ISBN 978-986-496-301-0(第 1 冊：平裝).--

539.5242　　　　　　　　　　107002197

本著作物經廈門墨客知識產權代理有限公司代理，由時代文藝出版社授權萬卷樓圖書

股份有限公司出版、發行中文繁體字版版權。

本書為金門大學華語文學系產學合作成果。　　　校對：林庭羽